Fanita English – ein Leben
mit der Transaktionsanalyse

Die Autorin: Sigrid Röhl, 1954 geboren, hat nach ihrem Studium der Germanistik, Politikwissenschaft und Pädagogik zunächst mehrere Jahre für verschiedene Zeitungen und Rundfunkanstalten gearbeitet. Nach dem Referendariat wechselte sie in die Bereiche Erwachsenenbildung und Managementtraining für Firmen, mit den inhaltlichen Schwerpunkten Persönlichkeitsentwicklung und Kommunikation. Sie absolvierte eine Reihe von psychologischen Zusatzausbildungen, unter anderem in Rollenspiel und Psychodrama, sowie eine mehrjährige Fortbildung in Transaktionsanalyse. Seit 1994 arbeitete sie als Lehrerin, seit 2005 als Schulleiterin. Außerdem ist sie in der Beratung von Eltern und Lehrern tätig.

Sigrid Röhl

Fanita English

Ein Leben mit der Transaktionsanalyse

iskopress

ISBN 978-3-89403-431-3

3. Auflage 2020

Copyright © iskopress 2004
Umschlaggestaltung:
Mathias Hütter, Schwäbisch Gmünd
Druck und Bindung: Wir machen Druck,
Backnang

Die Bibliografie im Anhang stützt sich auf
die von Joachim Karnath im Internet unter
http://www.fanita-english.com
bereitgestellten Daten.

**Bibliografische Information der
Deutschen Bibliothek**
Die Deutsche Bibliothek verzeichnet diese Publikation
in der Deutschen Nationalbibliografie;
detaillierte bibliografische Daten sind im Internet
über http://dnb.ddb.de abrufbar.

Inhalt

Anhang

Vorwort

Fanita English ist eine bemerkenswerte Frau, die in der Entwicklung der Transaktionsanalyse und der Humanistischen Psychologie allgemein eine wichtige und richtunggebende Rolle gespielt hat und immer noch spielt.

In diesem Buch werden ihr Leben, ihre Arbeit und ihre Theorien leicht verständlich und sehr persönlich dargestellt. So kann sich der Leser auf unterhaltsame Weise der Geschichte der Transaktionsanalyse und einigen Personen, die sie geprägt haben, nähern. Einige «Klatschgeschichten» sind bewusst nicht ausgespart; sie sind eine interessante Würze für Insider, weil sie die Gründerpersönlichkeiten auch von ihrer menschlichen Seite zeigen.

Zunächst zwei Episoden aus Begegnungen mit Fanita English, die mit ihren jetzt 87 Jahren u.a. in der Internationalen TA Gesellschaft (ITAA) aktiv tätig ist und sich den Umgang mit E-Mail und Internet dafür angeeignet hat:
– Fanita hält einen Workshop über ihre Theorien auf einer internationalen Konferenz mit gemischtsprachigem Publikum (Engländer, Deutsche, Italiener, Schweden, Franzosen etc.) und macht das «gemischtsprachig»: d.h. sie spricht Englisch, Deutsch, Französisch, Italienisch... in jedem Satz. Dabei wechselt sie so schnell zwischen den Sprachen, dass man das kaum noch bemerkt, und ohne direkt das gleiche in jeder der Sprachen auszudrücken. Dennoch geht ihr am Anfang gegebenes Versprechen, dass alle das Wesentliche verstehen werden, in Erfüllung.
– Ich habe den Auftrag der Deutschen Gesellschaft für Transaktionsanalyse, mit Fanita ein Missverständnis zu klären, und treffe sie auf einer Konferenz in den USA in einer kurzen Pause: Fanita: «Sollen wir Deutsch oder Englisch sprechen?» Ich: «Ich kann beides, wie ist es dir lieber?» Fanita: «Ich bin wütend, und es soll schnell gehen, also Deutsch!!!» Und sie legt los mit ihrem Anliegen.

Stellung und Bedeutung
der Transaktionsanalyse heute

Die Transaktionsanalyse als Methode und Schule der Psychotherapie hatte ihre großen Erfolge in den USA als Teil der Bewegung der Humanistischen Psychologie und als Rebellion gegen die Psychoanalyse. Ihre schnelle internationale Verbreitung mit starkem Zulauf auch in Europa führte zur Vertiefung und Veränderung von Theorie und Methode. Die unmittelbar ansprechenden und leicht verständlichen – und in Umgangssprache formulierten – Konzepte wurden mit den Prinzipien der Tiefenpsychologischen Theorien unserer Zeit in Einklang gebracht. Diese Arbeiten wurden im Wesentlichen von Europäischen TransaktionsanalytikerInnen geleistet, und sie trugen zur Verbreitung der TA ganz wesentlich bei. In den USA selbst war diese Entwicklung, ebenso wie das Interesse an einer qualifizierten und zertifizierten Ausbildung, weniger ausgeprägt, und im Augenblick ist der Zulauf zu den TA-Gesellschaften dort eher gering. Weltweit wächst die Zahl der TransaktionsanalytikerInnen jedoch ständig weiter. In Europa sind zur Zeit mehr als 6000 Mitglieder in den verschiedenen Gesellschaften organisiert, die sich alle den sehr anspruchsvollen und durchaus strengen Anforderungen an Theorie und Qualität der Ausbildung verschrieben haben. (Die Deutsche Gesellschaft für Transaktionsanalyse hat zur Zeit mehr als 1400 Mitglieder.)

Ein weiterer Anziehungspunkt der TA ist, dass sie schon früh begonnen hat, die Anwendbarkeit ihrer Theorie und Methode auch außerhalb der eigentlichen Psychotherapie zu fördern und zu entwickeln. So wird die TA heute auch ganz stark in den Bereichen Beratung (in den verschiedensten Kontexten), Management und Organisationsentwicklung, Pädagogik und Erwachsenenbildung angewendet und gelehrt.

Die Entwicklung von vergleichbaren Standards und Qualitätskontrollen bei den verschiedenen Psychotherapiemethoden durch die European Association for Psychotherapy (EAP) mit ihrem inzwischen allgemein anerkannten Qualitätssiegel, dem European Certificate for Psychotherapy (ECP) wird von der European Association for Transactional Analysis (EATA) stark mitgeprägt. Die TA genießt in der EAP, die zur Zeit über ca. 40.000 Mitglieder in 33 Ländern verfügt, hohe Anerkennung.

Der Beitrag von Fanita English
zur Transaktionsanalyse

Eine Stärke der TA ist es, in psychologischen Zusammenhängen nicht länger von Pathologie oder Krankheit zu sprechen, sondern statt dessen die Entwicklung von Theorien zu fördern, die die Bedeutung von psychischen Eigenheiten für das Überleben des Einzelnen in den Mittelpunkt stellen; diese ist von Fanita wesentlich mitgeprägt worden.

Die moderne Entwicklung geht weg von der Behandlung von «psychischen Krankheiten» (die immer noch die medizinische Diagnostik und Namensgebung beherrschen, obwohl bereits die meisten Therapeuten auch anders arbeiten und mit anderen Theorien und erweiterten Behandlungsmethoden sehr gute Erfolge haben) und hin zur Beschreibung von Funktionen und Funktionszusammenhängen im psychischen Bereich. Solche Konzepte waren immer eine Stärke und Attraktion der TA, und sie waren und sind zentrale Überzeugungen von Fanita English. Sie gehörte immer zu denen, die diese Aspekte in die Theoriebildung einbrachten und für deren Verbreitung sorgten – durch Artikel, Bücher (Gott sei Dank hat sie ihre Schreibhemmung rechtzeitig abgelegt), Vorträge und Lehrveranstaltungen aller Art.

Ich wünsche allen Lesern vergnügliche und interessante Stunden mit diesem Buch.

Jan Hennig

Dr. med. Jan Hennig, ehem. 1. Vorsitzender der Deutschen Gesellschaft für Transaktionsanalyse (DGTA), ist Facharzt für Psychotherapeutische Medizin und Lehrender Transaktionsanalytiker.

Fanita English, Anfang der 70er Jahre

An die Leserinnen
und Leser

Dieses Buch erscheint nun in der dritten Auflage. Am Inhalt musste nichts verändert werden. Viele Leser gaben mir begeisterte Rückmeldungen. Sie sagten, die Biografie dieser außergewöhnlichen Frau habe sie berührt, bereichert, zum Nachdenken gebracht und ihnen geholfen, Lösungen für eigene Probleme zu finden. Bei denjenigen, die von Transaktionsanalyse noch nie etwas gehört hatten, hat es Interesse an den Konzepten geweckt.

Fanita ist inzwischen 103 Jahre alt. Mit über 90 Jahren hielt sie noch mehrere Workshops, in Italien, Deutschland, Prag und Montreal und reiste zu TA-Konferenzen. Im Alter von 94 Jahren erklärte sie dann ihre Seminarzeit für beendet. Seitdem ist sie «retired», im Ruhestand. Aber nicht ganz. Im vergangenen Jahr hat sie noch eine kleine Gruppe von Therapeuten gecoacht und einige Menschen beraten, zum Beispiel ein Paar mit Eheproblemen, wie sie mir berichtet hat.

Dieses Buch über ihr Leben soll auch in englischer Sprache erscheinen. Fanita lebt in einer Seniorenresidenz in der Nähe von San Francisco. In diesen Corona-Quarantäne-Wochen ist sie dabei, die erste Rohfassung zu bearbeiten.

Ich telefoniere häufiger mit ihr, nicht nur wegen des Buchprojekts. Auch wenn sie inzwischen sehr oft müde ist, ist sie immer noch interessiert, aufmerksam, inspirierend und nimmt Anteil am Leben der Menschen, die ihr wichtig sind. Sie liest, schaut fern und regt sich über politische und gesellschaftliche Missstände auf.

Als ich sie vor einigen Jahren einmal nach dem Geheimnis ihrer unglaublichen Energie fragte, reagierte sie abwehrend: «Ich weiß es nicht.» Ich denke, einige Antworten finden sich in ihrer Lebensgeschichte und in ihren Theorien, und ein Teil ist vielleicht einfach ein Geschenk des Himmels.

Meine Geschichte mit ihr beginnt so: Etwa zwanzig Leute sitzen erwartungsvoll im Kreis. Dann betritt eine alte Dame den Raum, sagt mit liebenswürdigem Lächeln und amerikanischem Akzent «Hallo» und fängt an, die Sitzelemente umzugruppieren. Ein leerer Stuhl wird zur Ablage, die freien Stühle landen an der Wand, wir alle rutschen etwas enger zusammen. «Ich muss immer erst ein wenig den Raum arrangieren, sodass er mir gefällt», erklärt sie. Ihr Akzent klingt jetzt mehr nach einer osteuropäischen Sprache. «Wir können anfangen. Sagt mir, was ihr tun wollt.»

Das war 1998, auf einem Seminar im Odenwald-Institut.

Bis dahin kannte ich nur Fanitas Bücher und hatte gehört, dass sie großartig arbeiten würde und eine ungewöhnliche Persönlichkeit sei. Nun war die große alte Dame der Psychotherapie und Transaktionsanalyse nach mehreren Jahren Pause erstmals wieder in Deutschland, um – mit immerhin 82 Jahren – eine Reihe von Workshops zu leiten. Was sie meisterlich und scheinbar mühelos tat. Sie war konzentriert, verständnisvoll und einfühlsam, erfuhr mit wenigen Fragen das Wesentliche. Sie kommentierte, dozierte, gab Anweisungen, suchte zwischendurch nach irgendwelchen Papieren auf ihrem Schoß und entschuldigte sich für ihre Unordentlichkeit, ohne das Geringste daran zu ändern – ziemlich unorthodox, was mir gefiel.

Fanita machte einfach, wozu sie Lust hatte. Manchmal schien sie während eines Therapieabschnitts etwas abwesend, um im nächsten Moment die scheinbar unwichtige Geste eines Klienten anzusprechen oder sehr energisch zwei Teilnehmerinnen auf ihr Schwatzen hinzuweisen. Was mich vor allem begeisterte, waren die vielen Geschichten, die sie erzählte und die mich auf die Idee für dieses Buch brachten.

Im Sommer 1999 schickte ich ihr ein Fax: Was sie von einem solchen Projekt hielte? Wir verabredeten uns zu einem persönlichen Gespräch, in Malente, wo sie einen Workshop für das Osterberg-Institut abhielt, und nach kurzem Zögern sagte sie zu. Von da an trafen wir uns in Abständen, immer für ein paar Tage – im Haus ihrer Freundin Isabelle Crespelle in

Montmorency bei Paris, bei ihr in San Mateo in Kalifornien, bei mir zu Hause in Hessen.

Im Laufe der Zeit, die wir miteinander verbrachten, lernte ich sie besser kennen. Ich weiß z.B., dass sie liebend gern isst, dass sie zu jeder Zeit und überall schlafen kann. Sie schwimmt auch heute noch täglich. Das Laufen bereitet ihr große Schmerzen, aber sie beklagt sich nicht.

Fanita war eine erfolgreiche Geschäftsfrau und unabhängig, nicht nur finanziell. Überall auf der Welt hat sie Freunde und Bewunderer, privat aber ist sie fast schüchtern.

Fanita English (rechts) im Gespräch mit Sigrid Röhl

Sie wirkt immer so damenhaft, dass auch jüngere Männer auf die Idee kommen, sie mit Handkuss zu begrüßen. Und ich denke, jüngere Frauen schätzen sie, weil sie überhaupt nicht mütterlich und trotzdem unterstützend ist, ältere Frauen, weil sie uns so viele Jahre vorlebte, dass Altsein und Spaß und Energie haben sich überhaupt nicht ausschließen.

Für mich verkörpert Fanita Wissen, Lebensweisheit und viel Humor. Ich wunderte mich oft über ihr Erstaunen, mit dem sie auf Alltagssituationen reagierte. Das war keine Koketterie, wie ich zuerst dachte; sie ist wirklich immer wieder höchst überrascht von Dingen, die für die meisten Leute selbstverständlich sind.

Vielleicht ist das der Grund für ihre besondere Wirkung. Ich beobachtete oft, wie sich die Menschen in ihrer Gegenwart veränderten, wie sie freier, entspannter, kraftvoller wurden, denn mir ging es genauso. Fanita kann mühelos Kontakt zu jemandem knüpfen, nicht zuletzt wegen ihrer Sprachkenntnisse. In der Seniorenresidenz in der Nähe von San Franciso, in der sie heute lebt, bedienen Schüler die Gäste des dazugehörigen Restaurants. Mitten in unserem Gespräch lächelte Fanita plötzlich, wechselte von Deutsch in fließendes Spanisch und unterhielt sich für einige Minuten mit dem jungen Mexikaner, der für unseren Tisch zuständig war.

Unsere Zusammenarbeit war zeitweise nicht einfach, aber immer spannend. Fanita erzählte, ich hörte zu, fasste zusammen, sortierte, fragte nach. Aus diesen stundenlangen Interviews – auf Tonband aufgezeichnet – entstanden meine ersten Textentwürfe. Fanita las sie, korrigierte, ergänzte. Die meisten Abschnitte musste ich viele Male umschreiben, bis wir uns einig waren. Manche Erinnerungen und Zusammenhänge kamen erst im Laufe der Arbeit ans Licht. Wir erlebten intensive Momente, schmerzhafte ebenso wie lustige, und oft war es anstrengend.

Fanitas privates Leben und ihre Arbeit sind untrennbar mit der Transaktionsanalyse verknüpft. Auch die Art und Weise, wie sie ihr Leben reflektiert und erzählt hat. Deshalb habe ich mich entschlossen, die Fachbegriffe aus der TA, die sie benutzt, zu erläutern. Ich denke, dadurch wird dieses Buch auch für TA-Laien verständlicher und es bietet zugleich eine gute Möglichkeit, wichtige Themen der TA nicht nur theoretisch, sondern anschaulich, anhand von Fallbeispielen, kennenzulernen.

Ich wünsche mir, dass dieses Buch noch zahlreiche Leserinnen und Leser findet. Denn viele von denen, die es kennen, meinten: Das Lesen hat einfach Spaß gemacht !

Sigrid Röhl, im Mai 2020

Beginn eines langen Gesprächs

Autorin: Hallo Fanita, ich habe viele Fragen an dich.

Fanita: Was willst du wissen, meine Liebe?

Autorin: Zum Beispiel wie es war, als du 1965 in Kalifornien Eric Berne und Fritz Perls kennengelernt hast.

Fanita: Ah ja.

Autorin: Warum du Therapeutin geworden bist. Wie deine Theorien entstanden sind. Wie du arbeitest.

Fanita: Gut.

Autorin: Du bist Jüdin und in Rumänien geboren, aber du bist Amerikanerin geworden und lebst heute in Kalifornien.

Fanita: Das stimmt. Ich könnte dir vielleicht von meinem Großvater in Rumänien erzählen, von meiner Schulzeit in Istanbul, von meiner Ausbildung zur Sekretärin in England.

Autorin: Gern.

Fanita: Ich könnte dir auch erzählen, wie ich 1938 in Paris zum ersten Mal mit Psychologie zu tun hatte. Von meiner Flucht aus Europa drei Jahre später. Von den ersten Jahren in Amerika.

Autorin: Unbedingt.

Fanita: Du sollst die Geschichte meiner Ehe erfahren. Und von meiner großen Liebe. Und von meinem schrecklichen Verlust, als 1977 mein Sohn Brian starb.

Autorin: Ja. Und wie deine berufliche Karriere verlaufen ist. Du bist ja von der Psychoanalyse zur TA und Gestalttherapie gekommen.

Fanita: Was mein Leben völlig verändert hat, obwohl ich damals schon 48 Jahre alt war.

Autorin: Ich würde auch gern wissen, woher du deine Energie nimmst.

Fanita: Das weiß ich nicht genau.

Autorin: Aber du könntest sagen, wie du denkst und fühlst. Was dich leitet. Welches deine Wurzeln sind.

Fanita: Du willst ziemlich viel von mir wissen. Okay. Dann beginne ich mit dem Anfang.

Ein Großvater, zwei
Mütter und ein ferner Papa

Meine Zuflucht und mein großes Glück war mein Großvater, Bernard Gottesmann, ein selbstbewusster Patriarch mit weißem Schnurrbart und hochgeknöpftem Kragen. Er war streng und gütig zugleich, mir gegenüber aber immer liebevoll. Als Präsident der jüdischen Gemeinde in Galatz, einer Kleinstadt in Rumänien, genoss er hohes Ansehen. Dabei hielt er sich nicht besonders an religiöse Traditionen. Jüdische Sitten und Bräuche spielten im Alltag weder bei meinem Großvater noch bei meinen Eltern eine Rolle.

Ich vergötterte diesen Großvater, in dessen Haus ich am 22. Oktober 1916 zu Welt kam, und er liebte mich bedingungslos. Er war mein verlässlicher Retter, wenn ich vor dem Zugriff meiner Mutter in sein Wohnzimmer flüchtete. «Lass sie doch», sagte er dann zu ihr – auf Deutsch, nicht auf Rumänisch, denn eigentlich sollte ich es nicht verstehen – und das genügte, ich durfte bleiben. Der andere magische Satz hieß «Gib ihr noch ein bisschen», wenn ich sehnsüchtig vor dem verschlossenen Schrank mit den Süßigkeiten stand – das waren die beiden frühesten Sätze, die ich nachplapperte und derentwegen ich wahrscheinlich auch die deutsche Sprache immer mochte.

Es gab ständig Besucher im Haus meines Großvaters, die meisten orthodoxe Juden und Familienväter. Sie hofften, dass mein Großvater ihnen helfen würde, ihre Söhne vor der rumänischen Armee in Sicherheit zu bringen, und das hieß, sie rechtzeitig, vor Beginn der Wehrpflicht, nach Amerika zu schicken. Rumänien war damals sehr antisemitisch, besonders das Militär. Man behandelte die jungen jüdischen Soldaten brutal, sie wurden misshandelt und manchmal sogar umgebracht. Mein Großvater, der eine kleine Versicherung geleitet hatte, war nicht nur in seiner Gemeinde anerkannt, sondern hatte weit reichende Beziehungen, vor allem gute Kontakte nach Amerika. Er versuchte dort für die sechzehn- und siebzehnjährigen Jungen Familien zu finden, die sie aufnahmen und einen Beruf lernen ließen. Manchmal hatte er Erfolg, manchmal bemühte er sich vergeblich, aber er mochte diese Tätigkeit. Und ich war so oft ich konnte in seinem Wohnzimmer, das als Warteraum diente und ständig voller Men-

Fanitas Großeltern mit den Töchtern Frida (links) und Elena um 1908, zur Zeit der Verlobung von Fanitas Mutter Elena, damals 17 Jahre alt.

Fanitas Großmutter (Mitte) mit ihren Töchtern Frida (links) und Elena um 1914. (Die Großmutter starb vor Fanitas Geburt.)

schen war – Ratsuchende, aber auch Freunde der Familie und Verwandte. Die wartenden Männer haben mit mir geredet und gespielt, sie hofierten natürlich die kleine Enkelin des Mannes, von dem das Schicksal ihrer Söhne abhing. Ich denke, damals habe ich das entwickelt, was die Basis für meine spätere Arbeit als Seminarleiterin wurde – die tiefe Überzeugung, im Mittelpunkt einer Gruppe willkommen zu sein, Wohlwollen und Anerkennung zu spüren, mich ausdrücken und Spaß haben zu dürfen.

Meine Familiensituation war noch in anderer Hinsicht besonders. Zum Beispiel hatte ich eigentlich zwei Mütter: Meine richtige Mutter, Elena, die mich geboren hatte, und ihre jüngere Schwester, meine hübsche, fröhliche, warmherzige Tante Frida. Das hatte auch wieder mit meinem Großvater zu tun. Ich erlebte ihn ja als überaus sanft und gütig, aber meine Mutter sah ihn völlig anders: Für sie war er immer noch der strenge, kritische Vater, vor dem sie sich fürchtete und dem sie es recht machen wollte. Dazu kam, dass ihre eigene Mutter sich wenig um ihre beiden Töchter gekümmert hatte; sie hatte die Erziehung der Mädchen Gouvernanten überlassen, wie es zu dieser Zeit und in der wohlhabenden bürgerlichen Schicht, zu der meine Familie gehörte, üblich war.

Mein Großvater war nur an seiner jüngeren Tochter Frida interessiert. Und die einzige Chance für meine Mutter, von ihrem Vater Aufmerksamkeit zu bekommen und ihn zufrieden zu stellen, bestand darin, dass sie die Rolle einer Ersatzmutter übernahm und sich um diese kleine Schwester kümmerte. Ständig bekam meine Mutter zu hören: «Pass auf Frida auf, kümmere dich um deine Schwester!» Wenn meine Tante als Kind etwas nicht erledigte – und sie war ziemlich bequem – war es meine Mutter, die Ärger bekam, nicht Frida.

Bestimmt war meine Mutter eifersüchtig und neidisch auf ihre Schwester. Aber das war ihr nicht bewusst, und sie hätte es auch nie zugegeben. Im Gegenteil, immer schien zwischen den beiden große Freundschaft und Liebe zu herrschen, niemals gab es Streit. Auch ich hatte lange dieses falsche Bild vor Augen. Ich glaube, dass das für meine Tante sogar weitgehend stimmte, denn ihre ältere Schwester hatte sie ja tatsächlich großgezogen und sich ständig um sie gekümmert. Aber es stimmte nicht für meine Mutter, sie hatte ihren Ärger vollständig verdrängt, ihre Liebe und Fürsorglichkeit waren *Ersatzgefühle*.

Kinder entwickeln Ersatzgfühle (Rackets) und ein entsprechendes Ersatz-
verhalten, wenn in einer Familie oder anderen wichtigen sozialen Situa-
tionen bestimmte Gefühle verboten oder nicht akzeptiert sind. Das kann,
wie in diesem Fall, Neid sein. Neid ist für kleine Kinder ein besonders
starkes und sogar gefährliches Gefühl: Neidisch sein heißt für sie der
Wunsch, dass es dem anderen schlecht geht, dass er vielleicht sogar ster-
ben soll. Wenn Neid nicht ausgedrückt werden darf, sucht das Kind –
unbewusst – nach Auswegen für seine starken Emotionen. Es findet ein
Ersatzgefühl und ein Verhalten, das erlaubt oder sogar belohnt wird, das
aber eben nicht seinem wirklichen inneren Erleben entspricht und das
ihm daher nicht hilft, die Situation zu verarbeiten. Typisch für ein Ersatz-
gefühl ist, dass es sehr oft im krassen Gegensatz zum verdrängten Gefühl
steht, wie Liebe statt Hass oder Fröhlichkeit statt Traurigkeit.

1914 hatte der Erste Weltkrieg begonnen, und etwa eineinhalb Jahre später wurde mein Vater eingezogen. Meine Mutter, nach acht Jahren Ehe
gerade schwanger geworden, flüchtete zu meinem Großvater – meine
Großmutter war inzwischen gestorben. Kurz darauf folgte auch meine
Tante Frida, deren Mann ebenfalls zum Militär musste und die sich bei
sich zu Hause langweilte. Aber jetzt kam ich zur Welt, und damit hatte
Frida endlich eine Beschäftigung. Ich wurde ihr Lieblingsspielzeug, ihre
Puppe, ihr Baby, sie war hingerissen von mir. Meine arme Mutter hatte
keine Chance. Endlich besaß sie das heiß ersehnte eigene Kind, aber ihre
Schwester nahm es in Besitz und überschüttete es mit Liebe und Zärtlich-
keit. Und meine Mutter wehrte sich nicht dagegen und protestierte nicht
einmal, sie nahm das scheinbar gelassen hin.

Auch für mich schien die Situation klar, ich glaubte ganz sicher, der
Storch, der die Babys bringt, hätte sich getäuscht und die beiden Frauen
miteinander verwechselt. Dida, wie ich meine Tante nannte, war meine
richtige Mutter, sie war diejenige, die ich liebte und von der ich mich
geliebt fühlte. Meine leibliche Mutter dagegen war zwar anwesend, und
sie versorgte mich natürlich auch, aber sie handelte meistens aus Ver-
antwortungsgefühl und selten aus Freude oder Spaß. Folgendes war zum
Beispiel typisch für sie: Während der Zeit, in der sie mich stillte, zwang
sie sich, täglich Haferflocken zu essen, obwohl sie diese verabscheute –

19

man hatte ihr erzählt, dass sie auf diese Weise genug Milch für mich haben würde, und sie verhielt sich danach.

Dass die beiden Schwestern heimlich um mich konkurrierten, ist mir erst viel später klar geworden. Zum Beispiel habe ich mich als Erwachsene lange Zeit gefragt: Warum esse ich immer so viel, dass mir fast schlecht wird, aber fühle mich wohl dabei? Irgendwann habe ich dann den Grund erkannt: Meine Mutter und meine Tante fütterten mich immer gleichzeitig. Sie schoben mir abwechselnd ein Löffelchen nach dem anderen in den Mund und ermunterten mich, mehr und mehr zu essen. Und ich wollte ihnen den Gefallen tun und keine beleidigen, habe geschluckt und geschluckt und wurde sehr gelobt dafür.

Meinen Großvater liebte ich nicht nur, ich erlebte ihn auch als machtvolle Instanz im Hintergrund, die mich immer beschützen würde. Zum Beispiel setzte meine Mutter mich regelmäßig aufs Töpfchen, das war die damals übliche Reinlichkeitserziehung. Ich mochte dieses Ritual überhaupt nicht. Man musste so lange sitzen bleiben, bis man etwas produziert hatte. Einmal saß ich nach meinem Gefühl schon eine Ewigkeit auf dem Topf, als ich meinen Großvater kommen hörte. Da fing ich schrecklich an zu brüllen, und als meine Mutter und meine Tante herbeistürzten und dachten, mir sei etwas passiert, habe ich triumphiert: «Gleich kommt Großvater und schimpft mit euch!»

Mein Großvater war ein Mensch vom *Typ 2*, ich bin es auch, und meine Mutter gehörte *Typ 1* an, obwohl man das nicht gleich bemerkte – sie wirkte überhaupt nicht wie ein hilfloses kleines Mädchen, diese Rolle hatte ja ihre Schwester.

Nach Fanita lassen sich Menschen zwei Gruppen zuordnen: Dem untersicheren Typ (Typ 1) oder dem übersicheren Typ (Typ 2). Untersicher sind Menschen, die lieber Fragen stellen, die zweifeln, abwarten, und übersicher sind die Leute, die grundsätzlich lieber Antworten geben, Anweisungen erteilen, für andere entscheiden. Typ 1 passt sich eher an oder rebelliert, Typ 2 ist eher fürsorglich oder kritisch-bewertend. Zu einem der beiden Typen zu gehören, ist weder gut noch schlecht, beide haben ihre Vor- und Nachteile. Die Typen beschreiben vielmehr den grundsätzlichen Charakter eines Menschen, die Art und Weise, wie man sich am liebsten verhält, oder das, was einem am ehesten entspricht. Typ 1 und Typ 2 kommen in unterschiedlich starker Ausprägung vor und sind manchmal schwer zu erkennen, zum Beispiel dann, wenn jemand meistens ein anderes Verhalten zeigt, als es seinem Typ entspricht.

Zwei Ehe-Arrangements

Meine Mutter war nicht besonders hübsch, aber durchaus attraktiv: mit langen roten Haaren, heller sonnenempfindlicher Haut, guter Figur und sehr schönen Beinen. Sie war intelligent und gut erzogen, wie es sich für Töchter aus gutbürgerlichem Haus gehörte, aber nicht ehrgeizig. Sie sprach mehrere Sprachen, spielte recht gut Klavier, ohne im geringsten musikalisch zu sein – so wie man Schreibmaschine schreibt. Und sie hat leider den falschen Mann geheiratet.

Natürlich war ihr das nicht klar. Sie war damals achtzehn. In diesem Alter heiratete man eben. Und meine Mutter war einverstanden, auch damit, dass ihre Ehe arrangiert wurde; es war keine Liebesheirat. Einem jungen Mädchen wurden mehrere Kandidaten vorgestellt, man plauderte ein wenig unter den wachsamen Augen von Familienmitgliedern und Bekannten, und dann traf man seine Entscheidung. Meine Mutter wählte ihren Mann aus drei Gründen, wie sie mir später erzählte: Erstens war mein Vater sehr elegant gekleidet, zweitens sah er aus, als ob er nett wäre. Und drittens sprach er mehrere Sprachen und besaß einen Doktortitel in Chemie. Meine Mutter interessierte sich für Naturwissenschaften, sie hätte gern selbst Medizin oder Pharmazie studiert, aber das war damals in Rumänien für eine Frau undenkbar. Sie hoffte, dass dieser Mann sie unterrichten würde. Das waren ihre wichtigsten Motive, aber sehr bald ist meiner Mutter in ihrer Ehe klar geworden, dass ihre Wünsche nicht in Erfüllung gehen würden.

Mein Vater traf seine Entscheidung aus ähnlich unromantischen Gründen. Er stammte aus einer jüdischen Bankiersfamilie, war in Österreich im Internat gewesen, hatte in Zürich erst Philosophie und später Chemie studiert. Dann hatte er angefangen zu arbeiten. Mittlerweile war er 28 Jahre alt, und seine Familie drängte, dass er einen eigenen Haushalt gründen sollte. Der einzige Grund für diese Ehe, den mein Vater meiner Mutter genannt und der sie ihr Leben lang gekränkt hat, war: Er wollte die Ehre ihrer Familie nicht beleidigen.

Folgendes war geschehen: Kurze Zeit nach dem Arrangement der beiden Familien stellte sich heraus, dass die Mutter meines Vaters – meine Mutter nannte sie immer die Hexe – plötzlich nicht mehr mit der Höhe der Mitgift einverstanden war. Sie verlangte mehr Geld. Ich glaube, in Wirklichkeit wollte man überhaupt alles rückgängig machen, ich weiß nicht warum. Jedenfalls gab es einen Riesenkrach, und am Ende musste mein Großvater nachgeben und die Summe erhöhen. Meinem Vater war das alles äußerst peinlich. Er hat nach der Heirat meiner Mutter von dem zusätzlichen Geld einen kostbaren Ring gekauft. Aber was ihr wirklich wichtig gewesen wäre, hatte er nicht getan: sich seiner Mutter gegenüber durchzusetzen und diese Auseinandersetzung zu verhindern. Dazu war er nicht fähig.

Mein Vater war ein Mensch vom Typ 1. Bei ihm war das offensichtlich, nicht versteckt wie bei meiner Mutter. Außerdem vermute ich heute, dass er homosexuelle Neigungen hatte, ohne dass ihm das bewusst war. Der Held in Thomas Manns Novelle «Der Tod in Venedig» hat frappierende Ähnlichkeit mit meinem Vater. Er ist genauso reserviert, höflich und freundlich abweisend, und er ist sich ebenso unklar über seine Gefühle.

Als Kind habe ich natürlich nichts Derartiges gedacht. Für mich war es selbstverständlich, dass mein Vater nie mit uns in die Ferien fuhr. Er war auch nicht traurig, wenn er allein zu Hause blieb, im Gegenteil. Er freute sich, wenn wir endlich abreisten, er bekam schon Tage vorher gute Laune. Für mich war es auch normal, dass er fast nie mit meiner Mutter etwas unternahm. Und dass es dann – später, als wir in der Türkei wohnten – diesen Prinzen Trubetzkoy gab, einen jungen Mann mit völlig haarlosem Gesicht, immer ausgesprochen höflich. Er stammte aus einer alten russischen Aristokratenfamilie und brachte einmal in der Woche die frisch gewaschenen Hemden meines Vaters zu uns. Nach der russischen Revolution lebten zahlreiche Flüchtlinge in Istanbul, und viele von ihnen hatten Restaurants oder Wäschereien eröffnet. Immer wenn Trubetzkoy kam, bestand mein Vater darauf, selbst die Tür zu öffnen und seine Hemden in Empfang zu nehmen. Manchmal spielten die beiden dann zusammen Schach, und meine Mutter und ich durften nicht stören. Ich hatte nur dieses eigenartige Gefühl, wie Kinder es manchmal haben, wenn an einer Situation etwas nicht stimmt, weil ich sah: Dieser Mann war der einzige Mensch, für den mein Vater sich wirklich interessierte.

Zu mir und zu meiner Mutter vermied mein Vater den Kontakt. Ich weiß noch, dass ich manchmal versuchte, auf seinen Schoß zu klettern – aber jedes Mal schob er mich sanft und bestimmt weg – seine Hose würde dadurch zerknittern. Er hat auch kaum mit mir geredet, selbst später nicht, als ich schon ein junges Mädchen war. Von ihm selbst habe ich nie etwas Wichtiges erfahren: nichts über seine Kindheit, über seine Kriegserfahrungen, über seine Familie – alles was ich darüber weiß, stammt aus den Erzählungen meiner Mutter.

Ganz sicher wollte mein Vater auch keine eigenen Kinder. Es war der Wunsch meiner Mutter, und mein Vater hatte wohl eingesehen, dass sie jemanden brauchte, um den sie sich kümmern konnte, und gehofft, dass ihn das entlasten würde.

In den ersten vier Jahren meines Lebens war mein Vater so gut wie nie zu Hause. Dann kam das Ende des Krieges, mein Vater kehrte zurück und fand ziemlich bald Arbeit bei der rumänischen Ölgesellschaft Steua Romana, einer Tochtergesellschaft der Shell, in Constanza, einige Zugstunden von Galatz entfernt. Meine Mutter lebte jetzt zum Teil bei uns in Galatz, zum Teil bei ihrem Mann. Manchmal kam mein Vater auch zu Besuch, aber ich selbst bin die ganze Zeit bei meinem Großvater und bei meiner Tante in Galatz geblieben. Meine Tante hat gern die folgende Geschichte dazu erzählt: Mein Vater habe mich einmal als kleines Mädchen mit zum Einkaufen genommen und im Laden vergessen. Sie sei dann schnell losgelaufen und habe mich abgeholt. Ihr abschließender Kommentar war jedes Mal: «Man konnte dich ihm nicht anvertrauen.» Das glaube ich nicht ganz, aber es beschreibt die Situation psychologisch ziemlich treffend: Die Botschaft meiner Tante hieß: «Habe kein Vertrauen zu Männern», weil sie mich auf diese Weise noch mehr für sich hatte. Die einzige Ausnahme war mein Großvater, aber dann verlor ich ihn doch: Als ich vier Jahre alt war, musste ich Galatz verlassen. Wir zogen nach Istanbul, wo mein Vater für die Ölgesellschaft einen neuen Job übernahm.

Eine fremde Familie

Für mich muss der Wechsel traumatisch gewesen sein. Selbst heute noch kann ich das Kind von damals nur von außen beschreiben, ohne Gefühle. Ich denke, genau so ging es mir damals. Ich erstarrte innerlich. Ich habe zwar funktioniert, aber nicht wirklich gelebt – und das blieb so für lange Zeit. Man hatte mich herausgerissen aus meinem Paradies. Ich war plötzlich fern von meinem Großvater und von meiner Tante, die für mich eigentlich meine Eltern waren. Es war, als ob ich in eine fremde Familie geraten wäre mit einem Vater, den ich kaum kannte, und einer Mutter, die vergeblich Liebe und Anerkennung suchte.

Fanita als Neunjährige mit ihren Eltern und einem Bruder des Vaters (2. v. l.)

Mein Vater wollte nur seine Ruhe. Tagsüber arbeitete er, aber das Geschäftsleben ödete ihn an, er hasste seinen Job. Viel lieber hätte er an der Universität gelehrt – er besaß einen Doktortitel in Chemie –, aber das war für ihn als Juden zu der Zeit in Rumänien unmöglich. Ständig schimpfte er über seine Arbeit, und in jeder freien Minute, also abends und am Wochenende, zog er sich mit seiner Geige zurück. Es war ein Glück für ihn, dass er die Musik hatte. Das Geigespielen, denke ich, war die einzige Form für seinen *Ausdruckstrieb*, die ihm Vergnügen bereitete.

24

Die Idee von drei Trieben oder Motivatoren, die in unserem Unbewussten wirken und unsere Lebensenergie lenken, ist ein Kernstück von Fanitas Theorie. Einer dieser drei Motivatoren ist der erwähnte Ausdruckstrieb: Er führt zu Neugier, Forschungsdrang, Begeisterung, Faszination, zu Kreativität, zu der kompromisslosen Bereitschaft, eine Sache um ihrer selbst willen zu tun. Wird er zu sehr unterdrückt, scheint uns das Leben freudlos und langweilig, vielleicht tun wir auch plötzlich etwas völlig Unerwartetes, Verrücktes oder Gefährliches. Der zweite Motivator ist der Ruhetrieb, der zum Beispiel dafür sorgt, dass wir schlafen, uns entspannen oder uns für Spiritualität öffnen. Der dritte Motivator ist der Überlebenstrieb, der uns beispielsweise dazu bringt, unseren Lebensunterhalt zu verdienen oder dafür zu sorgen, dass wir Zuwendung und Anerkennung bekommen.

Ich war nicht gern zu Haus. Ich erinnere mich auch kaum an unsere Wohnung. In meinem Zimmer standen mein Bett, ein Schreibtisch, irgendein Schrank, und auf einem kleinen Stühlchen saß meine Puppe «Goldherz», mein kostbarster Besitz, um den ich dramatisch gekämpft hatte. Meine Tante hatte sie mir auf einer Reise nach Berlin geschenkt. Als wir auf der Rückfahrt mit dem Zug die rumänische Grenze passierten, verlangte der Beamte Zoll für das neue Spielzeug, aber meine Mutter weigerte sich zu bezahlen. Der Mann wollte daraufhin die Puppe beschlagnahmen, aber bevor er sie berühren konnte, fing ich an zu schreien und zu toben. Die anderen Reisenden mischten sich ein, und zu meiner großen Überraschung ließ meine Mutter mich weiter schreien; zum ersten Mal in meinem Leben sollte ich mich nicht beruhigen. Schließlich gab der Zollbeamte nach. Ich durfte meine Puppe behalten, und er war so entnervt, dass er noch nicht einmal unser Gepäck kontrollierte. Für mich war das eine wichtige neue Erfahrung, die zu einer sehr hilfreichen *Überlebensschlussfolgerung* wurde: Ich muss für meine Rechte kämpfen und habe damit auch Erfolg. Das konnte ich mein Leben lang ziemlich gut – außer wenn es um meine Mutter ging oder um Menschen, die ihr ähnlich waren.

Das Konzept der Überlebensschlussfolgerungen stammt ebenfalls von Fanita. Danach ist es für ein kleines Kind lebenswichtig herauszufinden, wie es in seiner Familie und in seiner Umgebung am besten zurechtkommt. Es trifft auf Grund seiner Erfahrungen, Beobachtungen und der Botschaften, die es bekommt, bestimmte Entscheidungen, genannt «Überlebensschlussfolgerungen», die wie in diesem Fall hilfreich, aber auch schädlich sein können.

Für mich war das einzig Schöne in unserer Wohnung der Blick aus meinem Zimmerfenster auf den Bosporus. Neben dem Kinderzimmer und der Küche erinnere ich mich noch an ein Speisezimmer, den Schlafraum meiner Eltern und ein Wohnzimmer voller Bücherregale, hauptsächlich Fachbücher meines Vaters, aber auch deutsche Philosophie und Literatur. Mein Vater bewunderte besonders Nietzsche und Schopenhauer. Von ihnen hatte er die Idee übernommen, dass das Leben schwer und traurig ist, dass man daran aber nichts ändern kann und es mit Humor nehmen muss. Diese Einstellung zeigte mein Vater nie auf eine positive Weise, sondern immer abschätzig und sarkastisch, aus dem versteckt *rebellischen Kind-Ich*: Er mokierte sich über bürgerliche Wertvorstellungen und Konventionen, er fand Rumänien schrecklich, provinziell und unterentwickelt. Wenn meine Mutter Heimweh hatte und zurück wollte, lachte er sie aus, beinahe ebenso abwertend redete er über die Türken und Griechen.

«Rebellisches Kind» ist ein Begriff aus der TA. Danach hat jeder Mensch drei so genannte Ich-Zustände, drei getrennte Systeme zu fühlen, zu denken und sich zu verhalten: Ein Eltern-Ich, ein Erwachsenen-Ich und ein Kind-Ich. Diese Teile unserer Persönlichkeit bilden sich in der Kindheit, und wir benutzen sie ein Leben lang. Rebellion – heimliche und offen gezeigte – ist der Versuch des Kind-Ichs, sich gegen Anpassung zu wehren. Sie kann zu notwendigen Veränderungen führen, ist jedoch oft verbunden mit einem versteckten Gefühl von Unzulänglichkeit, Überforderung oder Unterlegenheit, aus der kindlichen Urangst heraus, verlassen zu werden und sterben zu müssen.

Ich sah meinen Vater hauptsächlich beim Abendessen – übrigens das einzige Mal am Tag, wo wir zu dritt zusammentrafen. Diese Mahlzeiten liefen immer nach dem gleichen Muster ab: Mein Vater brachte irgendwelche Spezialitäten mit, Tomaten aus Alexandrien, frischen griechischen Käse oder ausländischen Schinken. Wir aßen, aber bald begann meine Mutter zu nörgeln und sich zum Beispiel über das Dienstmädchen zu beklagen, weil es wieder einmal gestohlen hatte. Sie wollte zumindest bedauert werden, aber mein Vater sagte nur: «Gib ihr mehr Gehalt, dann wird sie schon aufhören.» Das waren *Ausbeutungstransaktionen* meiner Mutter; mein Vater hat nicht lange mitgemacht, und meine Mutter war frustriert, sie hatte sich natürlich Unterstützung erhofft.

Ausbeutungstransaktionen oder «Racketeering» nennt Fanita ein bestimmtes ineffektives Kommunikationsverhalten. Der Akteur versucht – unbewusst – mit dem, was er tut oder sagt, von seinem Partner Zuwendung und Bestätigung zu erhalten. Er macht es seinem Typ entsprechend, also klagend oder ärgerlich, und immer wieder, bis es dem Partner lästig wird und er die Transaktion kreuzt, also anders antwortet als erwartet.

In Gelddingen verhielt sich mein Vater immer ausgesprochen großzügig, aber meine Mutter war natürlich mit seinem Vorschlag, das Dienstmädchen besser zu bezahlen, nicht einverstanden und schwieg zornig. Schließlich erzählte mein Vater seine typischen Witze, indem er sich zum Beispiel über unsere Nachbarn und ihre protzige Wohnungseinrichtung lustig machte. Meine Mutter fand das überhaupt nicht komisch, aber ich habe mich jedes Mal so amüsiert, dass ich vor Lachen zur Toilette musste. Wenn ich dann wieder an den Tisch zurückkehrte, war mein Vater schon gegangen. Ich glaube, das war eine heimliche Allianz zwischen uns: Unbewusst habe ich ihm geholfen, das gemeinsame Essen so schnell wie möglich zu beenden.

Auch eine andere Szene wiederholte sich: Gelegentlich musizierten meine Eltern zusammen, meine Mutter spielte Klavier und mein Vater Geige. Aber bald begann mein Vater zu improvisieren, und meine Mutter beklagte sich, weil sie nicht mitkam und begann zu schimpfen. Er ging nicht darauf ein. Schließlich verschwand er mit einer gemurmelten Entschuldigung und seiner Geige in seinem geliebten Zimmerchen, einem winzigen Raum neben der Toilette, der einen Linoleumfußboden hatte und leer war bis auf den Notenständer und ein Waschbecken.

Ich glaube, meine Mutter fühlte sich ständig durch meinen Vater verletzt, hat das aber stoisch ertragen mit der Einstellung, man könne daran nichts ändern. Manchmal hörte ich, wie sie im Gespräch mit ihren Bridge-Freundinnen über ihren Mann sagte: «Ich kann mich nicht beklagen, er trinkt nicht, hat keine Affären und ist mit Geld großzügig.» Aber sie sagte es nicht erfreut, im Gegenteil, es klang eher traurig und resigniert.

Mein Vater war überhaupt nicht das typische Familienoberhaupt, obwohl meine Mutter sich das so sehr wünschte. Ich habe ihn vielmehr wie einen älteren Bruder erlebt. Er war nie streng oder ärgerlich, sondern immer freundlich, weich und nachgiebig, sehr passiv. Später, als junges Mädchen, habe ich ihn deswegen sogar etwas verachtet.

Ich denke, eine seiner wichtigsten *Überlebensschlussfolgerungen* hieß: «Man macht mit und schützt sich, so gut man kann.»

Jeder Mensch hat tausende von Überlebensschlussfolgerungen. Ein großer Teil ist und bleibt sinnvoll – zum Beispiel für ein Kleinkind das Verbot «Lauf nicht in die Brandung!» oder die Warnung «Sei vorsichtig, wenn du etwas Heißes trinkst.» Andere können uns massiv schaden, vor allem wenn sie immer wieder verstärkt werden. Sie sind wie vernarbte Verwundungen der Seele. Man kann vermuten, dass Fanitas Vater als Kind in seiner Familie abgelehnt wurde, man ihn oft auslachte und kritisierte und er deswegen Rückzug als Selbstschutz entwickelt hat.

Teilweise habe ich diese Tendenz zum Rückzug von meinem Vater übernommen. Das drückt sich bei mir auch körperlich aus. So stelle ich mich zum Beispiel äußerst ungern in eine Warteschlange, weil ich es nicht mag, wenn mich jemand versehentlich berührt.

Eine der Überlebensschlussfolgerungen meiner Mutter bestand in der Überzeugung, dass man den Wünschen des Familienoberhauptes unbedingt zu folgen habe. Deshalb projizierte sie jetzt die Eigenschaften ihres Vaters, der streng gewesen war und hohe Anforderungen gestellt hatte, auf ihren Mann und versuchte, seinen vermeintlichen Forderungen zu entsprechen und eine vorbildliche Ehe- und Hausfrau zu sein. Zum Beispiel betonte sie bei jeder Gelegenheit, wie sparsam sie sei, ohne von ihm dafür jemals die geringste Anerkennung zu bekommen. Im Gegenteil, mein Vater warf ihr sogar vor, dass sie nicht heimlich einen Teil des Haushaltsgelds beiseite legte. Das hatte er bei seiner Mutter erlebt, die auf diese Weise seine Ausbildung finanziert hatte, und nur das hieß für ihn Sparen.

Der Begriff der Pflicht war für meine beiden Eltern ein zentrales Thema, wobei meine Mutter diese akzeptierte, mein Vater sich dagegen ständig darüber beklagte. Ich habe mich, als ich etwa zwölf Jahre alt war, einmal deswegen sehr über ihn aufgeregt und geschimpft: «Wieso sagst du immer, dass du Opfer bringen musst? Worauf verzichtest du denn schon?» Eigentlich schimpfte ich stellvertretend für meine Mutter. Ich schäme mich deswegen noch heute, denn was ich zu der Zeit nicht wusste und was mein Vater mir natürlich auch nie gesagt hatte: Sein Wunsch war es gewesen, von Istanbul aus nach Mexiko auszuwandern, weil er dort bessere berufliche Möglichkeiten gehabt hätte. Aber meine Mutter hatte seine Idee kategorisch abgelehnt. Sie meinte, das könne man nicht tun, wenn man Familie habe, und er hatte nachgegeben.

Aus diesem Pflichtgefühl heraus unterstützte mein Vater auch eine Reihe von Nichten und seine verwitwete Schwägerin, wobei er sich dauernd darüber aufregte, dass die Frauen nicht ihr eigenes Geld verdienten. Aus diesem Ärger resultierte, was mich betraf, ein klarer Auftrag: Ich sollte unbedingt einen Beruf lernen und finanziell unabhängig werden; statt einer Mitgift würde ich eine gute Ausbildung erhalten. Für mich wurde daraus sogar eine Überlebensschlussfolgerung, die mich sehr in meiner späteren Ehe bestimmt hat: «Sei keine Last für einen Mann.» Ganz im Gegensatz dazu standen die bürgerlichen Vorstellungen meiner Mutter in Richtung Ehe und Familie. Tatsächlich habe ich in meinem Leben beide Botschaften befolgt.

Frei wie eine Zigeunerin

Für mich war die Einstellung meines Vaters überaus bedeutsam: Ich habe mir schon früh wegen meiner finanziellen Unabhängigkeit Gedanken gemacht. Allerdings gab es damals noch nicht viele Berufe für ein Mädchen. Die einzigen selbstständigen Frauen, die ich kannte, waren die Dienstmädchen, deren Arbeit mir nicht gefiel, die Lehrerinnen an der Schule, die nie heirateten, wie ich vermutete – und das wollte ich auf jeden Fall – dann die Gouvernanten, die mir in der Reklame begegneten und die immer ihre Zöglinge auf Reisen begleiteten und von daher wohl auch keine Zeit haben würden, nach einem interessanten Ehemann zu suchen. Aber schließlich entdeckte ich doch noch eine weitere Gruppe: die Zigeunerinnen, die auf den Straßen Istanbuls wahrsagten. Auch in Rumänien, wo wir weiterhin jedes Jahr unsere Sommerferien verbrachten, gehörten sie zum Straßenbild. Sie gingen herum, in ihren schönen bunten Kleidern, mit großen goldenen und silbernen Ohrringen, und sprachen die Passanten an. Ich liebte auch ein Lied, das wir morgens in der englischen Schule sangen und das von der Freiheit der Zigeuner erzählte. Von meinen Eltern bekam ich immer reichlich Taschengeld, das ich für Blumen oder türkische Bonbons ausgab oder für die Zigeunerinnen. Für mich waren sie Stars, sie imponierten mir unglaublich. Ich war oft in ihrer Nähe, um ihnen zuzuschauen und mitzubekommen, wie sie den Leuten die Zukunft voraussagten. Mit fünfzehn Jahren habe ich mir sogar eine große französische Enzyklopädie aus dem 19. Jahrhundert über das Wahrsagen besorgt, die ich mit Leidenschaft studierte.

Für mich ist das Wahrsagen wirklich ein gewisses Mysterium. Auf meiner Lebenslinie findet sich gegen Ende ein Hinweis auf einen schweren Unfall, den ich überlebe. Tatsächlich habe ich mir vor einiger Zeit beim Kochen schwerste Verbrennungen zugezogen und musste monatelang im Krankenhaus liegen. Und hier bin ich viel jünger, da schwebe ich schon einmal in Lebensgefahr, und das stimmt ebenfalls: Ich denke, das war eine Situation im Krieg in Frankreich, 1940, in Bordeaux. Meine Mutter und ich wollten die Stadt verlassen. Wir hatten unsere Koffer in der Hand und mussten auf die andere Straßenseite, zum Bahnhof. Aber wir kamen nicht weiter: Eine endlose Kolonne von deutschen Soldaten marschierte an uns vorbei, dazwischen Panzer und Militärfahrzeuge, sehr martialisch und Furcht einflößend. Ich aber habe meine Mutter am Arm genommen und bin mit ihr mitten hindurch gelaufen. Ich spürte keine Angst, weil ich mir ziemlich sicher war, dass keiner dieser Männer die Reihe verlassen würde, um uns zu verfolgen. Aber es war natürlich trotzdem höchst riskant und gefährlich.

Jedenfalls habe ich als Kind gern den Leuten die Zukunft gedeutet, zum Beispiel, wenn wir mit dem Schiff nach Rumänien in die Ferien reisten. Diese Fahrten genoss ich überhaupt, denn meine Mutter lag während der ganzen Zeit seekrank in ihrer Kabine, und ich konnte tun und lassen, was ich wollte. Die Passagiere hatten Spaß daran, sich von mir die Zeit vertreiben zu lassen. Von den Zigeunerinnen wusste ich: Man muss eigentlich nur die Linien in der Hand betrachten und sich etwas einfallen lassen – mit Intuition, nicht mit Vernunft – ich machte es genauso und erzählte, was mir einfiel.

Dabei half mir, dass ich Menschen gut einschätzen konnte. Meistens lag ich richtig, aber nicht immer. Die folgende Geschichte passierte in einem Hotel, ich war schon fünfzehn oder sechzehn Jahre alt. Ein Gast bat mich, ihm die Zukunft vorauszusagen. Ich sah mir seine Handlinien an und wusste plötzlich: Er würde sich das Leben nehmen. Das habe ich ihm auch gesagt. Er war entsetzt und durcheinander und reiste sofort ab, und ich habe nie wieder etwas von ihm gehört. Ich hatte übrigens weniger Angst davor, dass er sich tatsächlich umbringen würde als dass meine Mutter von diesem Vorfall erfahren könnte. Das war daher das letzte Mal, dass ich jemandem wahrgesagt habe.

Wie gesagt, mein Vater hatte eigentlich kein Kind gewollt, aber nun war ich einmal da. Ich glaube sogar, dass er mich auf seine Weise liebte, aber dass ihn ständig ein schlechtes Gewissen plagte, weil er überhaupt keine Lust hatte, sich um mich zu kümmern. Meine Mutter probierte schon das eine oder andere aus, um uns zusammenzubringen, aber es nützte nicht viel. Eines Tages verlangte sie schließlich, er müsse wenigstens regelmäßig mit mir spazieren gehen. Das machte er dann auch an den Sonntagnachmittagen, nachdem meine Mutter endlich ein paar Bekannte zum Bridge-Spielen kennengelernt hatte. Aber er führte mich aus wie einen kleinen Hund, nach dem Motto: Bewegung an frischer Luft ist gesund – ohne jeden Spaß. Wir gingen zusammen zum Strand. Er wollte sich nicht unterhalten, ich schon. Ich war ziemlich hartnäckig, aber er auch. Da brachte er mich immer mit dem lateinischen Spruch zum Schweigen: «Si tacuisses philosophus mansisses» (Wenn du geschwiegen hättest, wärst du Philosoph geblieben). Ich verstand zwar weder den Spott darin noch wusste ich, was ein Philosoph ist, aber es schien mir erstrebenswert, also hielt ich den Mund. Schließlich hatte mein Vater doch eine bessere Idee: Er nahm meine Freundinnen mit. Wir Mädchen spielten zusammen, und er konnte endlich in Ruhe in der Sonne liegen und sich die Wolken anschauen, für mich bis heute ein Bild absoluten Genießens.

Fanita als Zehn-
jährige mit ihrem
Vater

Er hat mir auch das Schwimmen beigebracht, aber auf keine gute Art. Es gab damals diese großen Ballons, die den Kindern am Körper befestigt wurden und die sie über Wasser hielten. Eines Tages zog er einfach die Stöpsel heraus. Ich habe das erst gar nicht bemerkt und bin weiter geschwommen. Und plötzlich sagte er: «Siehst du, du kannst es doch!» Aber für mich war das ein entscheidender Vertrauensbruch – ich war erschrocken, fühlte mich hereingelegt und habe mich auch sehr geärgert. Für mich bestätigte er damit die Meinung meiner Tante, man könne Männern nicht trauen.

Istanbul war damals die eigentliche Hauptstadt der Türkei. Wir wohnten im europäischen Viertel, dem reichen Teil der Stadt. Mit seinen gepflegten Häusern, vielen prächtigen Geschäften und großen französischen Kaufhäusern, berühmten Hotels wie dem «Pera Palace» aus Agatha Christies «Orient Express», den Botschaften und Konsulaten, kleinen Parks und Kirchen stand es anderen europäischen Großstädten in nichts nach. Es hatte damals viel Ähnlichkeit mit Wien, aber durch die herrliche Aussicht auf das Wasser war es noch schöner. Auf der anderen, der asiatischen Seite, mit der europäischen nur durch eine Brücke über den Bosporus verbunden, begann der orientalische Bezirk mit seinen Basaren, prächtigen Palästen und Moscheen und mit den Wohnvierteln der Einheimischen. Hier lebten die Armen: Griechen, Armenier, spanische Juden, deren Vorfahren während der Inquisition hierher geflüchtet waren und die immer noch ihren spanischen Dialekt sprachen, die so genannten Latinos, außerdem Türken und Roma. Diese Welt war für uns fremd, schmutzig und gefährlich, dort ging man nicht hin. Nur selten, wenn ein Geschäftspartner aus dem Ausland zu Besuch kam, zeigte mein Vater ihm die Basare in der Altstadt, und manchmal durfte ich mit. Wir waren wie typische Touristen, in Begleitung eines Dolmetschers, weil mein Vater auch nach Jahren kein Türkisch konnte. Ich hielt mich dicht neben ihm, ein gut gekleidetes, braves, etwas dickes kleines Mädchen, und staunte über die herumwimmelnden Kinder, die barfuß liefen und uns in verschiedenen Sprachen etwas zuriefen. Mein Vater kaufte jedes Mal Teppiche, wir hatten Dutzende in unserer Wohnung. Manchmal haben wir auch eine Moschee besichtigt.

Wenn mein Vater eine Anweisung gab, was selten genug vorkam, befolgte meine Mutter sie hundertprozentig. Zum Beispiel beschloss er kurz nach unserer Ankunft in Istanbul, dass ich jetzt Fremdsprachen lernen sollte. Plötzlich hieß es: «Wir sprechen zu Hause nur noch Französisch» (das war bis zum 2. Weltkrieg neben Englisch die Weltsprache), «nicht mehr Rumänisch, denn das ist eine dumme Sprache, die man nicht braucht.» Meine Mutter hielt sich daran, ich hatte keine Wahl und für meinen Vater änderte sich dadurch wenig, da er ohnehin meistens schwieg.

Very british: Schulzeit in Istanbul

So heftig er Rumänien verabscheute, so sehr bewunderte mein Vater England. Daher kam für seine Tochter auch nur eine englische Schule in Frage. In unserem Viertel gab es eine ganze Reihe von Privatschulen, die alle nebeneinander in einer schmalen Straße lagen: außer der englischen eine französische, deutsche, italienische und eine russische. Auf dieser engen, quirligen Straße erlebte ich die große Welt, durch die vielen Kinder aus verschiedenen Nationen, mit ihren unterschiedlichen Sprachen und Sitten und voller gegenseitiger Vorurteile. Wir verglichen und stritten ständig. Ich glaube, diese Erfahrung hat mit zu meiner Fähigkeit beigetragen, mühelos mit fremden Kulturen umzugehen.

Zu Hause lernte ich jetzt also Französisch – was übrigens die Sprache war, die alle in Istanbul sprachen – und wenig später, kurz vor meinem fünften Geburtstag, nahm mein Vater mich eines Morgens an die Hand und brachte mich in die englische Schule, ohne Erklärung oder Vorbereitung. Ich erinnere mich, wie die Lehrerin, übrigens die Einzige, deren Namen ich noch weiß, eine Miss Potter, die Treppe herunterkam und mich auf Englisch begrüßte. Mein Vater ist sofort gegangen, die Lehrerin redete weiter mit mir auf Englisch. Ich verstand kein Wort. Ich begriff nur: Auf dieser Schule war Französisch verboten, wir Kinder haben es allerdings untereinander heimlich weiter benutzt.

Mein Vater musste mich jetzt also jeden Tag zur Schule mitnehmen, aber er fand bald eine Alternative: Er begleitete mich das erste Stück des Weges, den Rest lief ich allein. Das war unser gemeinsames Geheimnis, meine Mutter durfte nichts davon erfahren. Damit war ich das einzige Kind, das jetzt täglich ohne Begleitung eines Erwachsenen in die Schule kam. Die anderen Mädchen haben mich deswegen ausgelacht, aber ich schützte mich, so gut es ging, mit der Überlebensschlussfolgerung «Ich brauche niemanden, ich schaffe es allein» und den daraus entstehenden Ersatzgefühlen, Arroganz und Stolz. Auf diese Weise bin ich zu einem Menschen vom *Typ 2* geworden statt zu *Typ 1*, der eher zu einem verwöhnten kleinen Mädchen gepasst hätte.

Der Typ eines Menschen prägt sich etwa im Alter zwischen zwei und sechs Jahren aus. Zum untersicheren Typ 1 wird jemand, wenn die wichtigste Bezugsperson als eher dominant, kritisch oder überbehütend erlebt wird, zum übersicheren Typ 2, wenn das Kind zu früh zu viel Verantwortung übernimmt, zum Beispiel wenn die Eltern krank sind oder aus anderen Gründen ihre Aufgaben nicht erfüllen. Das Kind glaubt, nach außen stark sein zu müssen, und gestattet sich nicht zuzugeben, dass es Hilfe braucht.

An die Anfangszeit in der Schule habe ich zwei Erinnerungen: Die eine Szene ist die Begrüßung an dieser breiten, geschwungenen Treppe vor dem Schulgbäude. Und dann weiß ich noch von einer zweiten Situation – es war mein fünfter Geburtstag, nur wenige Wochen nach Schulbeginn. Die Lehrerin hatte Schokoladenkuchen verteilt und das erste Stück bekam ich. Dabei gratulierte sie mir: «Many happy returns of the day!» Aber ich stolperte über das Wort «return». Ich dachte, es bedeutet «Aufstoßen». Bei den Türken ist es nach einem guten Essen Sitte zu rülpsen, und bei Schokoladenkuchen, den ich sehr liebte, vermutete ich, müsste das noch gesteigert werden, und es hieß bestimmt, dass ich das ganze Essen wieder herausbringen müsste. Also bin ich zur Toilette gegangen und habe versucht, mich zu übergeben – vergeblich – und als ich zurückkam in die Klasse, fühlte ich mich etwas ängstlich und beschämt, weil ich befürchtete, ich hätte mich nicht richtig benommen.

Letztlich habe ich dann aber doch sehr schnell Englisch gelernt, und am Ende des Jahres sprach ich außerdem Französisch und zusätzlich Griechisch, weil unser Hausmädchen Griechin war. Aber das war für niemanden etwas Besonderes, alle Kinder in Istanbul sprachen mehrere Sprachen, auch diejenigen, die weder lesen noch schreiben konnten.

Meine Schule war eine teure, sehr britische und sehr elitäre Privatschule für Mädchen. Darauf haben uns die Lehrerinnen – es gab keine Lehrer – ständig hingewiesen. Und was es für eine besondere Gunst sei, dass wir diese unvergleichliche Ausbildung erhielten, die ich gar nicht so großartig fand – in Geschichte beschäftigten wir uns zum Beispiel ein ganzes Jahr lang mit den Frauen von Heinrich VIII., und es gab überhaupt keine naturwissenschaftlichen Fächer. Wie in allen Kolonialschulen wurden die Lehrpläne und Prüfungen, die ganze Struktur, von England bestimmt. Und das Erziehungsziel war immer das Gleiche: Wir sollten begreifen, wie einzigartig alles Britische sei, wie viel Glück wir hätten, auf dieser Schule einen Platz zu haben – aber dass wir eben leider doch keine richtigen Engländer wären. Allein die Schüler in meiner Klasse gehörten insgesamt vierzehn verschiedenen Nationen an. Es gab Russen, viele Griechen, Armenier, Latinos, andere Ausländer, zu denen ich gehörte, und auch Türken. Wir haben uns alle als Fremde empfunden, und wir träumten davon, eines Tages in London oder Paris zu leben.

Die Lehrerinnen interessierten sich nicht für den Platz, an dem sie waren. Sie wurden sogar alle zwei Jahre ausgetauscht, denn sie sollten sich auf keinen Fall eingewöhnen. Aber entsprechend unterrichteten sie uns auch: Wir erfuhren, wie schön die Themse und wie bedauerlich es sei, auf diesen Anblick verzichten zu müssen. Dass wir am Bosporus lebten, einem der schönsten Plätze der Welt, oder dass sich die griechischen Sagen direkt vor unserer Tür abgespielt hatten, erwähnten sie nie. Ich weiß noch, wie enttäuscht ich als junges Mädchen bei meinem ersten Londonbesuch war, wo ich statt prächtiger Gebäude und eines majestätischen Flusses nur eine in meinen Augen düstere, hässliche Stadt vorfand.

Eigentlich war das erste Jahr an dieser Schule ein Kindergartenjahr. Aber genau zu der Zeit, als ich dort hinkam, gab es nicht genügend Anmeldungen. Außer mir wurden nur zwei weitere Mädchen neu aufgenommen. Man unterrichtete uns daher einfach gemeinsam mit den Schulanfängern. Dadurch war ich immer die jüngste Schülerin in meiner Klasse und auch mehr als ein Jahr früher als üblich mit der Schule fertig. Das war für mich jedoch kein Problem, das Lernen fiel mir von Anfang an leicht. Außerdem konnte ich zu der Zeit schon lesen, ich hatte es mir selbst beigebracht, was meiner Mutter überhaupt nicht passte.

Sie las mir viel vor, auf Französisch, so lernte ich schnell die Sprache. Am liebsten mochte ich die Geschichten von Sophie, einem kleinen Mädchen, das furchtbar neugierig ist, aber am Ende jeden Abenteuers hart bestraft wird und ohne Essen ins Bett muss. Vor ein paar Jahren habe ich diese Bücher noch einmal gelesen und war entsetzt über die Grausamkeit von Sophies Mutter. Sie hatte ein Vergnügen dabei, das Mädchen zu erwischen und zu demütigen. Deshalb hatte ich den Schluss der Geschichten nie hören wollen, aber meine Mutter bestand darauf, bis zum Ende zu lesen. Dadurch war ich außerordentlich motiviert, selbst zu lesen und habe gefragt und geübt, bis ich es konnte,

Meine Mutter war unglaublich stolz auf mich. In ihren Augen war ich immer süß, lieb und wundervoll. Aber sie interessierte sich nicht wirklich für mich und meine Bedürfnisse; sie nahm sie überhaupt nicht wahr. So bestand sie zum Beispiel darauf, mich als kleines Mädchen immer mit einer Riesenschleife auf dem Kopf zu schmücken. Damit konnte ich mich kaum bewegen, was ihr nicht auffiel. Und sie gab mir oft die Reste von ihrem Teller mit den Worten: «Du isst doch so gern Griesbrei.» Ich aß ohne Widerworte.

Sie bestrafte mich übrigens nicht mit Schlägen, und sie schimpfte auch nicht mit mir, sie unterdrückte mich vielmehr durch die Art, wie sie mich ansah und durch Worte, die jeden Protest erstickten. Wenn ich etwas tat oder sagte, was ihr nicht passte, zeigte sie keinen Ärger, sondern reagierte traurig oder entsetzt: «Das passt nicht zu dir, du bist doch so ein gutes Mädchen.»

Ich erinnere mich nur an ein einziges Mal, wo sie meinetwegen vor Wut völlig die Fassung verlor. Wir wollten, wie in jedem Sommer, nach Rumänien reisen. Kurz bevor das Taxi kommen sollte, schickte meine Mutter mich noch einmal in einen Laden. Ich sollte Tinte kaufen. Auf dem Rückweg fiel mir ein, noch schnell meine Freundin zu besuchen. Und dort begannen wir zu spielen. Ich vergaß die Zeit, bis plötzlich meine Mutter auftauchte, völlig außer sich, mich am Arm packte und raus zum wartenden Auto zerrte und die ganze Zeit auf mich einschlug – es war ein offener Wagen, alle Leute sahen uns. Ich weiß noch, dass ich keine Angst hatte, sondern nur vollkommen fasziniert war, dass sie in aller Öffentlichkeit die Beherrschung verloren hatte.

Schrecklich war für mich als Kind, dass meine Mutter mich nie in Ruhe ließ. Wenn wir zusammen waren, sprach sie mich ständig an, egal ob ich las oder aus dem Fenster schaute. Auch beim Kofferpacken ging es die ganze Zeit: «Hast du deine Schuhe eingepackt? Nein, warum hast du sie vergessen? Aber jetzt brauchst du nicht sofort loszulaufen. Du hättest doch vorher überlegen können. Bring die Socken her. Schau mal, wenn du sie da hineinsteckst, hast du mehr Platz. Aber du hast die Schuhe ja noch immer nicht gebracht. Warum hast du dieses Kleid wieder weggelegt? Willst du es nicht mitnehmen? Nimm es doch mit, es steht dir so gut. Du magst es doch auch, oder? Hast du mir zugehört?» Es waren viele Double-bind-Botschaften dabei: Tu das und lass es zugleich. Wenn ich mich an diesen ununterbrochenen Redestrom erinnere, zieht sich noch jetzt alles in mir zusammen, wie damals auch. Ich konnte wie ein Papagei ihre Worte wiederholen und den Inhalt komplett ignorieren.

Ich hatte keine Möglichkeit, mich zu wehren, nicht einmal, mich berechtigt zu ärgern – genau darin lag mein Problem. Mir tat ja keiner was, alle um mich herum waren freundlich. Meine Mutter aber stellte mir immer diese Art von Fragen, auf die man nichts Vernünftiges antworten kann: «Wozu musst du immer lesen? Was hast du immer mit deinen Freundinnen zu reden?» Ich sollte etwas Nützliches tun, das hieß für sie zum Beispiel täglich mit ihr zusammen stundenlang Klavier üben – ich habe später nie wieder ein Instrument angefasst. Oder neben ihr sitzen und lange Briefe an irgendwelche Verwandte schreiben, um mich für Geschenke zu bedanken, die ich mir gar nicht gewünscht hatte.

Mit den Sophie-Geschichten sollte ich also eigentlich vor zu viel Neugierde gewarnt werden. Aber das Gegenteil geschah. Mein Wissensdurst blieb unverändert und äußerte sich in ständigen Fragen. Außerdem wurde Sophie meine heimliche Heldin. Sie tat stellvertretend für mich all das, was ich damals nicht durfte: herumtoben, verbotene Dinge anfassen, etwas ausprobieren, mich schmutzig machen. Alle interessanten Orte, zum Beispiel die Küche mit den Dienstmädchen, waren für mich verboten. Das wurde zwar nicht direkt ausgeprochen, aber ich verstand es auch so, also fügte ich mich. Das Lesen und das Fragenstellen wurden meine einzigen Möglichkeiten, mich lebendig zu fühlen, ansonsten war ich sehr angepasst, brav und entsetzlich gelangweilt. Und ich war arrogant und verwöhnt: beispielsweise brachte mir morgens das Hausmädchen mein Frühstück ans Bett und zog mir, noch bevor ich aufstand, die Strümpfe an, wie einer kleinen Prinzessin, nur damit ich noch ein paar Minuten liegen bleiben konnte.

Wenn Liebe erstickt

Im Gegensatz zu meiner frühen Kindheit in Rumänien lebten wir in Istanbul sehr isoliert, fast wie in einem Kokon. Besonders meine Mutter litt darunter, ohne Freunde und ohne ihre Familie zu sein, in einem fremden Land und an der Seite eines Mannes, der ihr nie *Streicheleinheiten (Strokes)* gab, obwohl sie so bedürftig war, der ihr im Gegenteil aus dem Weg ging und ihr sein Desinteresse zeigte. Das war schrecklich für sie.

Streicheleinheiten oder Strokes sind Zuwendungen in Form von Berührungen oder verbalen und nonverbalen Kontakten – zum Beispiel, indem jemand uns etwas Freundliches sagt oder uns anlächelt. Wir bemühen uns von unserer Geburt an um Strokes. Sie sind die Botschaft, dass wir wahrgenommen werden und jemand für uns sorgt, erst physisch, dann psychisch. Kleine Kinder brauchen körperliche Steicheleinheiten, um zu überleben, Erwachsene benötigen zumindest symbolische Strokes.

Da meine Eltern, wie damals üblich, Dienstmädchen beschäftigten, die die Hausarbeit erledigten, hatte meine Mutter eigentlich nichts zu tun. Ich wurde zum Mittelpunkt ihres Lebens.

Heute sehe ich: Meine Mutter wiederholte mit mir das Beziehungsmuster ihrer Kindheit, sie behandelte mich genau wie ihre kleine Schwester. Ihre zentrale Überlebensschlussfolgerung hieß wahrscheinlich: «Ich darf nur leben, wenn ich mich um ein kleines Mädchen kümmere.» Daraus entstand die Dynamik in unserer Beziehung: Ich wollte meine Freiheit und habe ständig versucht, mich zu entziehen. Aber meine Mutter brauchte mich. Für sie war es eine Sache auf Leben und Tod. Sie war auf meine Gegenwart und Aufmerksamkeit angewiesen und hat deshalb immer wieder versucht, mich an sich zu binden und zu kontrollieren. Aus diesem Grund wollte sie auch kein weiteres Kind. Sie war tatsächlich noch ein zweites Mal schwanger, aber sie hat dieses Kind abtreiben lassen – aus Liebe zu mir, wie sie mir voller Stolz erzählte, damit ich nicht wegen eines Bruders oder einer Schwester leiden müsste.

Diese Abhängigkeit meiner Mutter blieb, auch als ich schon längst erwachsen war. Sie hat mich bei jeder Kleinigkeit um Rat gefragt und mir immer wieder Hilfe angeboten, aber nur, wenn sie dadurch mit mir zusammen sein konnte. Später ist sie sogar zu meinen Workshops gekommen, hat hinten im Raum gesessen und zugehört, ich glaube ohne viel zu verstehen, aber voller Bewunderung für mich, und hat dann den Seminarteilnehmern von mir vorgeschwärmt. Für mich war das schrecklich. Erst als ich die Motive meiner Mutter begriffen und akzeptiert hatte, konnte ich besser mit ihr umgehen. Aber bis heute kann ich nicht wirklich nein sagen, wenn mir jemand liebevoll anbietet, etwas für mich zu tun, auch wenn ich das weder brauche noch will, vor allem wenn eine Frau das tut.

In einer Hinsicht wurde sie allerdings am Ende ihres Lebens ein Vorbild für mich: Mit achtzig Jahren fand meine Mutter endlich eine Beschäftigung, die sie ausfüllte und zufrieden stellte. Über zehn Jahre lang half sie jeden Tag einige Stunden in einem großen Krankenhaus. Sie teilte den Patienten die Tabletten zu und führte irgendwelche Tabellen, beides überaus gewissenhaft. Die Schwestern waren froh über die Hilfe, sie revanchierten sich mit Freundlichkeit, und meine Mutter war glücklich. Seitdem weiß ich: Man kann auch in hohem Alter noch effizient und mit viel Freude arbeiten.

Meine Mutter war sehr distanziert, auch körperlich. Ihr fehlte jegliche Lebensfreude. Sie wirkte steif und formal. Ich habe sie zum Beispiel nie anders als perfekt gekleidet und frisiert erlebt. Einer ihrer Lieblingssätze lautete: «Was würden die Leute sagen?» Aber welche Leute meinte sie? Sie blieb ja fast die ganze Zeit im Haus!

Durch ihre rigide Art hat sie mir auch in Bezug auf meinen Körper und meine Sexualität massiv geschadet. Ich weiß noch, wie sehr mich meine erste Menstruation erschreckte. An dem Tag war unsere Hausschneiderin bei uns, die regelmäßig kam und die ich hasste, denn sie roch nach Schweiß und belegte jedes Mal stundenlang mein Zimmer mit Beschlag. Außerdem wollte ich sowieso keine neuen Kleider haben. Ich musste auf die Toilette, sah das Blut und war entsetzlich erschrocken. Ich dachte, ich müsse sterben und rief meine Mutter zu Hilfe. Aber diese Schneiderin hörte mich ebenfalls. Sie verstand, worum es ging und lachte mich aus. Als meine Mutter dazu kam, war ihr der Vorfall sehr peinlich, und sie sagte nur: «Das ist nichts, ich hole dir etwas, bitte schrei nicht so herum.» Die blutigen Binden wurden ausgewaschen, aber das machten wir nicht selbst, es war Aufgabe des Dienstmädchens. Ich musste sie zum Einweichen in einen Eimer mit Wasser legen. Das galt als rücksichtsvoll, aber es war viel ekliger, als wenn ich sie selbst gleich gewaschen hätte. Außerdem fürchtete ich mich vor diesem Gefäß: Mein Vater hatte darin früher manchmal lebende Krebse transportiert, und einmal hatte ich hineingefasst, und ein Tier hatte mich ziemlich gezwickt. Ich habe mein Bluten immer mit diesem Krebs in Verbindung gebracht. Später sagte meine Mutter dann nur noch: «Das wird dir einmal im Monat passieren», und ich habe entsetzt gefragt: «Mein Leben lang?» «Ja», war ihre knappe Antwort. Das war das Schlimme für mich: dass ich meine Menstruation mit nichts Positivem verbinden konnte, mit Wachsen, mit Frau-Werden, sondern dass ich sie fast als einen Feind empfand.

Ich weiß nicht, wann ich angefangen habe zu masturbieren. Das tat ich allerdings, ohne mich dabei zu berühren, nur durch Muskelbewegungen. Ich hätte mich nie im Genitalbereich angefasst – für meine Mutter und damit natürlich auch für mich galt dieser Teil des Körpers als schmutzig, man musste sich immer sehr gewissenhaft waschen und durfte auf keinen Fall riechen. Nach kurzer Zeit bekam meine Mutter mein neu entdecktes Vergnügen mit, ich war so naiv, es ganz offen zu zeigen. Wieder verbot meine Mutter mir nichts, aber erklärte mir, so etwas zu tun, sei ungesund und gefährlich. Von da an fragte sie täglich nach und kontrollierte sogar, ob meine Unterhosen Flecken hätten. Ich habe dann zwar heimlich weitergemacht und alles abgestritten, aber sie beobachtete mich. Ein paar Mal hat sie mich dann auch erwischt und so beschämt, dass ich niemals mit jemandem darüber gesprochen habe.

Durch meine Mutter hatte ich nicht nur ein gestörtes Verhältnis zu meinem Körper und zu meiner Sexualität, ich entwickelte auch eine weitere wichtige Überlebensschlussfolgerung: «Liebe ist erstickend», verbunden mit dem Gefühl: «Ich muss raus hier, ich will weg.» Ich wollte nie irgendwo bleiben, das hat einen großen Teil meines Lebens bestimmt. Von meinem Vater stammt meine Überlebensschlussfolgerung: «Sei unabhängig, schaff es allein!» Beides zusammen prägte jahrzehntelang mein Verhalten Männern gegenüber. Nach außen benahm ich mich in ihrer Gegenwart abweisend und schroff. Innerlich fühlte ich mich zu ihnen hingezogen, aber unsicher und unfähig, sie für mich zu interessieren. Es ging mir wie mit meinem Vater: Ich wünschte mir immer Kontakt zu ihm, er aber entzog sich, es war hoffnungslos.

Mit etwa dreizehn Jahren liebte ich ein viktorianisches Gedicht von Lord Tennyson, das sehr romantisch und traurig und symbolisch war: «The Lady of Shalot». Darin sitzt eine junge Frau an ihrem Webstuhl und webt, an einem Fenster mit Blick auf einen Fluss, aber auf ihr liegt ein Fluch. Sie darf nicht hinausschauen, sondern kann das Geschehen draußen nur in einem Spiegel beobachten, sonst muss sie sterben. Eines Tages sieht sie plötzlich Sir Lancelot auf einem Boot vorbeifahren, sie will zu ihm und läuft hinaus, der Spiegel zerbricht, und in der letzten Strophe wird erzählt, wie der Ritter dasteht und diese schöne fremde Frau bewundert, die tot am Ufer liegt. Man könnte sagen, dass das ein negativer Teil meines *Skripts* ist: Das Verbot meiner Mutter, mit der Welt zu tun zu haben, ohne Spiegel, ohne sie. Und die Sehnsucht nach meinem Vater, die nie erfüllt wird, die auch die Sehnsucht nach einem Mann ist, der mich liebt, verbunden mit dem Gefühl einer tödlichen Gefahr, wenn ich die Initiative ergreife.

Die Skript-Idee stammt ursprünglich von Berne. Sie wurde dann stark von Claude Steiner beeinflusst, der das Skript eines Menschen sehr negativ sah. Danach halten wir an schädlichen Botschaften aus der Kindheit fest, und wir tun das, um unser Skript zu verstärken und voranzutreiben, auch wenn es in eine zerstörerische, traurige oder unglückliche Richtung geht. Nach dieser Definition ist es das Ziel von Therapie, möglichst viel Skriptfreiheit zu erreichen.

Fanita dagegen definiert Skript anders, nämlich grundsätzlich positiv, als eine Art Landkarte des Lebens, die es dem Menschen ermöglicht zu wachsen und sich zu entfalten. Negativ und zu verändern sind für sie nur bestimmte Überlebensschlussfolgerungen. Bei der Skriptarbeit geht es darum zu entdecken: Wer bin ich? Wie kann und will ich – noch – sein? Ihre Therapie hat das Ziel, bei der Bewältigung von Traumata zu helfen oder schädliche Überlebensschlussfolgerungen zu korrigieren.

Trotzdem glaubte ich lange, dass meine Beziehung zu meiner Mutter gut wäre – es war aber das gleiche Missverständnis wie zwischen meiner

Mutter und meiner Tante. Erst mit ungefähr fünfundzwanzig Jahren fing ich allmählich an zu erkennen, wie wenig ich sie mochte. Eine alte Freundin aus Paris hatte mich besucht und offen von ihrer Wut auf ihre Mutter gesprochen. Das hatte mich zum Nachdenken gebracht. Es dauerte aber fast weitere fünfundzwanzig Jahre, bis ich meine wirklichen Gefühle, eine Mischung aus Trauer, Mitleid und tiefem Bedauern über das, was geschehen war, erlebte. Zu der Zeit hatte ich schon von TA gehört, es war in Chicago, wo ich damals wohnte. David Kupfer, der Psychologe, der mit Eric Berne zusammen das Ausbildungsinstitut in Carmel in Kalifornien gegründet hatte, demonstrierte im Rahmen eines TA-Einführungskurses seine Arbeitsweise. Ein Teilnehmer begann von seiner traurigen Kindheit zu erzählen. Ich habe dagesessen mit einem etwas abschätzigen Lächeln auf den Lippen und scheinbar unbeteiligt zugehört und gedacht: «Was für eine langweilige Geschichte.» Plötzlich drehte sich Kupfer zu mir um und fragte mich: «Worüber lächelst du?» Etwas verlegen gab ich zu: «Ich weiß nicht. Ich hatte keine Schwierigkeiten mit meinen Eltern. Meine Mutter war sehr liebevoll.» Kupfer sah mich weiter an: «Du lächelst, weil du nicht weinen willst.» Und da kamen mir die Tränen, ich begann zu schluchzen, was mir selten passierte. Damals verstand ich noch nicht, was geschehen war: Kupfer hatte direkt mein Ersatzverhalten angesprochen, und ich hatte ziemlich dramatisch reagiert. Aber das war der Moment, wo mir klar wurde: Wenn diese Methode jemanden wie mich so tief berührte und so schnell öffnete, wollte ich sie erlernen.

Als ich zur Schule kam, hatte ich zum ersten Mal mit anderen Kindern zu tun. Die beiden Mädchen, mit denen ich eingeschult worden war, wurden meine besten und einzigen Freundinnen. Die eine hieß Ada, ihre Mutter war eine geflüchtete russische Aristokratin, die andere Aline, eine latino-jüdische Türkin. Die übrigen Mädchen in unserer Klasse waren deutlich älter als wir, teilweise sogar schon in der Pubertät. Wir konnten nichts mit ihnen anfangen und verabscheuten ihr Getuschel und ihre Schwärmereien. Ada, Aline und ich wurden bald die Klassenbesten, weil wir diese Schule von Anfang an besucht hatten und nicht wie unsere Mitschülerinnen im Laufe der Schuljahre dazugekommen waren. Nur in Sport war ich schlecht, die anderen Kinder hänselten mich deswegen als «butterfingers». Aber wieder ließ mich das scheinbar unberührt, ich hatte ansonsten gute Noten, und ich spielte leidenschaftlich gern und ziemlich gut in der schuleigenen Theatergruppe die Starrollen.

Als ich später die Idee zu meiner Motivationstheorie entwickelte, hatte ich wohl das Bild von uns drei Freundinnen vor Augen. Wir gehörten zusammen, wobei jeweils zwei von uns etwas Gemeinsames machten. Die dritte war dann eine Zeit lang ausgeschlossen, bis eine neue Konstellation entstand. Genauso sehe ich das Zusammenspiel der Motivatoren.

Ada, Aline und ich haben uns auch außerhalb der Schule oft getroffen. Bei Ada war ich besonders gern. Lange Zeit hatte sie uns nicht zu sich nach Hause eingeladen, weil sie sich schämte, dass sie arm war. Das stammte auch aus der englischen Schule, diese Verachtung für alle und alles, was nicht einem hohen – natürlich britischen – Standard entsprach. Es galt als unfein, über Geld zu sprechen oder zu zeigen, dass man welches besaß, aber auch, nicht genug davon zu haben. In der Schule hatten wir Dickens gelesen, und eines Tages fing Ada plötzlich an zu weinen und platzte heraus: «Ich muss euch sagen, ich bin auch eine pauper.» «Pauper» ist ein altmodisches Wort für «poor», was sie für eine schreckliche Schande hielt. Aber ich fand das natürlich nicht schlimm. Mir gefiel es ja gerade, dass Adas Mutter arbeiten musste und nie da war, wenn ich zu Besuch kam. Wir haben uns jedes Mal Brote gemacht, frisches selbstgebackenes russisches Brot, mit Zucker bestreut, dazu gab es Tee. Ich habe mich dort unendlich wohlgefühlt. Unsere leidenschaftliche Beschäftigung bestand darin, «Mensch-ärgere-dich-nicht» zu spielen oder ein Fantasiespiel, das wir «Wörterbuch» tauften. Es ging darum, besonders komplizierte und lange Begriffe aus dem Wörterbuch herauszusuchen und vorzulesen, und das Gegenüber musste sie richtig buchstabieren – auf diese Art lernten wir im Laufe der Zeit eine Menge anspruchsvoller englischer Vokabeln.

In der Schule erzog man uns also zur Verachtung, und gleichzeitig wurden wir verachtet. Daher gab es auch unter uns Kindern keine Solidarität. Wir brachten uns zum Beispiel von zu Hause Essen mit, das mittags gemeinsam verzehrt wurde. Das haben wir immer neugierig verglichen und so getan, als ob das eigene besser wäre, in Wirklichkeit haben wir uns gegenseitig beneidet.

Who is General Feeling?

Nicht nur die Unterrichtsinhalte orientierten sich am britischen Schulsystem. Es gab zum Beispiel auch eine Art Schulparlament, man wollte uns damit die englische Form der Demokratie beibringen. Da waren dann täglich alle Schülerinnen und Lehrerinnen in der Aula versammelt, um verschiedene Themen zu besprechen. Man konnte die Hand heben und Fragen stellen oder etwas sagen, aber am Schluss haben die Lehrerinnen doch immer das beschlossen, was sie für richtig hielten.

Damals habe ich zum ersten Mal die Erfahrung gemacht, dass es hilfreich sein kann, Fragen zu stellen, wenn ich etwas nicht verstehe. Diese Einstellung war mir später in meinem Beruf sehr nützlich, vor allem bei meiner Tätigkeit in Firmen, wo man oft Dinge nur aus Gewohnheit tut, ohne sich Gedanken über den Sinn zu machen.

Jedenfalls ging es in der Schule eines Tages um die Frage, ob man im Frühjahr eine andere Schuluniform tragen sollte als im Winter. Vor allem die älteren Schüler waren wegen der zusätzlichen Kosten dagegen, trauten sich aber nicht, das offen zuzugeben. Die Schulleiterin stand also auf dem Podium und sprach das Thema an. Es folgte eine kurze Debatte. Und dann beendete sie die Diskussion mit den Worten: «According to general feeling we should have summer uniforms.» Sie tat einfach so, als sei ihre Meinung auch unsere. In dem Moment habe ich mich gemeldet und gefragt: «Who is General Feeling?», und natürlich haben alle gelacht, und am Ende ging es so aus, dass auf die zusätzliche Sommeruniform verzichtet wurde. Ich hatte die Frage aber ganz naiv gestellt – mir war tatsächlich nicht klar, was «general feeling» bedeutet. Die Folge war, dass die älteren Schüler, die das ja nicht wussten, mich von da an mit viel Wohlwollen und Sympathie behandelten.

Die englische Schule verstand es übrigens geschickt, sich gegen den Einfluss der türkischen Regierung abzuschirmen. Die verfügte eines Tages, dass an allen Schulen im Land Türkischunterricht erteilt werden müsse, also auch an unserer. Es sollten drei Stunden pro Woche sein. Die schlauen Engländer fanden folgenden Ausweg: Sie informierten uns über diese Bestimmung und sagten dann, dass sie es sich leider nicht leisten könnten, diesen Unterricht in jeder Klasse zu finanzieren. Also wurden je drei Klassen zusammengefasst. Das ergab dann jeweils ungefähr sechzig Kinder, alle in einem Raum, sodass wir uns sogar zu zweit einen Stuhl teilen mussten. Außerdem erfuhren wir, dass unsere Noten in Türkisch im Zeugnis keine Bedeutung haben würden. Die arme türkische Lehrerin sollte uns unterrichten, aber man kann sich vorstellen, wie das lief – wir machten nur Unsinn, hatten einen Riesenspaß und lernten leider weder die Sprache noch die arabische Schrift, in der Türkisch zu der Zeit noch geschrieben wurde.

Auch an der Schule wurde übrigens nie geschimpft. Es gab nur diesen strengen Blick: «Das tut man nicht.» Unpassendes Verhalten wirkte sich negativ auf die Note aus oder man ließ uns nachsitzen. Die zweite Form der Bestrafung traf mich regelmäßig: Bei Aufsätzen musste ich mich immer beeilen, um alle Gedanken zu Papier zu bringen, aber dadurch wurde meine Handschrift so schlecht, dass keiner die vielen Seiten entziffern konnte, die ich ablieferte. Darum musste ich regelmäßig länger in der Schule bleiben und Schönschreiben üben. Aber das war mir wesentlich lieber, als zu Hause mit meiner Mutter am Klavier zu sitzen. Überhaupt gefiel es mir, dass es so gut wie keinen Kontakt zwischen Eltern und Lehrern gab. Wenn man wirklich etwas angestellt hatte, wurde man zur Direktorin zitiert, und wenn das nichts nützte, von der Schule ausgeschlossen – man war schließlich nicht auf uns angewiesen.

Wiener Deutsch

Mit acht Jahren habe ich übrigens angefangen, Deutsch zu lernen. Meine Mutter und ich hatten zusammen mit meiner Tante einige Ferienwochen in Baden bei Wien verbracht. Kurz nachdem meine Tante wieder nach Rumänien zurückgekehrt war, musste meine Mutter plötzlich ins Krankenhaus. Sie hatte Scharlach und lag vierzig Tage auf der Isolierstation. In dieser Zeit kümmerte sich eine österreichische Gouvernante um mich, und da wir uns nicht unterhalten konnten, las sie mir die ganze Zeit Grimms Märchen vor oder lehrte mich Kinderlieder. Besonders wichtig für mich waren «Hänschen klein» und «Kommt ein Vogel geflogen». Beide Lieder und das Märchen «Dornröschen» wurden – nach den Geschichten der unternehmungslustigen Sophie – zu zentralen *Skriptgeschichten* für mich.

Das Skript, wie Fanita es versteht, entsteht in den ersten vier bis sechs Jahren des Lebens. Danach macht ein Kind in dieser Zeit etwas höchst Erstaunliches und Kreatives: Es entwirft – unbewusst – eine Art Lebensdrehbuch, in dem es die unzähligen Erfahrungen, die ganzen positiven und negativen Botschaften seiner Eltern und anderer wichtiger Menschen, seine Überzeugungen, magischen Ideen, aber auch seine Missverständnisse, Täuschungen und schädlichen Schlussfolgerungen zu einem kunstvollen Muster webt, um sich in seiner Welt zu orientieren und die Richtung für seine Zukunft festzulegen. In den folgenden Jahren ergänzt und glättet das Kind sein Skript, aber in den Grundzügen steht es fest.

Meine Heldin Sophie wurde für ihren Ausdruckstrieb, für ihre Neugierde, bestraft, aber Hänschen nicht. Er durfte frei hinaus in die Welt ziehen. Den zweiten Teil des Liedes, wo das Kind reumütig zu seiner weinenden Mama zurückkehrt, habe ich entweder nicht verstanden oder er hat mich nicht interessiert, er fehlt in meiner Erinnerung komplett. Das andere Kinderlied «Kommt ein Vogel geflogen» hatte ich sogar in einer entscheidenden Aussage missverstanden. Ich dachte, der Sänger weise Gruß und Kuss zurück, genau das wollte ich in Bezug auf die Besitz ergreifende Liebe meiner Mutter tun.

Es sind die Lieblingsgeschichten, Lieder oder Filme unserer Kindheit, die uns Hinweise auf unser Skript geben. Sie werden meistens nur in Teilen übernommen, individuell gedeutet und neu miteinander verknüpft. Fanita vermutet, dass es mehrere Geschichten aus unserer Kindheit, Jugend und aus späteren wichtigen Lebensabschnitten sind, die unseren Lebensweg symbolisch beschreiben. Für den ersten Teil ihres Lebens könnte das ihr Lieblingsmärchen «Dornröschen» sein: Im Mittelpunkt steht die kleine Prinzessin, auf der ohne eigene Schuld ein Fluch liegt – vielleicht ist es ihre jüdische Herkunft. Die Prinzessin wächst dann sehr behütet und bewacht auf, bis ihre Neugierde siegt und sie eines Tages die von den Eltern gesetzte Grenze übertritt. Zur Strafe fällt sie für lange Zeit in einen todesähnlichen Schlaf. Dann geht es in Fanitas Leben etwas anders weiter als im Original. Zwar tauchen diverse «Prinzen» auf, küssen sie, und einer heiratet sie sogar. Aber die Ehe wird überhaupt nicht märchenhaft, und es dauert noch eine ziemlich lange Zeit, bis die Prinzessin endlich erwacht und ihr eigenes Leben beginnt.

Als meine Mutter das Krankenhaus verlassen konnte und wir zurück in Istanbul waren, besorgten meine Eltern für mich eine deutsche Privatlehrerin. Ich sollte mein Deutsch nicht vergessen. Diese Lehrerin, Frau Unghvari, hat mich vielleicht sogar davor bewahrt, psychisch krank zu werden. Sie war klug, unglaublich einfühlsam und der erste Mensch nach meinem Großvater, der mich so akzeptierte, wie ich war.

Psychische Krankheiten können entstehen, wenn ein Kind sehr isoliert ist und ständig missverstanden wird und keine Möglichkeit hat, sich auszudrücken, und so war meine Situation zu Hause. Ich bin innerlich immer mehr geflüchtet, saß stundenlang in meinem Zimmer am Fenster, habe auf das Wasser geschaut und gewusst: Draußen ist es spannend und lebendig, eines Tages werde ich auch dort sein, selbst wenn ich jetzt im Gefängnis sitze.

Es gibt dazu noch eine Episode, Jahre später, in der Ausbildung bei Fritz Perls. Wir haben eine «Now-Übung» gemacht, das sind Bewusstheits-Übungen, mit Hilfe derer man sich auf die Gegenwart konzentriert. Jeder sollte sich umschauen und wie ein kleines Kind aufzählen, was er sieht. Einer nach dem anderen sagte also: «Ich sehe etwas Rotes, ich sehe einen Tisch, ich sehe etwas Großes» usw. Dann war ich an der Reihe: «Ich sehe das Fenster und schaue hinaus…» Da schrie Perls mich an: «Das ist typisch für dich, nie bist du wirklich anwesend!» Und er hatte Recht, das war damals so bei mir.

Frau Unghvari, die mit ihrem ungarischen Mann 1925 Deutschland verlassen hatte, ich weiß leider nicht warum, wurde für mich eine Art Therapeutin. Sie kam einen Nachmittag pro Woche, hörte mir zu, unterhielt sich mit mir und verstand, glaube ich, meine Not. Sie lieh mir auch ihre Bücher aus: Schillers «Räuber» zum Beispiel oder Lessings «Nathan der Weise», für die ich eigentlich noch zu jung war. Aber das machte nichts, sie besprach den Inhalt so mit mir, dass ich verstand. Ich glaube, durch sie bin ich auch zu meinem späteren Beruf gekommen. Ich war lange überzeugt, dass Kinder diejenigen sind, die therapeutische Hilfe brauchen, nicht die Erwachsenen. Ich selbst habe ja auch zuerst viele Jahre mit Kindern gearbeitet, und da war Frau Unghvari mein großes Vorbild.

In der Mitte meines letzten Schuljahres teilte man mir plötzlich mit, ich würde im folgenden Frühjahr nicht die Abschlussprüfung ablegen können. Ich war erst fünfzehn und damit nach den Prüfungsbestimmungen noch ein Jahr zu jung. Die Direktorin erklärte mir, dass ich deshalb ein weiteres Jahr auf der Schule bleiben müsse. Aber ich wehrte mich mit Händen und Füßen. Mein Vater hatte mir versprochen, dass ich nach dem Schulabschluss von zu Hause weg dürfte. Um mich zu besänftigen, schlug die Schulleiterin mir vor, als Alternative die Prüfung zum Higher-School-Certificate abzulegen, zu dem man ohne Geburtsnachweis zugelassen wurde, obwohl es eigentlich zwei Jahre später folgte.

Schwerpunkt dieses Examens waren Grammatik und Literatur in drei Sprachen. Ich erfuhr weiter, dass man mir lediglich die Prüfungsthemen geben wollte, aber dass die Lehrer keine Zeit haben würden, sie mir zu erarbeiten. Und tatsächlich: ohne Frau Unghvari hätte ich dieses Pensum nie geschafft. Bis dahin war mein Unterricht bei ihr ein Vergnügen gewesen, jetzt drillte sie mich regelrecht. Sie hatte vorher mit mir einen *Kontrakt* geschlossen, lange bevor es dieses Konzept gab. Ich war einverstanden und hoch motiviert. Wenn ich gelegentlich maulte, weil mir das Lernen zu viel wurde, musste sie mich nur an unser Abkommen erinnern. Wichtig war: Sie machte das sachlich, nicht vorwurfsvoll.

Kontrakt ist ein zentraler Begriff in der TA. Er bezeichnet den Vertrag zwischen Personen, die miteinander arbeiten, zum Beispiel Klient und Therapeut oder Lehrer und Schüler, und enthält klare Vereinbarungen über das Ziel, den Zeitrahmen und in der Regel auch über die Kosten. Ein Kontrakt wird auf der Erwachsenen-Ich-Ebene geschlossen, das Kind-Ich und das Eltern-Ich müssen aber zustimmen.

Ein halbes Jahr lang lernte ich von morgens bis nachts, auch mit ein paar Tricks – von vielen literarischen Werken kannte ich nur die Inhaltsangaben auswendig – und im Juni 1932 bestand ich die Prüfung.

In die weite Welt hinein

Ich war nach wie vor zu jung für die Universität. Der Plan meines Vaters, dass ich nach England gehen und in Oxford oder Cambridge studieren sollte, musste vorerst verschoben werden. Ich selbst hatte inzwischen auch ein Berufsziel: Ich wollte Journalistin werden, und zwar in Deutschland. Schließlich einigten wir uns auf einen Vorschlag meiner Mutter: Sie wollte mich zunächst für ein Jahr nach Wien schicken. Jemand hatte ihr dort das Mädchenpensionat «Stern» empfohlen. Man unterrichtete ein wenig Sprachen, Zeichnen und Musik, aber die jungen Mädchen waren hauptsächlich da, um die Zeit bis zur Ehe zu überbrücken. Mein Vater war nicht begeistert, aber mir war alles recht, solange ich nur von zu Hause wegkommen würde. In dem Mädchenpensionat lernte man tatsächlich nicht viel und wahrscheinlich hätte ich schon bald zu rebellieren angefangen, wenn ich nicht zufällig eine Schülerin aus meiner alten Schule wieder getroffen hätte: Winnie Rizzo, eine Engländerin italienischer Herkunft, die inzwischen in Wien Gesang studierte. Sie war dreiundzwanzig, ich gerade erst sechzehn. Sie nahm sich meiner an. Ich durfte sie begleiten, wenn sie sich mit ihren Freunden traf, lauter jungen Studenten, die sie umschwärmten.

Ich wurde eine Art Maskottchen für die Gruppe, und so nannten sie mich auch «Maskotte». Wir sind oft mit der Straßenbahn gefahren – zu Konzerten oder in die Oper, für die Winnie uns Gratiskarten besorgte. Wir waren auch viel in Cafés oder in Lokalen unterwegs, haben Wein getrunken, herumgespaßt und getanzt. Ich genoss dieses Studentenleben, blieb aber meist ernst und reserviert, ich war mit meinem bewundernden *Kind-Ich* oder mit dem *kritischen Eltern-Ich* unterwegs.

Im kritischen Eltern-Ich verhalten wir uns entsprechend den kritischen, einschränkenden Einstellungen und Verhaltensweisen, die wir von unseren Eltern oder anderen Autoritätsfiguren übernommen haben. Der Gegenpol ist das positive Eltern-Ich, das Humor, Lebensweisheit, hilfreiche Erfahrungen und die Fähigkeit enthält, uns selbst und anderen sinnvolle Grenzen zu setzen. Beim Kind-Ich wird ebenfalls ein positiver und ein negativer Teil unterschieden. Zum positiven Bereich gehören Motivation,

50

Spontaneität, Neugierde, Genießen, zum negativen Bereich Überlastung und Unterlegenheitsgefühle.

Dieses knappe Jahr in Wien, von September 1932 bis Juni 1933, wurde eines der glücklichsten in meinem Leben. Voller Staunen und Faszination besuchte ich Museen und Ausstellungen. Kunstwerke, die individuelle Gesichter von Menschen oder Alltagsszenen zeigten, gibt es ja weder in der islamischen noch in der jüdischen Kultur. Hier sah ich zum ersten Mal Bilder wie die Selbstporträts von Rembrandt oder van Dyck. Sie ließen mich nicht los, ich stand stundenlang davor und versuchte mir die betreffenden Menschen vorzustellen.

Ebenso neu und aufregend waren für mich die politischen Diskussionen, die Winnie und ihre Freunde führten. Die weltweite Wirtschaftskrise hatte auch in Österreich zu Massenarbeitslosigkeit, Armut und Elend geführt. Das Land war außerdem zerrüttet durch die Kämpfe der vom Ausland unterstützten Wehrverbände. Bald merkte ich: Winnies Freunde waren Nationalsozialisten, unzufrieden mit dem Kanzler und dem – zunächst noch – demokratischen System. Sie waren begeistert von den Ideen Hitlers, von einem Großdeutschland und dem Anschluss Österreichs. Sie waren antikapitalistisch und idealistisch, wenn auch mit falschen Idealen. Sie glaubten felsenfest, der «Führer» würde für Ordnung sorgen und die Arbeitslosigkeit beseitigen.

Über das Thema «Juden» wurde wenig gesprochen. Wenn, dann habe ich eingewendet: «Ich bin doch auch Jüdin.» Aber sie versicherten mir: «Mit dir hat das nichts zu tun. Wir meinen nur die jüdischen Kapitalisten und natürlich die Orthodoxen. Das sind keine Patrioten, sie haben Schuld daran, dass es nicht besser wird.» Damit war ich einverstanden, denn antisemitische Äußerungen hatte ich auch von meinen Eltern gehört. Meine Mutter hatte mir im Haus meines Großvaters immer eingeschärft: «Geh nicht zu diesen Juden ins Wohnzimmer, sie stinken.»

Auch von meinem Vater hatte ich gehört: «Die Juden müssen sich anpassen, assimilieren. Sie sind selbst Schuld, wenn sie Probleme haben.» Er plädierte für die Idee eines weltoffenen, emanzipierten Europa, in dem religiöse Unterschiede toleriert, aber nicht betont werden sollten.

Mein Vater war vermutlich einigermaßen über die politischen und wirtschaftlichen Hintergründe informiert, denn er las regelmäßig englische und deutsche Zeitungen. Ich weiß noch, dass er wiederholt voraussagte: «Es wird nicht gut gehen für die Deutschen.» Aber ansonsten wurde bei uns nicht über Politik gesprochen. Auch über soziale Themen hatte ich mir bis dahin kaum Gedanken gemacht. Ich bin vielmehr aufgewachsen mit der Einstellung, dass Armut uns nichts anginge. Zwar kannte ich die Istanbuler Armenviertel – sie befanden sich auf der asiatischen Seite des Bosporus, wo die Leute auf engstem Raum in schlechten Wohnungen mit viel Schmutz und Lärm lebten. Und ich wusste, dass dort unsere Dienstmädchen wohnten. Nachts brannte es in diesen Stadtteilen häufig, die meisten Häuser waren aus Holz. Ich erinnere mich, dass der Wachmann dann «Yanginwar, Yanginwar!» (Feuer, Feuer!) schrie. Jedes Mal war ich sehr erschrocken. Aber meine Mutter beruhigte mich: «Du brauchst keine Angst zu haben, das ist weit weg von uns.»

Für mich war das Ziel von Winnies Freunden, die wirtschaftlichen Verhältnisse verbessern zu wollen, einsichtig, und ihre Ideen schienen mir nicht schlecht. Später erst ist mir aufgefallen, wie paradox das war. Ausgerechnet junge Nazis hatten mir gezeigt, dass es wichtig ist, sich um das zu kümmern, was in der Welt geschieht; dass man anderen helfen soll, auch wenn es einem selbst gut geht. Das war überhaupt kein Thema in bürgerlichen Familien wie in meiner. Nach deren Vorstellung hatten die Armen eben ihr Los zu tragen.

Vielleicht habe ich daher den Nationalsozialismus am Anfang eher mit Interesse und weniger mit Abscheu gesehen. Ich konnte nachvollziehen, warum diese Bewegung begonnen hatte und stark geworden war. Ich erlebte auch die Wirkung von Hitlers Radioansprachen. Sie waren unglaublich suggestiv. Ich war viel zu jung und naiv, um die Gefahr zu erkennen, die von diesem Mann ausging. Sowie er genügend Macht besaß und niemand ihn mehr kontrollierte, begann die zerstörerische Seite seiner Persönlichkeit ungehemmt zu wirken und ein brutales Herrschaftssystem zu schaffen, in dem Angst und Terror herrschten, Menschen unterdrückt und Millionen auf furchtbare Weise vernichtet wurden.

Damals in Wien genoss ich nur meine neue Freiheit. Mein Vater stellte mir ein eigenes Konto mit genügend Geld zur Verfügung – allerdings war ich äußerst sparsam, genau wie meine Mutter. Außerdem war ich schon nach wenigen Wochen in den Teil des Pensionats umgezogen, der abends nicht abgeschlossen wurde und eigentlich nur für die volljährigen Mädchen gedacht war. Mein Vater hatte seine Erlaubnis gegeben: Von da an konnte ich so oft und so lange ausgehen, wie ich wollte, und habe morgens lange geschlafen und häufig die Schule geschwänzt. In dem Abschlussbericht des Pensionats hieß

Fanitas Eltern: Max und Elena Blumberg, geb. Gottesmann

es über mich: Sie ist zu vergnügungslustig. Das war natürlich ein Tadel, aber ich habe es als Kompliment genommen.

Meine Eltern mussten sich ja aber auch tatsächlich keine Sorgen machen, zumindest bestimmt nicht was Männer betraf. Ich war so abweisend, dass ich nie jemandem erlaubte, mich anzufassen, nicht einmal beim Arm zu nehmen, außer beim Tanzen, aber selbst da war ich stocksteif.

In der Tanzstunde in dem Mädchenpensionat traf ich meine erste Liebe, einen jungen Ungarn, Alexander Klimko. Als Mädchen saß man ja auf seinem Platz und wartete, dass einer der jungen Männer einen zum Tanzen aufforderte, und irgendwann wählte mich tatsächlich dieser umschwärmte Alexander. Ich konnte es nicht fassen, das war eine solche Ehre für mich. Meine Gefühle für ihn waren gemischt aus Anziehung und Angst zugleich, Angst auch vor mir selbst, die mit einem Satz meines Vaters zusammenhing. Meine Eltern waren eines Abends spät abends nach Hause gekommen und hatten noch einmal nach mir geschaut. Ich stellte mich schlafend und hörte, wie mein Vater sagte: «Sie hat einen leidenschaftlichen Mund, das macht mir Sorge.» Und dann hat er vorsichtig über meine Nase gestrichen und hinzugefügt: «Und dieser Höcker ist schlimm.» Er meinte das Jüdische in meinem Gesicht und sagte es voll Mitleid.

Manchmal sind Alexander und ich sonntags zusammen im Wienerwald spazieren gegangen. Wir haben sogar über das Thema Heiraten gesprochen, aber mehr als Händchenhalten erlaubte ich nicht. Ich hatte strikte Regeln und war stolz darauf: Ich hätte mir nie zugestanden, für irgendjemanden intensivere Gefühle zu empfinden. Dieser Weg war zugesperrt. Ich weiß noch, wie ein paar Jahre später eine Bekannte ganz erstaunt zu meiner Mutter sagte: «Aber deine Tochter ist doch sehr hübsch.» «Ja, wieso?», fragte meine Mutter. «Du hast doch gesagt, kein Mann wird sie je berühren wollen.» Genau das war auch meine Überzeugung geworden: Ich hielt mich für unattraktiv und war mir überhaupt nicht bewusst, welche massiven Verbote meiner Mutter ich verinnerlicht hatte, die durch die Geste meines Vaters noch verstärkt worden waren.

An meinem Vater lernte ich in diesem Jahr übrigens eine ganz neue Seite kennen, und ich bin dankbar dafür. Er kam in den Weihnachtsferien nach Wien, um sich das Pensionat anzuschauen. Eines der Mädchen aus meiner Klasse, mit denen ich sonst wenig zu tun hatte, begann daraufhin leidenschaftlich für ihn zu schwärmen. Tatsächlich arrangierte sie sogar ein Treffen zwischen ihrem und meinem Vater und uns Mädchen. Wir verbrachten ein paar gemeinsame Tage auf dem Semmering bei Wien. Mein Vater war ganz entspannt und erwies sich als charmanter Gesellschafter. Er kaufte mir sogar ein Abendkleid und passenden Schmuck, und wir sind groß ausgegangen. Mein Leben und meine Zukunft schienen mir wunderbar.

Einige Monate später erkrankte mein Vater an Tuberkulose. Ich wusste zunächst nichts davon. Meine Mutter schrieb mir zwar regelmäßig pro Woche einen Brief, immer genau vier Seiten, aber das verschwieg sie. Irgendwann am Ende dieses Jahres im Pensionat hieß es nur, ich solle wie immer in den Sommerferien nach Rumänien zu meiner Tante kommen. Dort erst erfuhr ich, dass sich mein Vater in einem Schweizer Sanatorium aufhielt – was für mich überhaupt nicht beunruhigend klang – und dass wir uns deswegen für mich kein teures Studium in England würden leisten können. Ich sollte aber auf keinen Fall mehr nach Österreich zurück.

Schließlich hörten wir von einer «Schule für Journalismus und Business» in London. Der Name war etwas hochtrabend, es handelte sich eigentlich um eine Sekretärinnenschule, an der man innerhalb eines Jahres den Abschluss machen konnte. Dort meldete ich mich an.

Auf dem Weg nach London traf ich mich in Triest mit meinem Vater. Diese Begegnung war ein Schock für mich: Er war sehr abgemagert, hustete die ganze Zeit und spuckte in sein Taschentuch. Wir haben uns nur kurz gesehen. Er wollte nicht, dass ich ihm nahe käme, aber das war ich gewöhnt. Ich habe nicht wahrgenommen, dass er tödlich krank war.

In London ging es mir dann psychisch sehr schlecht. Ich denke, der eigentliche Grund war der Gesundheitszustand meines Vaters, aber ich merkte es nicht. Ich wusste, dass mein Vater im Sanatorium war, ich hatte ihn gesehen. Trotzdem glaubte ich: Er hustet noch ein wenig, aber er ist auf dem Wege der Besserung und wird nach Istanbul zurückkehren.

An der Londoner Schule bereitete es mir außerdem zum ersten Mal Mühe, etwas zu lernen – ich konnte einfach schlecht Schreibmaschine schreiben. Die Lehrerinnen waren sehr streng. Wenn man einen Fehler gemacht hatte, musste man wieder und wieder das Ganze abtippen. Dazu kam, dass ich in einen hässlichen Stadtteil gezogen war und niemanden kannte. Aber ich unternahm nichts, um meine Lage zu verbessern, ich war nur deprimiert.

Ein geplatzter Traum und ein Prinz im Büro

In dieser Zeit in London ereignete sich auch ein Vorfall, der meine *Schreibphobie* auslöste, die erst Eric Berne sechsunddreißig Jahre später heilte. Folgendes war passiert: An der Sekretärinnenschule wurde unter anderem das Fach Journalismus unterrichtet, in dem wir aber hauptsächlich Aufsätze schrieben. Jedenfalls nahmen wir Schülerinnen an einem Wettbewerb teil. Die drei Hauptpreise sollten je eine Stelle bei der Londoner Times sein, und ich gehörte zu den Gewinnerinnen. Mein Traum – zum Teil der meines Vaters – schien in Erfüllung zu gehen: Ich würde Journalistin werden und in England arbeiten und leben können. Aber mein Glück zerplatzte nach ein paar Tagen wie eine Seifenblase:

Als ich von der Direktorin wissen wollte, wann ich bei der Zeitung anfangen könne, beschied sie mir kühl: «Sie sind doch keine englische Staatsbürgerin. Sie können hier nicht arbeiten.» Ich habe weder geweint noch getobt, sondern schweigend das Zimmer verlassen und die Geschichte über sechzig Jahre lang aus meinem Gedächtnis gestrichen. Aber seitdem hatte ich das unklare Gefühl, in Englisch nichts mehr schreiben zu können. Ich habe es viele Jahre vermieden, in dieser Sprache noch irgendetwas anderes zu verfassen als einen einfachen Geschäftsbrief.

Erst Jahre später in den USA wurde mir mein Handicap bewusst. Aber ich arrangierte mich damit. Meine Diplomarbeit mit meinen Forschungsergebnissen hat beispielsweise mein Mann geschrieben.

Nach Fanitas These repräsentiert eine Phobie (griechisch für: Angst) ein Gefühl oder eine Erfahrung, etwas, was man nie wieder erleben will. Sie entsteht, wenn sich jemand physischer oder psychischer Gewalt hilflos ausgeliefert fühlt. Das kann zum Beispiel durch eine Vergewaltigung geschehen. Das eigentliche traumatische Ereignis wird anschließend vergessen, aber innerlich entsteht eine Idee oder Überzeugung. In Fanitas Fall wurde das Schreiben zum Symbol dafür, gegen die englischen Gesetze keine Chance zu haben, zusammen mit dem jahrelang erlebten Minderwertigkeitsgefühl als Nicht-Britin in der englischen Schule.

Am Ende des Ausbildungsjahres schenkte mir mein Vater eine Schiffsreise von Marseille nach Istanbul. Von da aus fuhr ich weiter nach Rumänien. Meine Gefühle waren gemischt, aber über einen Punkt war ich mir im Klaren: Ich war stolz auf meinen Beruf und fühlte mich als perfekte Sekretärin. In Bukarest fand ich bald einen Job, und einen sehr guten dazu. Die Filmgesellschaft Warner Brothers hatte in der Stadt ein Büro eröffnet und begonnen, von dort aus ihre Filme auf dem Balkan zu vertreiben. Sie brauchten eine Sekretärin, die sowohl Rumänisch als auch Französisch und Englisch konnte. Das traf auf mich zu, und deshalb habe ich selbstbewusst ein ausgesprochen hohes Gehalt gefordert. Ich hatte mich vorher bei meinem Onkel erkundigt, wie viel ein Ingenieur verdiente, in dem Vorstellungsgespräch das eineinhalbfache dieser Summe verlangt und auch durchgesetzt. Meine Familie war sehr überrascht, als sie davon erfuhr. Das zeigte die beiden völlig unterschiedlichen Seiten meiner Persönlichkeit: In Bezug auf meine beruflichen Fähigkeiten war ich immer absolut sicher, fast mit dem Gefühl von Grandiosität, im Gegensatz zu meiner inneren Unsicherheit und zu meinen Selbstzweifeln, vor allem was Männer betraf.

Meinem Vater, der inzwischen in einer Spezialklinik in der Nähe von Bukarest untergebracht war, ging es jetzt sehr schlecht. Ich habe ihn in den drei Wochen vor seinem Tod regelmäßig besucht, aber es war jedes Mal schrecklich. Er hustete fast ununterbrochen und beklagte sich über die schlechte Pflege. Das Schlimmste für mich aber war: Ich konnte selbst da nicht mit ihm reden. Wir hatten uns nichts zu sagen. Ich saß die ganze Zeit schweigend an seinem Bett. Nur an dem Tag, als ich kam und ihm sagte: «Ich habe einen gut bezahlten Job gefunden», war er außerordentlich froh, so wie ich ihn noch nie erlebt hatte. Kurze Zeit später starb er, im Oktober 1934, vielleicht erleichtert und mit dem Gefühl, seine Pflicht getan zu haben.

Trauern verboten

Ich war unfähig, um ihn zu weinen und zu trauern, denn ich hatte schon lange vorher gelernt, dieses Gefühl nicht wahrzunehmen und einfach weiterzumachen. Eine ganz frühe Episode kam mir erst vor kurzem wieder in Erinnerung: Ich war vielleicht zwei Jahre alt, wir wohnten noch bei meinem Großvater, als mein geliebter kleiner Hund starb. Ich fand ihn tot im Flur liegen, hob ihn auf, schüttelte ihn und schrie nach meiner Mutter. Sie nahm mir das Tier schnell weg und sagte entrüstet: «Das ist ja widerlich, da gibt es überhaupt nichts zu weinen!» Ich schämte mich, und über das Thema wurde nicht mehr gesprochen.

Die Fähigkeit, sich zu schämen, entsteht bei einem Kind zwischen zwei und vier Jahren, und etwa im gleichen Alter merkt es auch, welche Gefühle und welches Verhalten in seiner Familie nicht erwünscht sind und ersetzt werden müssen. In Fanitas Familie waren das Trauer, Schmerz und Sehnsucht.
Dem Kind scheint das, weswegen es sich schämt, lebensgefährlich zu

sein. Verbote, die mit Beschämung verbunden werden, sind daher beson-
ders wirksam. Je mehr ein Kleinkind sich schämt, desto mehr wird es
gehemmt, begrenzt und kontrollierbar. Bei Erwachsenen kann das in
bestimmten Situationen fast zu einem Zustand der Lähmung führen. «Ich
war zu Tode beschämt», heißt es. Daher kann es schwierig sein, die unter
den Ersatzgefühlen liegenden echten Gefühle zu erkennen.

Auch nach unserem Umzug nach Istanbul durfte ich nicht traurig sein, ich sollte mich vielmehr freuen, dass wir endlich als vollständige Familie zusammenlebten.

Als ich neun Jahre alt war, starb mein Großvater. In der Nacht vorher hatte ich von ihm geträumt. In diesem Traum kam mein Großvater zu mir ans Bett, verabschiedete sich von mir und tröstete mich: «Ich werde fort-gehen, und du brauchst dir keine Sorgen zu machen.» Am nächsten Mor-gen erinnerte ich mich an meinen Traum und erzählte ihn meiner Mutter. Sie meinte, das habe nichts zu bedeuten. Am Nachmittag kam ein Tele-gramm mit der Nachricht vom Tod meines Großvaters. Meine Mutter zeigte keine besonderen Emotionen, ich auch nicht. Statt zu weinen, schrieb ich nur ein sehr trauriges Gedicht. Das Verletzende war dann, dass meine Mutter mit mir weder über den Inhalt sprach noch mich in irgendeiner Form tröstete, aber das Gedicht so gelungen fand, dass sie es sogar verschiedenen Bekannten als Beweis für mein Talent zeigte.

Die Beerdigung meines Großvaters fand ohne uns statt. Wir sind erst ein Jahr später wieder nach Galatz gefahren. An seinem Grab spielte sich dann folgende Szene ab: Ich stand zwischen meiner Mutter und meiner Tante. Meine Tante war außer sich vor Schmerz, sie weinte und klagte hemmungslos. Meine Mutter stand steif daneben, es war ihr äußerst un-angenehm. Ich hatte schon früher einen ähnlichen Gefühlsausbruch mei-ner Tante miterlebt. Unser Hausarzt, der zufällig anwesend war, hatte ihr damals kräftig ins Gesicht geschlagen. Um sie zu beruhigen, wie er erklär-te, sie sei wieder hysterisch. Dieses Ereignis bekräftigte meine feste Über-zeugung: Mir würde so etwas Peinliches nie passieren, ich würde mich niemals so gehen lassen. Die *Gouldings* hätten das eine *«script-decision»* genannt, eine Skript-Entscheidung, zu der man aus meiner Sicht auf Grund einer oder mehrerer früher Überlebensschlussfolgerungen kommt.

Mary und Bob Goulding, beide Schüler von Berne und Perls, kombinierten TA und Gestalttherapie zu einem erfolgreichen Verfahren, der Neuentscheidungstherapie, das sie hauptsächlich in der Ausbildung von Therapeuten benutzten. Dabei erkennt der Klient eine frühe schädliche Entscheidung in seinem Skript, erlebt die Schlüsselsituation noch einmal und beschließt dann aus seiner geänderten Realität heraus und mit dem Erwachsenen-Ich etwas Neues, eine «re-decision».

Ich habe sogar nach dem Tod meiner Tante – sie starb 1965 in den USA, wohin meine Familie und ich immigriert waren – nicht richtig getrauert. Erst in einer Therapiesitzung mit Fritz Perls, den ich zu der Zeit gerade kennengelernt hatte, begann ich zum ersten Mal meine verschütteten Gefühle zu spüren. Es ging um einen Traum, der für mich nichts mit dem Thema zu tun hatte, und es dauerte weitere Monate, bis sich etwas in mir zu lösen begann und ich endlich anfangen konnte zu weinen.

Perls öffnete mit seiner Gestaltarbeit meinen emotionalen Kanal, und bei Eric Berne fand ich das theoretische Werkzeug, um zu verstehen. Aber das war erst der Anfang meiner Trauerarbeit. Selbst noch nachdem mein Sohn Brian 1977 tödlich verunglückt war, bewahrte ich zwei Jahre lang die Fassung, bevor ich völlig verzweifelte und mir das Leben nehmen wollte. Und ich denke, ich bin mit diesem Thema noch immer nicht fertig.

Durch den Tod meines Vaters änderte sich unsere Familienkonstellation in jeder Hinsicht. Meine Mutter überließ jetzt alle Entscheidungen ihrer Schwester und deren Mann. Sie zog sich völlig zurück und ließ mich in Ruhe. Ich war maßlos wütend auf sie, weil sich bei der Eröffnung des Testaments herausgestellt hatte, dass mein Vater ein kleines Vermögen hinterließ. Er hätte gut in dem teuren Schweizer Sanatorium bleiben können. Um für uns Geld zu sparen, war er in das ihm verhasste Rumänien zurückgekehrt. Ich warf meiner Mutter vor, das nicht verhindert zu haben. Darum wollte ich auch von dem Erbe nichts annehmen; ich überschrieb meinen gesamten Anteil meiner Mutter.

Aber ich rebellierte nicht nur gegen meine Mutter, sondern zum ersten Mal auch gegen meinen Onkel und vor allem gegen meine Tante. Ich weigerte mich, schwarze Trauerkleidung zu tragen und zu Hause zu bleiben. Stattdessen ging ich weiter jeden Morgen ins Büro, bis auf den Tag der Beerdigung. Mein Onkel und meine Tante waren schockiert. Sie versuchten alles, um mich dazu zu bringen, meine Stelle zu kündigen und mich bei diversen Einladungen nach einem passenden Ehemann umzusehen. Wieder war es so, dass meine Tante die Rolle meiner Mutter übernahm; mit ihr habe ich die typischen Auseinandersetzungen geführt, die man in der Adoleszenz mit seinen Eltern austrägt. Wie sich jetzt zeigte, war sie sogar ausgesprochen konventionell. Ich fand sie dumm und verachtenswert und habe mir überhaupt nichts mehr sagen lassen. Weil sich meine Familie keinen Rat mehr wusste, kam ich mit achtzehn Jahren zu meiner ersten Psychoanalyse.

Fanita als 18-jährige im Jahre 1934

Der Analytiker hieß Dr. Egon Weigel. Er war als Jude aus Deutschland geflüchtet und arbeitete damals in Bukarest. Viel später wurde er in der DDR ziemlich bekannt. Meine Mutter machte mir den Vorschlag, mit diesem Mann, von dem ihr eine Bekannte erzählt hatte, über meine Zukunft zu sprechen. Sie hoffte bestimmt, dass er mich zur Vernunft bringen würde. Ich bin allerdings nur hingegangen, um ihr das Gegenteil zu beweisen. Tatsächlich erinnere ich mich kaum, worüber wir geredet haben, aber wahrscheinlich war es doch ganz hilfreich. Rückblickend glaube ich, es hat verhindert, dass ich irgendetwas Verrücktes tat.

Etwa nach einem Jahr Analyse lernte ich im Büro einen jungen Mann kennen, Gheorghe Tsari, genannt Dicky. Er war Rumäne, hatte aber in Paris Jura studiert. Während ich weitgehend selbstständig das Büro führte, war es seine Aufgabe, die Titel der amerikanischen Filme zu übersetzen. Dicky war nicht, wie ich, fest angestellt, sondern kam zunächst immer nur für ein paar Stunden in der Woche. Er hatte seinen Hauptjob im Justizministerium. Aber dann verliebte er sich in mich, und bald war er ständig im Büro. Abends haben wir uns zusammen die neuesten amerikanischen Filme angesehen und beurteilt, das hätten eigentlich unsere Chefs tun müssen. Aber die beiden waren so gut wie nie da. In einem der Räume haben wir uns sogar eine Ping-Pong-Platte aufgestellt und viel gespielt. Dicky hat sich lange um mich bemüht und mich dann irgendwann erobert. Ich blieb in unserer Beziehung völlig passiv, er war der Aktive. Aber ich genoss die Sexualität mit ihm. In dieser Hinsicht wurde ich sogar ziemlich abhängig. Wir haben allerdings nie miteinander geschlafen, das kam für mich nur nach der Heirat in Frage, übrigens auch für Dicky. Viel später erfuhr ich, dass er nach unseren Treffen jedes Mal zu einer Prostituierten ging, die ihn sehr dafür bewunderte, dass er sich mir gegenüber so beherrschte.

Natürlich erfuhr Dr. Weigel von Dicky. Wahrscheinlich deshalb wollte er mir ein paar Informationen geben. Er lieh mir ein schreckliches Aufklärungsbuch, sehr wissenschaftlich geschrieben und mit hässlichen Zeichnungen. Nachdem ich darin gelesen hatte, wie gefährlich Masturbation wäre, machte ich mir noch mehr Sorgen. Ich habe das Buch dann zu Hause demonstrativ auf den Wohnzimmertisch gelegt, aber niemand sagte etwas dazu, sodass ich es nach ein paar Tagen schließlich wieder wegräumte. Einmal fragte mich Dr. Weigel, was ich nach meiner Heirat tun würde. Darüber hatte ich noch nie nachgedacht. Ich antwortete spontan: «Blumen arrangieren.» Das war das einzige Mal, wo er laut gelacht hat.

Dicky war also der Grund, weshalb ich Abend für Abend spät nach Hause kam. Für meine Mutter, meinen Onkel und meine Tante war diese Beziehung unmöglich. Sie hatten Angst um meinen guten Ruf. Ich würde meine Ehre verlieren, da mich Dicky nicht heiraten konnte. Er war Beamter und wollte Botschafter werden, und ich war Jüdin. Mit mir als Ehefrau wäre seine berufliche Karriere in Rumänien beendet gewesen. Mein Onkel verbot mir schließlich jeglichen Kontakt zu ihm, aber es nützte nichts, ich hörte nicht auf ihn. Eines Nachts brachte Dicky mich wieder sehr spät heim. Meine Verwandten standen an der Tür. Sie hatten auf mich gewartet und waren sehr empört. Mein Onkel fing an herumzuschreien. Da erklärte Dicky ganz ruhig: «Aber wir sind doch verlobt.» Ich war selbst erstaunt, denn wir hatten darüber noch nicht gesprochen. Damit war die Situation jetzt also formal geklärt, aber sie blieb schwierig. Meine Mutter mochte Dicky nicht, und er war auch nicht gerade höflich zu ihr. Aber immerhin hielten sich mein Onkel und meine Tante jetzt mehr zurück.

Raus aus Rumänien

Um heiraten zu können, entwarfen Dicky und ich einen Plan für unsere gemeinsame Zukunft: Wir würden auswandern. Die USA kamen nicht in Frage, weil wir als gebürtige Rumänen mindestens sieben Jahre auf eine Einwanderungsgenehmigung hätten warten müssen. Wir haben uns eine Weltkarte angesehen, und ich zeigte spontan mit dem Finger auf Argentinien, weil es so groß war. Sonst wusste ich überhaupt nichts über dieses Land. Mich lockte das Abenteuer, und ich glaubte, sehr verliebt zu sein. Dazu kam mein altes Motiv, weg von meiner Mutter zu wollen. Südamerika schien mir eine gute Möglichkeit zu sein. Dicky gefiel die Idee von Anfang an. Er begann sofort, sich um seine Versetzung in das rumänische Konsulat in Buenos Aires zu kümmern. Von dort aus hoffte er, eine gute Alternative zu seinem Beamtenjob zu finden.

Aber dann verließ ich noch vor Dicky und viel schneller als gedacht Rumänien, wenn auch in eine ganz andere Richtung. Über einen amerikanischen Inspektor von Warner Brothers, der zu dem Zeitpunkt das Büro in Bukarest umorganisierte, erhielt ich 1937 eine Arbeitserlaubnis für Frankreich. Ich hatte mich schon vor der Verlobung mit Dicky darum bemüht, aber eigentlich nicht mit einer Bewilligung gerechnet. Jetzt nahm ich diese Chance ohne Zögern wahr und bin vier Wochen später, im Juni, nach Paris gezogen. Dicky blieb zunächst in Bukarest und bereitete seine Auswanderung vor.

In Paris hatte ich anfangs einen ganz normalen Sekretärinnenjob, jeden Tag von neun bis fünf, den ich nicht besonders mochte. Aber ich freute mich doch, weil ich endlich Rumänien den Rücken gekehrt hatte. Bis meine Mutter mir nach einigen Wochen folgte: Sie sehnte sich nach mir und hatte beschlossen, wenigstens in Frankreich noch mit mir zusammen

Fanita (vorn) mit zwei Freundinnen
1937 auf dem Weg nach Paris

zu sein. Und da entschloss ich mich, aus Trotz, zu studieren. Ich fand, meine Mutter besaß Geld genug, um uns beide zu unterhalten. Ich hatte für meine Selbstständigkeit gearbeitet, dieser Grund bestand nun nicht mehr.

Bis Ende September konnte man sich an der Sorbonne für das Wintersemester einschreiben. Die Frage war jetzt, was ich studieren sollte. Es brauchte nichts Praktisches zu sein, einen Beruf zum Geldverdienen hatte ich ja bereits, und mein Studium war auch nur als Übergangslösung gedacht. Von meinem Vater wusste ich, dass Philosophie interessant sein musste. Also wählte ich dieses Fach, mit dem Schwerpunkt Kinderpsychologie, die am Pädagogischen Institut unterrichtet wurde. Die Psychologie galt zu der Zeit noch als Teilgebiet der Philosophie. Hier in Paris hörte ich überhaupt zum ersten Mal den Begriff.

Einige Monate später erfuhr ich, dass Marie Bonaparte, die Enkelin von Napoleon III., in Paris ein psychoanalytisches Institut eröffnet hatte. Zu der Zeit mussten immer mehr jüdische Analytiker Deutschland verlassen. 1938, nach dem sogenannten «Anschluss» an Nazi-Deutschland, galt das auch für Österreich. Im Jahre 1939 flüchtete Freud von Wien nach London. Andere Psychoanalytiker gingen an das Pariser Institut, darunter damals sehr berühmte Persönlichkeiten wie Heinz Hartmann, und hielten Vorlesungen. Aber man musste Deutsch können, um sie zu verstehen, und diese Voraussetzung brachten natürlich nicht so viele Leute mit. Daher wurden auch Studenten aufgenommen, denn das Psychoanalytische Institut finanzierte sich über Gebühren. Später war es nicht mehr so einfach, Analytiker zu werden. In den USA zum Beispiel musste man ausgebildeter Psychiater sein.

Ich studierte also tagsüber an der Sorbonne, abends und an den Wochenenden besuchte ich Vorlesungen am Psychoanalytischen Institut. Außerdem fing ich an, mich in der Anti-Franco-Bewegung zu engagieren. Ich war inzwischen überzeugte Sozialistin. Zu meiner Gruppe gehörten hauptsächlich Studenten. Unser Hauptziel war es, Geld für den Widerstandskampf in Spanien gegen die Faschisten zu beschaffen, indem wir verschiedene Veranstaltungen organisierten, zum Beispiel kleine Flohmärkte oder Lesungen, für die wir Eintritt kassierten. Aber wir feierten auch gern zusammen und waren sehr befreundet; die Gruppe war fast wie eine Familie für mich.

Ich las mittlerweile viel politische Literatur, vor allem natürlich Marx und Engels. Allerdings konnte ich mich nicht entschließen, Mitglied in der kommunistischen Partei zu werden. Mir gefiel nicht, dass man die Meinung der Partei übernehmen musste, aber ich hatte gleichzeitig deswegen ein schlechtes Gewissen.

Dann ereignete sich jedoch ein Vorfall, nach dem ich froh war über mein Zögern: In Spanien kämpften Freiwillige aus aller Welt, zum Beispiel die berühmte amerikanische Lincoln Brigade, gegen Francos Truppen. Jetzt kursierten erste Gerüchte, die sich später bestätigten: Russische Kommunisten kämpften in Spanien nicht nur gegen die Faschisten, sondern sie brachten auch sozialistische Widerstandskämpfer um. Es hieß, sie seien im Kampf gefallen, in Wirklichkeit aber wurden sie ermordet. Auch aus meiner Gruppe war ein junger Mann dabei, den ich sehr mochte, Jacques. Man hatte ihn wegen seiner antikommunistischen Äußerungen im Schlaf erstochen. Wir alle waren entsetzt und erschüttert, aber einige in unserer Gruppe rechtfertigten die Morde. Vor allem Pierre, ein aktiver Kommunist, intelligent und attraktiv, eigentlich der Kopf der Gruppe, und eine Frau, Brenda, die beide sehr radikal waren: «Man muss Eier zerbrechen, um ein Omelett zu machen.» Ich denke, das ist typisch für eine radikale Bewegung: die Überzeugung, dass man etwas Schlechtes tun muss, um etwas Gutes zu erreichen. Mir wurde übel bei dieser Argumentation, und ich verließ die Gruppe, wenn meine Freunde mir auch schrecklich fehlten.

Ein paar Monate vorher, im Oktober 1938, traf ich auch zum ersten Mal meinen späteren Mann, Maurice English. Eine Freundin, Hélène, rief mich an und bat mich um einen Gefallen. Am Wochenende würde eine Party stattfinden, und ihr Vater hätte sie gebeten, einen Gast mit zu dem Fest einzuladen, einen jungen Amerikaner, der aus Irland stammte, als Korrespondent für die Chicago Tribune arbeitete und kaum Französisch sprach. Hélène fragte, ob ich mich um ihn kümmern könnte. Die Chicago Tribune war in unseren Augen damals absolut kapitalistisch; diese Bitte war Hélène also ziemlich unangenehm, aber ich sagte zu.

Einige von uns hatten Wohnungen direkt unter dem Dach. Sie waren billig und groß. Dort trafen wir uns immer zu unseren Veranstaltungen. Und in diesen Räumen sollte auch das geplante Fest stattfinden. Jeder Gast brachte etwas mit, üblicherweise Lebensmittel wie Dosenmilch oder Reis, die für Spanien bestimmt waren. Aber dieser Maurice English kam mit einer Flasche Whiskey an. Sofort war klar, dass er keine Ahnung hatte. Außerdem wirkte er ziemlich schüchtern. Ich war nicht besonders beeindruckt von ihm. Nach einer Weile haben wir uns aber ganz gut unterhalten, und am Ende der Party wollte Maurice mich heimfahren. Ich lehnte ab, aber er bestand darauf: Heute sei der 21. Oktober, sein Geburtstag. Tatsächlich war es mein Geburtstag, denn es war schon nach Mitternacht, und wir hatten bereits den 22. Oktober. Immerhin erlaubte ich ihm, mich mit der Metro heimzubegleiten. Maurice wollte mich gern wiedersehen, aber das lehnte ich entschieden ab, ich wollte meinem Verlobten treu bleiben.

Dicky war inzwischen in Buenos Aires angekommen. Wir hatten noch einige sehr schöne gemeinsame Tage in Belgien verbracht und schrieben uns leidenschaftliche Briefe. Ich wollte ihm so bald wie möglich nach Argentinien folgen. Maurice und ich haben uns dann erst drei Jahre später in Amerika wiedergetroffen.

Mit meinem Studium kam ich gut vorwärts. An der Sorbonne gefiel es mir zwar nur zum Teil: Man beschäftigte sich hauptsächlich mit Gestaltpsychologie, die ich ziemlich trocken und theoretisch fand. Umso mehr interessierten mich die Themen am Pädagogischen Institut. Bei Piaget studierte ich Entwicklungspsychologie, außerdem hatte man mit der Entwicklung von Intelligenztests begonnen, mit denen wir uns ausführlich beschäftigten. Die Psychoanalyse dagegen wurde an der Universität noch nicht ernst genommen. Daraus ergaben sich auch für mich manchmal

Konflikte. Von uns Studenten verlangte man zum Beispiel eine Menge schriftlicher Arbeiten, meistens Zusammenfassungen von Büchern, die wir gelesen hatten. Einmal habe ich einen Aufsatz über Freud und das Thema Angst abgegeben. Ich bekam ihn zurück mit der Bemerkung: «Hier studieren wir Psychologie und nicht Literatur.»

Sommer
in La Rochelle

Für mich stand inzwischen mein neues Berufsziel fest: Ich würde Kinderpsychologin werden. Allerdings merkte ich, dass ich ziemliche Wissenslücken hatte. Mein Ehrgeiz erwachte. Ich beschloss, die Sommermonate in La Rochelle am Meer zu verbringen und zu lernen. Die dortige Bibliothek sollte ausgezeichnet sein.

In der Zwischenzeit hatte sich die politische Lage in Europa weiter zugespitzt. Das Münchner Abkommen war für uns alle sehr schmerzlich, Chamberlain hatte Hitler erlaubt, die Tschechoslowakei zu überfallen. Wir wussten, dass es zum Krieg kommen würde.

Trotzdem wurde der Sommer 1939 herrlich. Ich arbeitete intensiv und hatte außerdem viel Spaß mit einer Gruppe von jungen Norwegern und Schweden, die hier Französisch-Kurse besuchten. Wir feierten mit viel Alkohol, und ich war sehr zufrieden, weil ich mittlerweile eine Menge vertrug und gut mithalten konnte.

Eines der Bücher, die ich damals am Strand von La Rochelle las, hat mich sehr berührt, Platons «Tod des Sokrates». Mir war nicht bewusst, dass es mich an meinen Vater erinnerte. Ich musste beim Lesen weinen, und als ich vierzig Jahre später meiner Tochter davon erzählte, kamen mir erneut die Tränen. Meine Tochter wunderte sich darüber, dass ich die Parallele zwischen den beiden Männern nicht schon früher gesehen hatte: Beide, Sokrates wie auch mein Vater, blieben bis zum Schluss ihren Prinzipien treu. Natürlich unterschieden sie sich sonst grundlegend. Sokrates war ein genialer und revolutionärer Denker, den man wegen seiner Ideen zum Tod verurteilt hatte. Als seine Schüler ihm zur Flucht verhelfen wollten, lehnte er das ab. Als Bürger von Athen respektierte er die Gesetze und akzeptierte das Urteil als rechtmäßig. Dafür opferte er sich, obwohl er seine Ideen für richtig hielt. Aber auch mein Vater hatte freiwillig ein Opfer gebracht, indem er einige Monate vor seinem Tod in ein rumänisches Krankenhaus zurückkehrte und dafür furchtbare Schmerzen auf sich nahm. Obwohl er darum bat, gab man ihm nie genügend Morphium, angeblich, um die Dosis kurz vor seinem Tod noch steigern zu können, was natürlich Unsinn war. Er tat das für meine Mutter und mich. Er akzeptierte seine Verantwortung und sorgte tatsächlich dafür, dass wir nach seinem Tod gut versorgt waren. Dieses ausgeprägte Pflichtgefühl kenne ich von mir auch, ich finde es genauso wichtig wie Freiheit und Unabhängigkeit.

Am Ende des Sommers 1939 bestätigten sich unsere Befürchtungen: Am 1. September griff Deutschland Polen an, und nach Ablauf eines Ultimatums erklärten Frankreich und England am 3. September Hitler den Krieg. Jetzt wie geplant nach Paris zurückzukehren, schien mir zu unsicher, aber ich wollte irgendetwas Hilfreiches tun. In La Rochelle bot sich dafür eine Gelegenheit. La Rochelle ist ein hübscher mittelalterlicher Ort, Richelieu hatte hier einst gelebt. In einem sehr schönen gotischen Gebäude war die örtliche Polizeistation untergebracht. Dort meldete ich mich, um meine Hilfe anzubieten. Tatsächlich konnte man mich gut gebrauchen, vor allem weil ich Deutsch sprach.

Man hatte große Teile der deutschsprachigen Elsässer aus Angst vor Spionage in den Westen Frankreichs geholt, nach La Rochelle waren etwa dreihundert Familien gekommen. Die Leute wurden zwangsweise bei der französischen Bevölkerung einquartiert. Wer Platz hatte, musste eine oder mehrere Personen bei sich aufnehmen, aber die ortsansässigen Franzosen wollten das nicht und wehrten sich ziemlich rabiat. Meine Aufgabe war es jetzt, die elsässischen Familien in die Wohnungen zu begleiten, immer zusammen mit einem Polizisten, zu dolmetschen und zu vermitteln. Es gab natürlich viel Streit, hauptsächlich wegen des Essens; die Franzosen können so kleinlich sein. Eine Sache lastet seit dieser Zeit auf meinem Gewissen: Es gab französische Familien, die gern Kinder aufnehmen wollten und auch gut für sie sorgen würden, nicht aber deren Eltern. Daher habe ich leider viele Trennungen veranlasst. Aufgrund meiner eigenen Geschichte kam es mir damals nicht in den Sinn, dass die Kinder darunter litten, von ihren Müttern getrennt zu werden, und dass das für manche von ihnen sicher traumatisch war, auch wenn sie von ihren französischen Gastfamilien gut behandelt wurden.

Im Übrigen bemerkte man im Alltag immer noch nichts vom Krieg, die Franzosen nannten ihn «drôle de guerre», komischer Krieg. Selbst die Post funktionierte im ganzen Land noch problemlos, gelegentlich traf ein Brief von Dicky ein. Im Dezember fiel dann die Entscheidung der französischen Regierung, die Elsässer wieder heimzuschicken, man hielt sie nicht mehr für gefährlich. Ich habe noch bei der Organisation der Rückreise geholfen, was dann überhaupt nicht mehr schwierig war, und bin gleich nach Weihnachten nach Paris zurückgekehrt. Die Sorbonne war ab Januar wieder geöffnet, ebenso das Psychoanalytische Institut. Man konnte weiter studieren. Aber das war nur noch kurze Zeit möglich. Im Mai 1940 begann Hitlers Feldzug gegen Frankreich. Die deutschen Truppen marschierten durch Holland und Belgien nach Frankreich ein, fast ohne auf Widerstand zu stoßen. Ende des Monats wurde die Pariser Universität geschlossen. Es gab an diesem Tag zum ersten Mal Bombenalarm, wir trafen uns im Keller der Sorbonne. Professor Wallon, ein bekannter Kollege Piagets, drückte uns handgeschriebene Zeugnisse in die Hand und schickte uns dann sofort weg. Er war sehr bewegt. Wir sollten uns so schnell wie möglich in Sicherheit bringen. Er wünschte uns viel Glück.

Zu dieser Zeit war ich allein in Paris. Meine Mutter wohnte mittlerweile in Nizza. Sie war zuerst nur auf Urlaub dorthin gefahren, es hatte ihr aber so gut gefallen, dass sie dort geblieben war. Vor ihrem Umzug hatte sie noch einen Teil ihres Vermögen in Goldmünzen getauscht und auf der Bank deponiert. Ich besaß einen zweiten Schlüssel für den Safe und beschloss, am nächsten Tag das Gold abzuholen. Vor den Bankschaltern hatten sich seit dem frühen Morgen lange Schlangen gebildet, alle Leute standen an, um ihr Geld abzuheben, aber niemand wollte an den Safe. Ich nahm gleich sämtliche Münzen mit und versteckte sie unter meiner Matratze, was ein Glück war, denn schon am nächsten Tag war die Bank geschlossen und wurde auch nicht mehr geöffnet.

Flucht aus Paris

Am 13. Juni bin ich dann auch geflüchtet, zusammen mit Gilberte, dem französischen Dienstmädchen meiner Tante. Wir waren mit dem Zug und zu Fuß unterwegs und brauchten drei Tage bis La Rochelle, dort kannte ich mich aus und glaubte mich auch einigermaßen sicher vor den Deutschen. Als wir endlich ankamen, erwartete uns das Chaos. Ein Strom von Flüchtlingen zog durch den Ort, vor allem Belgier und Holländer, dazwischen polnische Soldaten, seit Tagen unterwegs, hungrig und total erschöpft. Pfadfinder hatten etwas außerhalb des Ortes eine improvisierte Raststation aufgebaut. Auf einer großen Wiese standen lange Reihen von Picknicktischen. Helfer waren ununterbrochen dabei, Brot zu schneiden und zu belegen und in großen Kesseln Getreidekaffee zu kochen. Ungefähr achtzig Leute hatten hier Platz, bekamen ein Sandwich und Kaffee, ruhten kurz aus und hasteten weiter, endlos. Ich hatte am Bahnhof zufällig einen der Polizisten getroffen, mit denen ich die elsässischen Familien betreut hatte. Jetzt brachte er mich zu diesem Platz. Ich war selber körperlich an meiner Grenze, aber das spielte keine Rolle mehr. Ich begann ebenfalls Brote zu schmieren und Kaffee auszuschenken, stundenlang. Manchmal legte man sich für einige Zeit an den Rand einer Wiese und schlief, dann machte man weiter. Wenn Fliegeralarm war, ließen wir alles stehen und liegen und rannten in die Felder, um uns zu verstecken. Ich erinnere mich nicht, Angst gehabt zu haben. Mir tat es nur jedes Mal leid, dass unser Feuer unter den Wasserkesseln wieder ausgehen würde. Es war so mühsam wieder in Gang zu bekommen. Nach etwa fünf Tagen war ganz plötzlich Schluss, es wurde ruhig in La Rochelle. Frankreich hatte kapituliert, und die deutschen Truppen ließen keinen Flüchtling mehr durch.

Ich fand ein Zimmer in La Rochelle, und nach ein paar Tagen traf auch meine Mutter ein.

Mein Ziel war jetzt Bordeaux, ich hoffte, von dort ein Schiff nach Argentinien zu bekommen. Aber kaum hatten wir die Stadt erreicht, als auch schon die deutschen Truppen eintrafen und begannen, alles abzuriegeln. Wir mussten sofort weiter fliehen, Richtung Marseille, der nächsten Hafenstadt. Mit einem Taxi verließen wir Bordeaux, es sollte uns zum nächsten Bahnhof bringen. Wir benutzten Nebenstraßen und dann Feldwege, bis uns plötzlich – schon etwas außerhalb von Bordeaux – ein französischer Soldat den Weg versperrte. Er bewachte irgendeine Grenze zwischen dem besetzten und nicht besetzten Teil, stand da mit aufgestelltem Bajonett und wollte uns auf keinen Fall passieren lassen. Ich saß mit vorn im Taxi, hinter uns meine Mutter und Gilberte. Der Fahrer hatte große Angst und fing an, mit dem Mann zu diskutieren. Aber je mehr er bat und argumentierte, desto unnachgiebiger wurde dieser Soldat, fast aggressiv. Mir war klar, dass er auf keinen Fall nach unseren Papieren fragen durfte. Wir waren ja keine Franzosen, und unsere rumänischen Pässe würden die Situation noch verschlimmern. Da ist mir etwas eingefallen, was uns vielleicht das Leben gerettet hat. Während meines Studiums hatten wir Vorlesungen in einem psychiatrischen Krankenhaus gehört. Dabei wurden uns oft Patienten vorgestellt, und einer der Psychiater hatte uns gezeigt: Wenn jemand sehr aufgeregt ist, muss man den Betreffenden sanft berühren und ihm sagen: «Hab keine Angst.» – Es war fast wie ein Reflex: Ich bin aus dem Taxi ausgestiegen und konnte jetzt riechen, dass der Soldat betrunken war, er schwankte sogar etwas. Ich habe genau das getan, was ich gelernt hatte; ich bin langsam zu ihm hingegangen, habe ihm vorsichtig die Hand auf den Arm gelegt und mit meinem fürsorglichen Eltern-Ich gesagt: «Sie brauchen doch keine Angst zu haben.» Im nächsten Moment änderte sich das Verhalten des Mannes total. Er fing an zu klagen und weinte fast: «Ich muss hier ganz allein Wache stehen, wie soll ich das schaffen?» Ich machte das Gleiche wie er und begann ebenfalls zu jammern: Ich wäre auf der Flucht mit meiner Mutter und schon ganz verzweifelt; wir waren beide im *hilflosen Kind*.

Und da gab er endlich nach. Mit Hilfe der TA lässt sich das gut erklären: Er war immer noch hin und her gerissen zwischen Verständnis und Pflichtgefühl, bis er schließlich die Wagentüren aufriss und begann, wie wild mit seinem Bajonett in die Sitze hineinzustechen; er wollte prüfen, ob wir etwas schmuggelten.

Der Soldat war innerlich im negativen Kind-Ich: unsicher, verängstigt, überfordert. Nach außen aber zeigte er, um dieses Kind-Ich zu schützen, ein negatives Eltern-Ich: streng, auf seine Vorschriften pochend, kom-

*mandierend. Ein ängstliches Kind aber braucht Trost und Beruhigung.
Genau diesem Bedürfnis entsprach Fanita, als sie ihr positives Eltern-Ich
benutzte, den Soldaten vorsichtig berührte und ihm sagte, dass er keine
Angst haben müsse. Daraufhin zeigte der Soldat sein Kind-Ich, und auch
Fanita wechselte in diesen Ich-Zustand. Transaktionen zwischen gleichen
Ich-Zuständen verlaufen reibungslos, die beteiligten Gesprächspartner
sind entspannt. Dadurch konnte der Soldat einen Ausweg aus seinem
Dilemma finden. Er befolgte einige Vorschriften und half gleichzeitig den
Flüchtlingen.*

Der Chauffeur erstarrte, als der Soldat die Sitze aufriss, aber Gott sei
Dank hatte ich unser Gold in einem Gürtel am Körper versteckt. Der Soldat fand nichts Verdächtiges und ließ uns endlich weiterfahren. Ich
bezahlte den aufgebrachten Taxibesitzer. Er fuhr uns dann die letzten
Kilometer, und wir erreichten einen Zug nach Nizza. Ich glaube, damals
schwebten wir wirklich in Lebensgefahr, und ich habe intuitiv richtig
gehandelt. Für mich ist diese Situation aber auch ein Beispiel dafür, dass
ein Ersatzgefühl sehr hilfreich sein kann, denn ich weiß nicht, ob es uns
genützt hätte, wenn ich Angst statt Mut gezeigt hätte.

In Nizza begann meine Mutter wieder ihr gewohntes Leben mit
Bridgespielen, Briefeschreiben und Spazierengehen. Hier traf sie auch
ihren zweiten Mann, Renato, einen Professor für Zahnheilkunde aus
einer wohlhabenden Turiner Familie. Renato hatte zusammen mit anderen Hochschullehrern ein Pamphlet gegen Mussolini verfasst und herum-
geschickt. Diese Aktion hat ihm nach dem Krieg in den USA geholfen,
aber war zu der Zeit natürlich sehr gefährlich gewesen. Freunde hatten
Renato rechtzeitig gewarnt, und so konnte er noch vor dem Krieg aus Italien fliehen. Es gab in Nizza eine ganze Gruppe von Italienern, die wie
Renato im Exil lebten und ihre Zeit damit verbrachten, im Café zu sitzen
und Karten zu spielen oder fantastische, aber leider ziemlich unrealisti-
sche Pläne zu schmieden, wie man die italienischen Faschisten bekämp-
fen könne.

Renato war Junggeselle. Er hatte noch zu Hause gewohnt und war sehr
an seine Mutter gebunden. Jetzt machte er meiner Mutter in gewisser
Weise den Hof. Er half uns auch mit Lebensmitteln aus. Ich erinnere

mich, dass er immer Genueser Salami mit uns teilte, die er von seinen Freunden im italienischen Konsulat geschenkt bekam. Wir waren dankbar dafür, denn das Essen war rationiert. Man brauchte Lebensmittelkarten, um einkaufen zu können, und das Angebot in den Geschäften und auf dem Markt war dürftig. Einmal lud ich meine Mutter in Nizza in ein berühmtes Restaurant ein, ins Hotel Negresco, um wenigstens einmal wieder richtig gut zu essen. Nach außen hin sah auch alles ausgesprochen vornehm und elegant aus, mit kostbarem Besteck und vielen Tellern und Gläsern. Mehrere Kellner trugen das Essen herein, das mit einer silbernen Haube abgedeckt war. Aber dann lagen darunter lediglich ein paar gekochte Steckrüben – von denen gab es genug, auch Kartoffeln. Man konnte sich satt essen, aber es war immer das Gleiche.

Während meine Mutter jetzt also dank Renato beschäftigt war, hatte ich mehr Zeit als erwartet, da sich meine Abreise nach Südamerika verzögerte. Zwar lag mittlerweile mein Visum im argentinischen Konsulat bereit, Dicky hatte es organisiert. Aber ich wollte meine Mutter nicht allein in Frankreich zurücklassen, denn niemand konnte abschätzen, wie sich die Lage weiterentwickeln würde. Ich schrieb Dicky und bat ihn, für sie ebenfalls Ausreisepapiere zu besorgen, aber das würde dauern. Durch Zufall fand ich in Nizza ziemlich schnell Arbeit: Bei einem Spaziergang kam ich am amerikanischen Generalkonsulat vorbei, das in einem großen vornehmen Haus untergebracht war. Auf der Rückseite befand sich der Eingang zur Visaabteilung. Davor wartete eine endlos lange Schlange von Menschen, belgische, holländische und polnische Flüchtlinge, darunter viele Juden. Die Schlange zog sich um mehrere Blocks. Aber vorn, am Haupteingang, stand niemand. Ich ging hinein und traf nur eine Konsulatsangestellte und eine Amerikanerin, die sich stritten wegen folgender Angelegenheit: Es ging um den Hund der Amerikanerin, sie wollte nicht ohne ihn in die USA zurückkehren, aber das schien schwierig. Die beiden Frauen konnten sich nicht einigen. Das Hin und Her dauerte etwa zwanzig Minuten. Ich stand dabei und hörte zu. Schließlich verließ die Amerikanerin den Raum, sehr unzufrieden. Die Konsulatsangestellte schaute mich an, und ich fragte impulsiv: «Brauchen Sie Hilfe?» «Ja», antwortete mir die Frau, «und zwar dringend!»

Obwohl ich nur einen rumänischen Pass besaß, wurde ich sofort einge-

stellt. Das Konsulat in Nizza war neben Marseille das einzige noch offene US-Konsulat in Frankreich und daher völlig überlastet. Aufgabe der
beiden einzigen Angestellten, des Konsuls und dieser Beamtin, war es, so
schnell wie möglich alle Amerikaner aus dem Land zu bringen. Es gab
niemanden, der sich um die Leute kümmern konnte, die ein Visum wollten. Meine Aufgabe sollte sein, die Antragsformulare auszugeben. Das
Schreckliche aber war, dass die meisten Menschen in der Warteschlange
überhaupt keine Chance hatten. Es existierte ein merkwürdiges amerika-
nisches Gesetz, das die Einreisequoten regelte – man wollte die Zusam-
mensetzung der Bevölkerung aus dem ausgehenden 19. Jahrhundert
erhalten – und daher durften zum Beispiel gebürtige Deutsche, Skan-
dinavier, Italiener und Irländer einwandern, aber kaum Osteuropäer wie
Rumänen, Tschechen oder Polen. Menschen aus diesen Ländern kamen
zunächst jahrelang auf eine Warteliste, wenn sie ihren Antrag gestellt hatten. Aber wir hatten das Jahr 1940, es gab keine Zeit mehr. Auch die weiteren bürokratischen Hürden für eine Einreise waren kaum zu bewältigen. Man brauchte reiche Bürgen in den USA, die garantierten, sämtliche
Kosten für die Einwanderer zu übernehmen, und zahlreiche Papiere, die
die meisten dieser Flüchtlinge überhaupt nicht beschaffen konnten, beispielsweise ein polizeiliches Führungszeugnis. Diese Vorschriften erschienen mir als reine Schikane.

Ein Transitvisum für die USA

Inzwischen hat sich herausgestellt: Man wollte damals von Seiten des
State Department so wenig Juden wie möglich ins Land lassen. Es hatte
also für die meisten Flüchtlinge überhaupt keinen Sinn, auf eine Ein-
reiseerlaubnis zu warten, wenn sie diese nicht schon viele Jahre vorher in
irgendeinem amerikanischen Konsulat beantragt hatten; das musste ich
den Leuten klar machen. Ich habe also während der Bürozeiten riesige
Aktenstapel bearbeitet und die eingegangenen Dokumente sortiert. Man
hatte sie uns aus den verschiedenen amerikanischen Konsulaten sämt-
licher von den Deutschen überfallenen Länder nach Nizza geschickt.
Danach bin ich hinaus zu den Leuten auf die Straße gegangen, die Warteschlange entlang, und habe einen nach dem anderen angesprochen und

geschaut: Wer hatte eine Chance, für wen konnte ich etwas tun, und für wen war es besser, irgendeinen anderen Ausweg zu suchen, statt noch mehr Zeit zu verlieren. Es war schlimm, die Menschen waren so verzweifelt und konnten oft nicht begreifen, dass ich sie wegschicken musste.

Ein Jahr lang arbeitete ich auf diese Weise im amerikanischen Konsulat. Ende 1940 gab es wenigstens keine Warteschlangen mehr, mir blieb nur noch die Büroarbeit.

Inzwischen hatte ich auch begonnen, mir Sorgen um unsere eigene Ausreise zu machen. Das Visum für meine Mutter war noch immer nicht da, und von Dicky hörte ich seit einigen Monaten nichts mehr. Wir brauchten eine andere Lösung. Schließlich kam mir die rettende Idee: Renato brachte alle notwendigen Voraussetzungen für ein Visum mit, hatte aber Angst nach Amerika auszureisen, unter anderem weil er kein Englisch sprach. Wenn er meine Mutter heiraten würde, könnten die beiden zusammen in die USA immigrieren. Ich fing an, Renato vorsichtig daraufhin anzusprechen, natürlich nicht direkt. Ich habe immer gesagt: «Na ja, wenn Sie nicht allein nach Amerika reisen wollen, sollten Sie vielleicht heiraten.» Er zögerte eine Weile, aber endlich entschloss er sich doch. Im Mai 1941 ließen sich die beiden trauen, und dann hatten wir auch nur noch wenig Zeit: Am Abend des 12. Juni erfuhr ich, dass das Konsulat am nächsten Tag geschlossen werden sollte. Alle Amerikaner waren jetzt in Sicherheit. Es war die letzte Gelegenheit für Renato, sein Visum zu bekommen. Ich glaube, er war der einzige Mensch, dem jemand das Formular ins Café hinterhergetragen hat, damit er endlich unter vielem Jammern und Protestieren unterschrieb. Mir stellte der Konsul ein Transitvisum für eine Ausreise durch die USA nach Argentinien aus, wir konnten also zusammen Frankreich verlassen.

Meine Tante, mein Onkel und ihre damals elfjährige Tochter waren schon vor uns nach Mexiko geflüchtet. Von dort aus sind sie einige Jahre später ebenfalls nach Amerika eingewandert.

Mit unseren letzten Goldmünzen bezahlte ich die Überfahrt. Anfang November 1941 schließlich legte unser Schiff in Lissabon ab. Später erfuhr ich: Es war der letzte Passagierdampfer, auf dem Juden von Europa aus Amerika erreichten. Wenn wir noch länger gewartet hätten, wäre Auschwitz auch unser Schicksal geworden.

Wir brauchten 21 Tage bis Kuba, weil wir wegen der Seeminen Umwege fahren mussten, und von da noch einmal drei Tage nach New York. Ich habe diese Reise genossen, es herrschte fast eine Kreuzfahrtatmosphäre. Abends gab es Musik und Tanz und köstliche Spagetti. Wir waren so weit weg von Europa, in dem sich mehr und mehr Schreckliches abspielte.

Renato schimpfte während der ganzen Überfahrt. Meine Mutter ärgerte sich darüber, aber ich nahm sein Nörgeln nicht ganz ernst. Ich merkte, dass er auf diese Weise seine Angst bewältigte. In New York angekommen, konnten die beiden sofort einwandern. Da ich nur ein Transitvisum besaß, steckte man mich zunächst in das Gefängnis auf Ellis Island, zu meinem Bedauern nur für wenige Tage, denn zum ersten Mal seit Monaten bekam ich täglich Seife und ein frisches Handtuch. Wir waren in riesigen Schlafsälen untergebracht, und da man verhindern wollte, dass jemand Wertsachen unter der Matratze versteckte, mussten wir jeden Tag die Betten tauschen und frisch beziehen. In der Cafeteria konnte man essen, was man wollte, ein unglaublicher Luxus für mich. Tagsüber haben wir gelesen oder sind im Hof spazieren gegangen. Von dort sah man durch die Gitter die Freiheitsstatue.

Mit Unterstützung eines Anwalts konnte ich dann das Gefängnis verlassen und bin 1942 über Kanada in die USA immigriert, zunächst nach New York. Eine Zeit lang habe ich noch versucht, Kontakt zu Dicky zu bekommen, aber vergeblich. Ich gab die Hoffnung allmählich auf, ihn wiederzusehen.

Kein Tango in Argentinien

Über drei Jahrzehnte später habe ich erfahren, wie es Dicky in der Zwischenzeit ergangen war – eine ziemlich romantische Geschichte, leider ohne Happy End. Er hatte, nachdem er mein Visum organisiert hatte, seine Stellung am rumänischen Konsulat in Buenos Aires aufgegeben. Danach arbeitete er eine Zeit lang für den CIA, ich weiß nicht in welcher Funktion, wurde durch einen Unfall schwer verletzt und musste monatelang im Krankenhaus liegen. Der CIA hatte ihn daraufhin entlassen und in keiner Form mehr unterstützt. Dicky war dadurch völlig mittellos.

Deswegen hatte er sich auch nicht mehr bei mir gemeldet. Nachdem er wieder gesund geworden war, entwickelte er zusammen mit einem Freund die Idee, Eukalyptusbäume zu pflanzen, um sie später als Telefonmasten zu verkaufen. Eukalyptusbäume sind für diesen Zweck besonders gut geeignet, da sie sehr gerade wachsen. So entstand eine dieser typischen amerikanischen Erfolgsstorys: Dicky besaß zusammen mit seinem Freund das Monopol und wurde nach Kriegsende allmählich reich. Erst dann versuchte er wieder, mich zu erreichen. Aber da ich mittlerweile umgezogen war, geheiratet hatte und einen neuen Namen besaß, war das schwierig. Deshalb schaltete er ein Detektivbüro ein. Als man mich schließlich aufspürte, waren meine Kinder schon geboren. Ich war empört, als ich später die Berichte dieser Detektive las: Sie hatten heimlich in unser Wohnzimmer geschaut und unter anderem vermerkt, dass es ziemlich unordentlich gewesen sei.

Dicky hat dann weiter meinen Lebensweg verfolgt, ohne sich zu melden. Erst 1972, nachdem mein Mann und ich uns getrennt hatten, kam zunächst ein langer Brief von ihm, und wenige Tage später stand er plötzlich selbst vor der Tür. Es war eine Riesenüberraschung und ein bisschen wie im Märchen. Wir fanden uns beide noch immer sehr attraktiv, auch sexuell. Er lud mich auf eine traumhafte Reise nach Jamaica ein. Zumindest die erste Woche war wunderbar, aber dann folgte sehr schnell auf beiden Seiten die Enttäuschung. Ich war nicht mehr das abhängige junge Mädchen, von dem er die ganzen Jahre geträumt hatte, und Dicky war in Argentinien ein ziemlicher Macho geworden. Wir fingen bald an zu streiten: Er machte mir Vorschriften, ich rebellierte, er wurde ärgerlich und dann depressiv. Ich habe zwar versucht, Kompromisse zu schließen, aber wir hatten zu unterschiedliche Interessen. Dicky wollte, dass wir heirateten und zusammenzogen, aber ich konnte mir weder vorstellen, in Argentinien zu leben noch meine Arbeit aufzugeben. Die größte Kluft zwischen uns entstand, als ich begriff, wie gleichgültig Dicky gegenüber der damals herrschenden argentinischen Militärjunta war.

Wir haben trotzdem noch mehrere Jahre Kontakt gehalten, einige sehr schöne gemeinsame Reisen erlebt und regelmäßig miteinander telefoniert. Aber dann heiratete Dicky in Argentinien seine langjährige Partnerin. Wir blieben befreundet bis kurz vor seinem Tod. Er kündigte mir an: Wenn ich eines Tages meine alten Briefe an ihn zurückbekäme, würde das bedeuten, dass er gestorben sei. Ein halbes Jahr danach traf schließlich ein dicker Umschlag bei mir ein, den ein Freund von ihm abgeschickt hatte. Er enthielt all die Briefe, Karten und Telegramme, die ich Dicky aus Frankreich und Amerika geschickt hatte.

Heimatgefühle in New York

New York kam mir sofort sehr vertraut vor, wahrscheinlich wegen der zahlreichen Filme von Warner Brothers, die ich in Rumänien gesehen hatte. Obwohl ich noch keine Arbeitserlaubnis hatte, fand ich bald eine Stelle als Sekretärin. Auf der 5th Avenue gab es einen bekannten Treffpunkt, die «Rockefeller Plaza», wo sich die Immigranten und Flüchtlinge aus Europa trafen. Hier begegnete ich vielen Menschen wieder, die ich während meiner Arbeit im Konsulat in Nizza kennengelernt hatte. Ich fühlte mich wie unter alten Bekannten. Einer dieser Leute empfahl mich an die Brasilianische Wirtschaftsvertretung, damit hatte ich sogar einen legalen Job.

Ende November 1941, kurz vor dem Überfall der Japaner auf Pearl Harbour, nach dem auch die Amerikaner in den Krieg eintraten, traf ich in New York Maurice wieder. Meine Pariser Freundin Hélène hatte mir die Telefonnummer seines Bruders gegeben. Hélène und ich waren uns zufällig noch einmal in Lissabon begegnet, als ich schon auf dem Weg zu meinem Schiff war. Wir hatten eben noch Zeit für einen Kaffee gefunden. Hélène hatte eine Affäre mit Maurice gehabt. Sie sagte auch, dass sie sich getrennt hätten, aber ohne den Grund dafür zu nennen.

Maurice freute sich riesig, als ich mich bei ihm meldete, und wir sind nach diesem Wiedersehen häufig miteinander ausgegangen. Aber eigentlich haben wir uns in den dreieinhalb Jahren bis zu unserer Heirat nicht wirklich kennengelernt. Ein Grund war, dass ich mich bald zu einer Ausbildung außerhalb New Yorks entschloss. Ich kam von da an nur noch während der Ferien dorthin.

Zunächst musste ich einen amerikanischen Collegeabschluss erwerben, da ich meinen Abschluss an der Sorbonne nicht beweisen konnte – ich besaß nur das handgeschriebene Diplom ohne offiziellen Stempel der

Universität, das nicht anerkannt wurde. Daher besuchte ich zuerst in Nebraska eine weiterführende Schule und danach in Pennsylvania das Bryn-Mawr-College. Dieses College war sehr elitär und anspruchsvoll, und es wurden dort nur Frauen zugelassen unter dem selbstbewussten Motto: Wir brauchen keine Männer; wer in Bryn-Mawr lernt, ist nicht auf der Suche nach einem Ehemann, was damals für die meisten jungen Frauen der eigentliche Grund für den Besuch eines Colleges war. Die Ausbildung in Bryn-Mawr war hervorragend. Zu den Absolventinnen gehörten viele bekannte und erfolgreiche Frauen aus Kunst, Wissenschaft, Politik und Kultur.

Am liebsten hätte ich weiter Psychologie studiert. Aber als Psychologin zu arbeiten hieß zu der Zeit in den USA sich ausschließlich mit Tests zu beschäftigen, nicht zu therapieren, was mich mehr interessierte. Ich hatte mir daher Bryn-Mawr ausgesucht, um mich zur Sozialarbeiterin ausbilden zu lassen. Aus meiner Zeit in Frankreich und nach meinem politischen Verständnis hatte ich damals ein ziemlich schlechtes Bild von diesem Beruf – man schien nur auf Anpassung an das System hinzuarbeiten. Aber hier in Amerika verstand man Sozialarbeit völlig anders. Grundlage war die Psychoanalyse, und man konnte therapeutisch mit Kindern arbeiten.

In Bryn-Mawr sammelte ich auch meine ersten Erfahrungen als Lehrerin. Als Gegenleistung für mein Stipendium – ich hatte ja kaum Geld – sollte ich täglich einige Stunden Französisch unterrichten. Ich war einverstanden, aber ziemlich nervös, weil ich wusste, dass die Studentinnen schon vier Jahre lang Französisch gelernt hatten. Während der Sommerferien las ich alles Mögliche an französischer Literatur, um gut vorbereitet zu sein. Zu Beginn des neuen Schuljahres stand ich schließlich zum ersten Mal vor meiner Klasse. Ich hatte mir eine passende Einleitung überlegt und begann zu erzählen und ein paar Fragen zu stellen, aber die Studentinnen schauten mich nur mit großen Augen an; niemand reagierte. Ich redete noch eine Zeit lang weiter, bis ich endlich merkte: Sie verstanden mich überhaupt nicht. Sie konnten zwar einigermaßen gut Französisch lesen, aber nicht sprechen. Ich war so erleichtert und wusste sofort, jetzt würde es klappen. Denn mir war klar: Jedes Kind kann eine Sprache lernen, das hat nichts mit Intelligenz oder Kultur zu tun, das hatte ich in Istanbul ja erlebt. Das einzig Wichtige ist, dass man Spaß hat mit der Sprache. Also haben wir ab sofort nur noch über interessante Themen gesprochen, über junge Männer oder wohin man gut ausgehen kann, alles auf Französisch. Man durfte zeichnen oder Theater spielen, aber kein englisches Wort benutzen. Eines Tages – es war mitten in der Stunde, und eines der Mädchen stand gerade auf einem der Tische und erzählte und gestikulierte – ging plötzlich die Tür auf, und die Schulleiterin erschien in Begleitung einiger Herren. Wir erstarrten vor Schreck. Die Schulleiterin bat darum, zwanzig Minuten bleiben zu dürfen, anschließend wolle sie mich in ihrem Büro sprechen. Ich war mir sicher, das würde das Ende meines Studiums in Bryn-Mawr sein. Irgendwie habe ich den restlichen Teil der Stunde herumgebracht und bin dann losgegangen. Aber in ihrem Büro kam die Schulleiterin gleich freundlich auf mich zu, gratulierte mir und fragte, woher ich denn die *Yale-Methode* kennen würde. Sie sei ganz neu, und diese beiden Herren seien von der Yale-Universität und von meinem Sprachunterricht überaus begeistert.

Ich habe vor lauter Erleichterung ziemlich herumgestottert, aber das Ergebnis war, dass ich weiter unterrichten durfte und die Mädchen sich am Ende des Jahres ganz gut auf Französisch unterhalten konnten.

Die sogenannte Yale-Methode entstand, als man während des Krieges amerikanischen Soldaten innerhalb kürzester Zeit eine Fremdsprache beibringen wollte. Man kopierte lediglich das Verfahren der damaligen Berlitz-Schulen, nach dem man wochenlang nur die Fremdspache und nicht die Muttersprache spricht.

Von Bryn-Mawr aus ging ich nach Michigan. Die Ausbildung am «Children's Center», einer Kinderklinik in Detroit, war eine Mischung aus Studium und Praxis. Zu dieser Zeit trennte man in der Therapie streng zwischen der Arbeit mit Eltern und Kindern; es gab noch keine Familientherapie. Eine Sozialarbeiterin hatte nur mit dem Kind zu tun, eine andere mit der Mutter. Väter kamen fast nie zur Behandlung. Wir hatten sehr gute Ausbilder – Ärzte, Sozialarbeiter, Psychiater, Psychologen – und haben viel gelernt.

Mein Spezialgebiet wurde das Thema Bettnässen. Es stellte sich heraus, dass bei Jungen – nicht bei Mädchen – der Grund, ins Bett zu machen, zurückgehaltene Aggression ist. Die betroffenen Jungen hatten in der Regel sehr kontrollierende Eltern, und das war ihre einzige Möglichkeit, auf eine indirekte, passive Weise Aggression zu zeigen. Und: dieselben Jungen hatten immer auch Leseprobleme. Damals habe ich zum ersten Mal gemerkt, dass Lesen etwas mit Aggression zu tun hat. Man findet auch in der Sprache Hinweise darauf; so heißt es zum Beispiel: «Jemand verschlingt ein Buch oder liest gierig.» Wir haben diese Kinder mit Spieltherapie behandelt. Dabei konnten sie toben und schreien. Ich hatte selbst sehr viel Spaß bei meiner Arbeit und gute Erfolge. Die Jungen hörten mit dem Bettnässen auf, und außerdem lernten sie jetzt plötzlich lesen. Es waren die Mütter, die kamen und mir ganz glücklich davon berichteten.

Ich habe dieses Phänomen dann in meiner Abschlussarbeit beschrieben, und es hatte auch für mich persönlich Konsequenzen. Als mein Sohn Brian geboren wurde, habe mich nie getraut, irgendetwas zu tun, was seine Aggressivität stoppen könnte, im Gegenteil, ich habe ihm eher zu wenig Grenzen gesetzt. Immerhin hat Brian tatsächlich nie nachts ins Bett gemacht, obwohl er schon ziemlich früh keine Windeln mehr tragen wollte. Aber das kam vielleicht auch daher, dass er so gern in Büsche pinkelte.

Kein Mann zum Heiraten

Bereits während meines Studiums in Detroit machte ich mir zunehmend Sorgen, weil ich endlich heiraten und Kinder haben wollte – das war ja ein wichtiger Teil meines Skripts. Aber ich kannte fast keine Männer, denn es war noch Krieg. Der einzige Mann, mit dem ich in diesen ersten Jahren in Amerika befreundet war, war Maurice. Man hatte ihn wegen eines Fußproblems nicht eingezogen. Er schrieb mir regelmäßig, schickte mir sogar Manuskripte seiner Radiosendungen und besuchte mich auch öfter. Inzwischen war ich fast neunundzwanzig Jahre alt, und ich geriet allmählich in Panik, weil ich dachte, ich fände keinen Ehemann.

Richtig verliebt war ich nicht in Maurice. Aber er besaß in meinen Augen viele Vorzüge: Er war das Gegenteil von einem Geschäftsmann; einen solchen hätte ich nach der Erfahrung mit meinem Vater verachtet und niemals geheiratet. Er war Amerikaner, und auch ich wollte eine richtige Amerikanerin werden. Erst später habe ich gesehen, dass Maurice viel mehr Ire als Amerikaner war. Seine Eltern waren aus Irland eingewandert, hatten sich jedoch in keiner Weise angepasst, und Maurice hatte ihre Kultur übernommen.

In dem Buch «Die Asche meiner Mutter» wird eine typisch irische Ehe beschrieben, allerdings aus dem sehr armen Arbeitermilieu. Auch der berühmte amerikanische Autor Eugene O'Neill hat in seinen Theaterstücken, zum Beispiel in «Long Day's Journey Into Night», das Thema umgesetzt. Es gibt darin viele Parallelen zu unserer Familie: Der Mann ist fröhlich und lebenslustig, aber er vertrinkt das ganze Geld, und die Frau akzeptiert das. Sie sorgt dafür, dass die Familie irgendwie über die Runden kommt. Ich kannte dieses Muster nicht, denn in der jüdischen Kultur war ein solches Verhalten unvorstellbar. Dort ist es immer der Mann, der die Verantwortung trägt.

Vielleicht wäre es mit Maurice und mir besser gegangen, wenn ich damals schon etwas mehr über den Einfluss der jeweiligen Kultur gewusst hätte. Maurice erkannte zum Beispiel nicht sein Alkoholproblem – und ich lange auch nicht –, weil es für irische Männer als normal galt, viel zu trinken. Natürlich kam noch hinzu, dass die gesellschaftliche Einstellung gegenüber dem Alkohol zu der Zeit völlig unkritisch war.

Vor allem fand ich Maurice absolut interessant: Er war sieben Jahre älter als ich, lebte schon viele Jahre in New York und arbeitete als Journalist für NBC. Er war anerkannt und verdiente gut. Wir hatten außerdem viel Spaß miteinander. Er nahm mich zu Partys mit, auf denen wir anregende Leute trafen, Künstler, Schriftsteller, Journalisten, Politiker. Maurice konnte gut zuhören und wunderbar erzählen, er machte aus der kleinsten Begebenheit eine spannende Geschichte. Er war ungemein gebildet, man konnte ihn fragen, was man wollte. Die Frauen umschwärmten ihn – all das gefiel mir. Außerdem schien er sehr verliebt in mich, schon seit Paris, wie er mir erzählte. Ich fühlte mich geschmeichelt, weil mir ein solcher Mann den Hof machte und mich bewunderte.

Aber Maurice wollte eigentlich keine Ehe. «Ich bin Künstler, kein Mann zum Heiraten», hatte er immer gesagt, wenn ich etwas in diese Richtung andeutete. Leider ignorierte ich das.

Letztlich haben wir geheiratet, weil ich ihn unter Druck gesetzt habe. Ich hatte deswegen lange Zeit Schuldgefühle. Auslöser war, dass er mir eines Tages eine kleine silberne Puderdose nach Detroit schickte, mit der Bemerkung, wir würden meine Initialen erst eingravieren lassen, wenn wir uns wiedersehen würden. Diesen Satz hatte ich missverstanden – in meinem Sinn. Ich dachte, er wolle mir bei unserem nächsten Treffen einen Heiratsantrag machen, dann hätte ich einen neuen Nachnamen. Ich kam also aus Detroit nach New York zurück, überglücklich, und erzählte meiner Mutter und Renato von dem bevorstehenden Ereignis. Am Abend trafen wir uns dann alle. Auch mein Stiefvater war begeistert von Maurice. Wir haben stundenlang gegessen und geredet, aber Maurice erwähnte mit keinem Wort das Thema Heiraten. Am nächsten Tag machte ich ihm deswegen eine Riesenszene, und er war sehr erschrocken und überrascht und stimmte mir zuliebe zu – da ist die Parallele zu meinen Eltern: «Okay, wenn du schon mit deiner Mutter gesprochen hast, will ich dich nicht blamieren.» Damit waren wir verlobt.

Fanitas Hochzeit im April 1945 (v.l.n.r.: Maurice' ältester
Bruder John, Fanita, Maurice, Fanitas Mutter)

Wir wussten, dass Maurice im Mai 1945 für einen Monat nach Italien reisen würde. Er sollte im Auftrag des Office of War Information, also der amerikanischen Regierung, für eine Nachkriegsreportage recherchieren.

Wieder war ich diejenige, die die Initiative ergriff. Maurice' Bruder zog zu der Zeit gerade weg aus New York. Ich drängte darauf, noch im April zu heiraten, damit wir dessen kleine Wohnung übernehmen könnten. Es war zwar schwierig, eine Unterkunft zu finden, doch in Wirklichkeit hatte ich Angst, dass Maurice mich verlassen könnte.

Unsere Ehe war ein Fehler. Aber ich war wie blind und habe alle Zeichen, die mich hätten warnen können, ignoriert. Was mir zum Beispiel nicht weiter auffiel: Maurice verstand sich eigentlich als Dichter. Er mochte seinen Job als Journalist nicht, sondern beklagte sich darüber. Im Grunde empfand er es als Zumutung, seinen Lebensunterhalt verdienen zu müssen, und er wollte schon gar nicht für eine Familie sorgen.

Maurice war begabt. Seine Gedichte waren tatsächlich gut. Aber er sah nicht, dass er sich ständig sabotierte, vor allem durch seinen Alkoholismus. Für ihn waren an seinem fehlenden Erfolg als Dichter immer andere schuld, nie er selbst.

Was ich vor der Ehe auch nicht weiter beachtet hatte: Wir hatten sexuelle Probleme. Ich war jetzt fast dreißig Jahre alt, aber ich besaß wenig Erfahrung mit Männern. Einige Nächte hatte ich seinerzeit mit Dicky verbracht während unseres letzten Treffens in Belgien, bevor er nach Argentinien reiste. Aber ich war immer noch Jungfrau. Erst ein paar Jahre später habe ich mit einem Mann in Paris meine Unschuld verloren. Er war ein armer Student, unglaublich mager und ewig hungrig, sodass ich nicht nein sagen konnte, als ich ihn einmal in seinem Zimmer besuchte und er anfing mich zu küssen und auf sein schmutziges Bett zu ziehen. Ich fand das Ereignis sehr romantisch und aufregend, aber nicht gerade befriedigend, ebenso wenig wie ein paar spätere kurze Abenteuer.

Ich dachte, die Ursache für die sexuellen Schwierigkeiten in der Beziehung zu Maurice lägen bei mir – ich könne es nicht genießen, weil ich ziemlich gehemmt war und außerdem immer Angst hatte, schwanger zu werden. Zum Teil stimmte das. Es gab ja keine Verhütungsmittel. Wir wussten nur: Man muss aufpassen und rechtzeitig vor dem Samenerguss abbrechen. Dann hatte ich noch dieses dumme Rezept aus Rumänien, nach dem die Frau nach dem Sex sofort aufstehen und sich mit Essig die Scheide auswaschen soll. Das habe ich immer befolgt, schrecklich.

Maurice war in sexueller Hinsicht auch nicht besonders fordernd, weder schliefen wir oft miteinander noch redeten wir über das Thema. Und es gab noch einen Punkt, nach dem ich damals nicht näher gefragt habe. Maurice hatte mir erzählt, dass er regelmäßig zu einem Psychoanalytiker ging. Ich dachte mir nichts dabei, denn fast jeder, den ich in New York kannte, hatte «seinen» Analytiker, es galt als schick. Maurice' wirklichen Grund, sich analysieren zu lassen, habe ich erst erfahren, als wir schon lange miteinander verheiratet waren: Er hatte Angst, homosexuell zu sein. Homosexualität galt damals noch als Krankheit, die man mit Hilfe der Psychoanalyse glaubte «heilen» zu können, und darauf hoffte er.

Aus unseren Gesprächen wusste ich von seinen früheren homosexuellen Fantasien. Aber ich sah das als normale Entwicklungsstufe an, entsprechend der psychoanalytischen Theorie. Maurice hatte auch niemals eine Beziehung zu einem Mann gewollt, wie er mir Jahre später in einem heftigen Streit an den Kopf warf und was sicher stimmte.

Für mich stand fest, dass unsere Probleme zu bewältigen wären: Maurice hatte ein paar Schulden, aber wir würden beide verdienen und alles bezahlen. Er trank zwar zu viel, war dabei aber lieb und unterhaltsam, und unsere Schwierigkeiten im Bett würden sich schon geben, wenn wir erst einmal verheiratet wären. Heute sehe ich: Es gehört zu meinem Ersatzverhalten, dass ich die Tendenz habe, unangenehme oder erschreckende Aspekte der Realität auszublenden oder zu verleugnen.

Wie ich in London nicht wahrhaben wollte, dass mein Vater tödlich krank war, so wollte ich auch im Fall von Maurice und mir nicht zugeben, dass wir schwerwiegende Probleme hatten. Vielleicht hängt es mit einigen Überlebensschlussfolgerungen zusammen, die ich als Kind entwickelt habe, um mich vor der Besitz ergreifenden Liebe meiner Mutter und ihrem bedrängenden Einfluss zu schützen.

Schon unser Honeymoon wurde ein Desaster. Es sollte etwas Billiges sein. Wir fuhren nach Vermont. Nur, was jeder Amerikaner wusste, aber wir natürlich nicht: Im April regnet es dort die ganze Zeit. Wir verbrachten zwei Wochen in einem bescheidenen Zimmer. Zum Bad musste man über den Flur. Man konnte wegen des Wetters nichts unternehmen. Ich wollte auch nicht gleich schwanger werden, sondern erst eine Zeit lang arbeiten, sodass wir auch in sexueller Hinsicht keinen Spaß hatten. Da ahnte ich doch ein wenig, dass es mit uns nicht gut gehen würde.

Wir sind dann nach New York in unsere Wohnung zurückgekehrt. Sie lag im dritten Stock, und jetzt stellte sich heraus, dass Maurice sich dort nicht wohlfühlte. Er hatte Höhenangst. Ich konnte ihn zunächst beruhigen. Er würde ja jetzt erst einmal nach Europa gehen, danach könnte er mit seinem Analytiker darüber reden, er solle sich keine Gedanken machen. Maurice reiste also ab, vier Wochen lang hörte ich nichts von ihm. Ich brachte inzwischen unsere Wohnung in Ordnung – ein Freund von Maurice half mir viel dabei – und versuchte ein wenig Kochen zu lernen.

Dann erreichte mich ein überraschender Anruf. Am Telefon war eine Bekannte von Maurice, eine Psychiaterin: Maurice sei aus Italien zurück und in einem schrecklichen Zustand. Er wolle nicht, dass ich käme; sie hätte ihn erst einmal in ihrer Wohnung untergebracht. Ich bin dann doch sofort hingefahren und traf meinen Mann in einem verzweifelten Zustand an: Er war vollkommen abgemagert und psychotisch, redete pausenlos wirr durcheinander: «Ach, ich kann nicht mehr, alles ist schrecklich! Ich will nicht in unsere Wohnung zurück, ich brauche Hilfe!» Aber auch immer wieder: «Ich liebe dich, ich brauche dich, verlass mich nicht.» Wir konnten überhaupt nichts für ihn tun. Diese Freundin, die ihn bei sich aufgenommen hatte, ließ ihn schließlich in eine psychiatrische Klinik einweisen.

Ich weiß bis heute nicht, was tatsächlich in Europa geschehen war und was zu seinem Zusammenbruch geführt hatte. Maurice wollte mir nie davon erzählen. Damals dachte ich, dass er zu Grausames gesehen hätte. Heute vermute ich eher, dass irgendeine homosexuelle Geschichte passiert war, die ihn psychisch völlig aus der Bahn geworfen hatte.

Maurice blieb einige Wochen in der Klinik. Er bekam Elektroschocks; das war furchtbar. Aber es ging ihm allmählich besser, er wurde wieder vernünftiger. Ich habe ihn täglich besucht, und wir haben stundenlang miteinander geredet, hauptsächlich über seine Familiengeschichte und seine katholische Vergangenheit.

Maurice war in Chicago zur Welt gekommen, als jüngstes von insgesamt sieben Kindern. Seine Mutter war in Irland Lehrerin gewesen. Gleich nachdem seine Eltern in Chicago angekommen waren, hatte sein Vater einen dieser kleinen Beamtenjobs bekommen, dank der «irischen

Mafia», der katholischen Kirche, die in diesen Jahren großen Einfluss hatte. Die Kinder wurden streng katholisch erzogen, mit viel Kontrolle und sehr unterdrückend, vor allem sexuell. Der Vater verdiente zu wenig für die große Familie, und ich weiß nicht, ob er nicht außerdem trank. Die Mutter war mit der häuslichen Situation offenbar völlig überfordert. Maurice wurde unglaublich vernachlässigt. Nur eine seiner vier älteren Schwestern kümmerte sich ein wenig um ihn. An eine typische Geschichte erinnere ich mich, die er mir erzählt hat: Die Mutter schickte immer diese Schwester zu ihm mit dem Auftrag: «Sieh nach, was der Kleine macht, und sag ihm, er soll damit aufhören.»

Maurice war hochintelligent. Nach der Schule erhielt er ein Stipendium für Harvard. Obwohl sein Vater ihm diese «unchristliche» Universität verboten hatte, ging Maurice trotzdem hin. Er studierte Literaturwissenschaften. Mit der katholischen Kirche wollte er nichts mehr zu tun haben, und zeitweise brach er sogar mit seiner Familie. Auch seine Geschwister hatten ziemliche Schwierigkeiten. Seine beiden älteren Brüder, der eine ein Jesuitenpater, waren schwere Alkoholiker, eine Schwester kränkelte ständig, zwei andere Schwestern blieben unfreiwillig ehelos. Maurice und ich hatten nur wenig Kontakt zu seiner Familie, am meisten noch zu dem Pater, der sehr nett war, und zu einer Schwester, die wie Maurice rebelliert hatte – sie heiratete einen Protestanten – und aus der Familie geflüchtet war.

Leider dachte ich damals, Maurice therapeutisch helfen zu können. Als Mensch vom Typ 2 war ich zu der Zeit viel im Eltern-Ich, hatte aber wenig Selbstkenntnis. Außerdem war ich überzeugt von meiner fachlichen Kompetenz und glaubte, die Gründe für seine Probleme zu kennen: dass er wegen seiner katholischen Erziehung Angst und Schuldgefühle in Bezug auf Sexualität hätte und weil er als Christ mit einer Jüdin verheiratet war. Zwar hatte schon die Psychiaterin, mit der Maurice befreundet war, mit mir gesprochen und mir empfohlen: «Du musst dich von ihm trennen, er hat Angst vor der Ehe.» Aber ich glaubte ihr nicht. In der Klinik fanden dann noch einige Gespräche mit der behandelnden Ärztin statt. Sie drängte ebenfalls in Richtung Trennung, aber auch sie verschwieg mir den wahren Grund.

Das System gegenseitiger Abhängigkeit, das Maurice und ich entwickelt hatten, war bereits perfekt. Ich verkörperte die Retterin und vertraute auf die Psychoanalyse, Maurice, mit seinem starken Ausdrucksdrieb und schwachem Erwachsenen-Ich, schien offensichtlich auf meine Hilfe angewiesen, auch wenn er mir gegenüber häufig sein kritisches Eltern-Ich herauskehrte. Immer wieder bestätigte er mir: «Ich liebe dich. Verlass mich nicht. Du bist wunderbar.»

Schließlich war Maurice so weit wiederhergestellt, dass er die Klinik verlassen konnte. Aber nun wollte er auf keinen Fall in unsere Wohnung im dritten Stock zurück, denn seine Höhenangst hatte sich verstärkt. Wir fanden eine Lösung. Mein Stiefvater hatte inzwischen eine Zahnarztpraxis in New York eröffnet. Sie lag im Erdgeschoss. Wir durften in seinem Wartezimmer übernachten, das heißt, Maurice schlief meistens dort, und zwar allein. Tagsüber ging er zu seiner Psychoanalyse, manchmal ins Büro, das war das Einzige, wozu er in der Lage war. Ich arbeitete als Familienbetreuerin und verdiente das Geld. Abends brachte ich ihm etwas zu essen und fuhr danach in unsere Wohnung. So ging das monatelang. Ich bin immer noch wütend auf seinen alten Analytiker, der so katastrophal unfähig war, aber regelmäßig sein Honorar einforderte.

Am Ende dieses Jahres musste Maurice sich wegen seines Jobs entscheiden: Das Office of War Information, für das er gearbeitet hatte, wurde aufgelöst, man stellte ihn vor die Alternative, er könne sofort in Washington eine neue Aufgabe übernehmen oder man würde ihn entlassen. Wir entschieden uns für Washington. Ich wollte auch einen Jobwechsel, weil ich meine Arbeit als Familienbetreuerin nicht mehr ertrug. Ich konnte nicht länger all diesen Frauen zuhören, die kamen und klagten: «Wir haben große Probleme, aber mein Mann ist in Analyse, ich werde abwarten.» Sie beschrieben ja genau meine eigene Situation.

Im Januar 1946 zogen wir um in einen Vorort von Washington, in eine kleine, schäbige, aber ebenerdige Wohnung. Mir war jetzt ständig übel; ich war schon schwanger, ohne es zu wissen. Eigentlich wollte ich nach dem, was geschehen war, auf eigene Kinder verzichten. Die Ärztin in der Psychiatrie hatte mich eindringlich gewarnt: «Wenn Sie verheiratet bleiben wollen, dürfen Sie auf keinen Fall schwanger werden.» Es war fast wie ein Fluch gewesen, aber ich hatte nur mit dem Kopf zugestimmt, nicht gefühlsmäßig. Ich finde, mein Unbewusstes hat mich gut geleitet. Im September 1946 wurde Brian geboren, achtzehn Monate später meine Tochter Deirdre.

Über die Geburt meiner Kinder war ich überglücklich. Gleichzeitig erlebte ich die Jahre zwischen 1946 und 50 als die schwersten meines Lebens. Ich hatte entsetzliche Angst, dass Maurice einen Rückfall erleiden könnte. Er arbeitete mittlerweile als Zeitschriftenredakteur, hatte aber mehrfach die Stelle gewechselt und war zwischendurch arbeitslos und sehr unglücklich und unzufrieden. Er klagte, genau wie mein Vater das immer getan hatte.

Auch mir ging es sehr schlecht, ich hatte Rückenschmerzen, die immer schlimmer wurden. Zuletzt konnte ich nichts mehr heben, nicht einmal mehr Brian aus seinem Bettchen nehmen. In dieser verzweifelten Situation kam Hilfe von meiner Tante. Sie vermittelte uns Vicenta, eine tüchtige Mexikanerin, als Haushaltshilfe. Aber um sie zu bezahlen, brauchten wir Geld. Ich suchte mir verschiedene Jobs, der letzte, in einer Familienberatungsstelle, gefiel mir endlich gut. Zwar stand inzwischen fest, dass sich eine Operation meines Rückens nicht vermeiden ließe. Aber ich hoffte, dass es mir danach gut gehen würde. Ich glaubte, dass wir an der Schwelle zu einem neuen guten Leben stünden.

Graue Maus in Chicago

Genau zu diesem Zeitpunkt fing Maurice an, immer ausführlicher über seinen alten Traum zu sprechen. Er wollte eine eigene Zeitschrift gründen, und zwar in Chicago und möglichst bald. Das gesamte Startkapital, das er zusammen bekam, bestand aus 3000 Dollar. Sein Plan war völlig unrealistisch. Aber ich habe zugestimmt, weil ich auf keinen Fall den gleichen Fehler machen wollte wie meine Mutter. Ich wollte meinem Mann kein Klotz am Bein sein.

Maurice fuhr direkt nach meiner Operation nach Chicago, um alles vorzubereiten. Drei Monate später kam er zurück und holte uns nach. Ich weiß noch, wie wir mit dem Möbelwagen von Virginia losfuhren. Deirdre war mit Vicenta bei meiner Tante in New York, Brian saß auf dem Rücksitz. Wir hatten ihm ein Beruhigungsmittel gegeben, aber Brian war ein hyperaktives Kind, und das Medikament wirkte genau gegenteilig. Brian kletterte während der ganzen Fahrt auf dem Rücksitz herum und spielte und tobte. Wir waren irgendwann so erschöpft, dass wir keinen Meter mehr fahren konnten und uns ein Hotel suchen mussten. Aber dort ging es genauso weiter, Brian blieb wach, und wir sind vor Müdigkeit fast zusammengebrochen.

Die Wohnung, die Maurice in Chicago ausgesucht hatte, war unmöglich. Das Haus stand im Süden der Stadt, in einer damals völlig verslumten Gegend. Überall lag der Müll auf der Straße, dazwischen liefen Ratten herum. Man konnte dort mit Kindern nicht wohnen. In einem Vorort habe ich schließlich etwas anderes gefunden, das bezahlbar war, wenn auch heruntergekommen und mitten in diesem ewig schmutzigen Schnee. Es stank wegen der offenen Klärgrube hinter dem Haus, aber es ging. Wir sind später noch mehrmals innerhalb des Einzugsgebiets von Chicago umgezogen. Insgesamt haben wir über zwanzig Jahre dort gelebt.

Viel schlimmer als unsere Wohnsituation aber war unsere finanzielle Lage. Es stellte sich heraus, dass Maurice unser gesamtes Geld ausgegeben hatte, auch die dreitausend Dollar für seine neue Zeitschrift. Und er hatte außerdem viele neue Schulden gemacht. Als er mir das sagte, bin ich aus dem Haus gestürzt, über die Wiesen gerannt und habe geschrien wie ein verletztes Tier. Ich fühlte mich wie eine Gefangene. Damals habe ich an Trennung gedacht.

Während der drei Monate, die ich allein mit den Kindern in Washington geblieben war, hatte ich eine Affäre mit Steve, einem Freund von Maurice. Es war schön und unkompliziert, auch mit den Kindern, die ihn gern hatten. Steve war Anwalt, vermögend, geschieden, und er wollte mich unbedingt heiraten. Es war eine große Versuchung, mit diesem Mann die Sorgen und Schulden loszuwerden. Aber irgendwie war ich nicht bereit oder traute mich nicht. Ein einziges Mal habe ich mit Maurice über eine mögliche Scheidung gesprochen, ganz vorsichtig, aber er erwiderte nur ruhig: «Du glaubst doch nicht, dass ich dir die Kinder überlassen würde.» Danach habe ich das Thema nicht wieder erwähnt.

Aber ich bin nicht nur wegen Brian und Deirdre geblieben. Maurice und ich brauchten einander. Er war mein Ausdruckstrieb, ich sein Überlebenstrieb. Weil ich meine Kreativität, meine Spontaneität, meine Lust nicht leben konnte, hatte ich jemanden wie ihn geheiratet. Einen Künstler, der das machte, was ich mir nicht erlaubte: sorglos in den Tag hinein leben, kreativ sein, Dinge tun, die meine Mutter für höchst unnütz und mein Vater für dilettantisch gehalten hätte. Daher war ich auch ambivalent, was Maurice' Gedichte angeht – einerseits anerkennend, andererseits neidisch. Einmal hat er mir eines seiner Gedichte gewidmet, um mir seine Liebe zu zeigen, wie er sagte. Ich habe ihn ziemlich brüsk abgefertigt: «Schön, aber ein gedeckter Scheck wäre mir lieber, damit könnte ich wenigstens einkaufen.» Das sagte ich aus Rache, weil er mich mit unseren sämtlichen Alltagsproblemen im Stich ließ. Aber gleichzeitig gab ich ihm damit nur einen neuen Grund, sich beleidigt zurückzuziehen.

Maurice verkörperte das Interessante und Spannende in meinem Leben. Ich habe immer gedacht: So schlecht es auch geht mit uns – wenn ich auf einer einsamen Insel leben müsste mit nur einem Menschen, dann wäre er derjenige, den ich wählen würde. Er kam immer mit etwas Neuem. Man konnte mit ihm über Politik und Kunst und Literatur diskutieren, und ich habe sehr viel von ihm gelernt. Außerdem war er sehr unternehmungslustig. Aber wenn er mit Ideen für Ausflüge oder Restaurantbesuche ankam, bremste ich: «Das geht nicht, das ist zu teuer.» Er reagierte dann beleidigt: «Du bist eine Spielverderberin. Nie kann man es dir Recht machen», und ich war beschämt.

Das war das typisch Irische an meinem Mann: Er beteuerte mir seine Liebe, verhielt sich dabei aber total verantwortungslos, auch den Kindern gegenüber. Ich kümmerte mich um alles, regelte alles, übernahm die ganzen Sorgen und den Druck, arbeitete bis zur Erschöpfung. Oft wusste ich nicht, wovon ich die Rechnungen bezahlen sollte. Jeden Monat drohte man uns Gas und Telefon abzustellen. Maurice nahm einfach nicht zur Kenntnis, dass wir nie Geld und immer Schulden hatten. Er bewunderte mich für meine Tüchtigkeit und Stärke. Das waren unsere gegenseitigen Ausbeutungstransaktionen: Er musste sich nicht um Alltagsdinge kümmern, und ich bekam als Helferin und Retterin Anerkennung.

Ich durchschaute diese Konstellation lange Zeit nicht. Ich verstand weder, was Maurice und mich zusammengebracht hatte noch was uns zusammenhielt. Ich kannte mich nicht und wusste nicht, was ich wirklich wollte. Ich sah auch Maurice völlig falsch, sogar als ich schon Gestalt und TA kannte. Ich hielt ihn zum Beispiel für eine Typ-2-Persönlichkeit. Er war groß, kräftig, besaß eine volle, tiefe Stimme, stand gern im Mittelpunkt und wirkte selbstbewusst. Aber das entsprach nicht den Tatsachen, er war ein Typ-1-Mensch. Wir waren ein einziges Mal, Jahre später, in Carmel in Kalifornien zu einer gemeinsamen Sitzung bei David Kupfer. Dort beklagte ich mich darüber, dass mein Mann mich dominierte und kontrollierte und mir keine Freiheit ließ. Kupfer sprach anschließend noch einmal

Maurice und Fanita 1948

mit mir allein und fragte: «Siehst du nicht, dass er ein Kind ist, das sich wichtig macht?» Ich hatte das überhaupt nicht erkannt.

Als Therapeutin begegnete ich diesem Phänomen immer wieder: Hinter einem bombastischen Eltern-Ich steckt meistens ein ärgerliches oder frustriertes Kind-Ich.

Auch bei mir blieb in den zwanzig Jahren meiner Ehe meine Typ-2-Zugehörigkeit versteckt. Ich verhielt mich wie eine kleine graue Maus. Obwohl ich unsere Familie ernährte, sah ich mich nur als Ehefrau und Immigrantin und wollte unbedingt eine gute Hausfrau und Mutter und Amerikanerin sein.

Ob jemand zu Typ 1 oder Typ 2 gehört, wird leicht mit der Rolle verwechselt, die der Betreffende übernimmt. Eine gute Ehefrau zu sein, hieß für Fanita: den Mann immer unterstützen, immer loyal sein, Haushalt und Kinder versorgen, Gäste vorbildlich bewirten. Immigrantin zu sein, bedeutete: sich unzulänglich fühlen, sich zurückhalten müssen, sich an die

Regeln der fremden Kultur anpassen. Zu beiden Rollen hätte nicht gepasst, selbstsicher aufzutreten, Forderungen zu stellen und Grenzen zu setzen, wie das ein Mensch vom Typ 2 eigentlich gut kann.

Unabhängig und selbstsicher fühlte ich mich nur in meinem Beruf; es war die gleiche Erfahrung, wie ich sie schon als Sekretärin gemacht hatte. Aber sonst war ich im Kontakt mit anderen Menschen unglaublich ungeschickt und zurückgezogen. Ich habe diesen ganzen Bereich meinem Mann überlassen. Er kannte in Chicago sofort sehr viele Leute. Wir wurden häufig eingeladen. Maurice hat sich jedes Mal glänzend unterhalten, ich saß still daneben und wäre am liebsten unsichtbar gewesen. Besonders schlimm fand ich diese Abendessen bei uns zu Hause, zu denen Maurice oft Gäste einlud, Geschäftsleute oder Bekannte, von denen er hoffte, sie würden in seine Zeitschrift investieren. Ich war den ganzen Abend mit Kochen oder Bedienen beschäftigt. Mein bürgerlicher Ehrgeiz brachte mich leider dazu, dass ich nicht einfach Würstchen und Bier auf den Tisch stellen wollte, sondern ein kompliziertes Menü. Aber im Laufe des Essens stellte sich heraus: Die Gäste waren doch nicht so sehr vom künftigen Erfolg der Zeitschrift überzeugt, zumindest wollten sie kein finanzielles Risiko eingehen. Maurice konnte dann sehr beleidigend werden, und ich schämte mich jedes Mal.

Obwohl ich einigermaßen gut verdiente, wurde unsere finanzielle Situation immer prekärer, denn Maurice machte ständig neue Schulden. Das war das Verrückte: Sein Magazin, das ab 1953 erschien, fand zunehmend Leser. Aber je höher die Auflage stieg, umso teurer wurde die Produktion. Und Maurice war kein Geschäftsmann, er fand kaum Anzeigenkunden, und der Verkaufspreis reichte bei weitem nicht zur Deckung der Kosten. Ich glaube inzwischen auch, dass die Zeit noch nicht reif war für sein Projekt. Heute existiert eine ähnliche Zeitschrift, und sie ist ziemlich erfolgreich.

Maurice arbeitete Tag und Nacht, um es irgendwie zu schaffen. Und er trank noch mehr als früher, bei seinen Geschäftstreffen und auch heimlich zu Hause oder in seinem Büro. Ich habe es gewusst, aber vor den Kindern versteckt, was typisch ist für *Co-Abhängigkeit*.

Der Begriff der Co-Abhängigkeit stammt aus der Arbeit der Anonymen Alkoholiker. Im Kern geht es darum, dass man unbewusst das Trinken des alkoholkranken Partners unterstützt. Man glaubt ihm zu helfen, indem man Verantwortung für die Bedürfnisse des anderen übernimmt und die eigenen vernachlässigt. Dadurch verlängert man die Krankheit und schadet sich und dem Partner.

Es gab allerdings zu der Zeit auch weder irgendwelche Hilfsangebote noch sah man Alkoholismus überhaupt als Problem an. Und wenn doch, dann nur bei Leuten aus der Unterschicht, wenn er in Verbindung mit Brutalität auftrat. Aber Maurice war nie brutal, im Gegenteil, er wurde zuerst immer sehr lustig – auch mit den Kindern – und anschließend müde. Dann schlief er sofort ein, was mir recht war, weil er dann keinen Sex mit mir wollte.

Über Sexualität haben wir auch nach unserer Heirat wenig gesprochen. Ich traute mich nicht, irgendwelche Forderungen zu stellen. Maurice hätte gesagt: «Du kastrierst mich.»

In den 50er Jahren war der sogenannte «Kastrationskomplex» ein wichtiges Thema in der Psychotherapie. Die Idee stammte von Freud. Danach fürchten Männer eine dominante Mutter bis hin zu der Angst, durch sie kastriert zu werden. Das wurde auf alle Frauen übertragen, die Wut zeigten oder Ansprüche stellten. Gleichzeitig machte man den Frauen diese Angst zum Vorwurf und unterstellte ihnen außerdem noch im wortwörtlichen Sinn Neid auf den Penis des Mannes. Den sollte ich auch bei mir erkennen, wie mir Dr. von Möllenhoff, der Psychoanalytiker, den ich ab 1956 regelmäßig aufsuchte, immer wieder nahe legte. Männer argumentierten ganz offen mit dem Kastrationsvorwurf, so wie Maurice. Ich hatte sogar Patienten, die mich damit unter Druck setzten, wenn ich in der Therapie bestimmte Grenzen setzen wollte.

Maurice und ich glaubten, dass unserer sexuelle Misere meine Schuld wäre, weil ich scheinbar frigide war und er das geduldig und lieb ertrug. Er kam mit dieser Idee aus seiner Analyse, und ich stimmte dem zu. Ich mochte zwar seinen Körper, ich habe gern mit ihm im Bett gelegen und mich angekuschelt, wir konnten gut miteinander reden, aber ich erlebte keine Lust, keinen Orgasmus mit ihm. Und ich kam nicht auf die Idee, dass das etwas mit ihm zu tun haben könnte. Wir kannten kein Vorspiel, und Maurice litt manchmal an vorzeitigem Samenerguss. So habe ich mich ihm mehr und mehr entzogen. Ich mochte mich nicht mehr vor ihm ausziehen, wartete ab, bis er eingeschlafen war und ging dann erst ins Bett. Das warf er mir wiederum vor: «Es ist doch natürlich, dass ich Lust auf dich habe. Du entziehst dich, um mich zu bestrafen.» Also machte ich manchmal mit und war danach noch unzufriedener. Aber ich sah keine Möglichkeit etwas zu ändern. Erst viele Jahre später, nach einer Liebesaffäre in Paris, wusste ich, dass unsere sexuellen Probleme nicht nur an mir lagen.

Zu diesem unsinnigen Kastrationsvorwurf gibt es noch eine bizarre Geschichte. Ich glaube, es war etwa 1977, als ich das erste Mal seit meiner Mädchenzeit wieder nach Wien kam, wegen eines Seminars, und natürlich Freuds ehemalige Wohnung in der Berggasse 22 sehen wollte. Sie stand leer, Anna Freud hatte nach dem Krieg die Möbel nach England bringen lassen. Aber vorher waren sie fotografiert worden. Man projizierte die Bilder dann groß auf die Wände, sodass man einen Eindruck von der Einrichtung bekam. Jedenfalls sah ich das Wohnzimmer, das gleichzeitig Freuds Arbeitszimmer war, mit dem berühmten Sofa, auf dem ein orientalischer Teppich als Decke lag. Und über dem Sofa hing ein ziemlich auffallendes Bild von Ingrès, einem französischen Maler mit dem Titel «Ödipus und die Sphinx». Es zeigte den Oberkörper der Sphinx, dargestellt als nackte Frau mit Riesenbrüsten und mit einem strengen, abweisenden Gesicht – und vor ihr Ödipus als jungen Mann, mit einem vollkommenen Körper, ebenfalls nackt. Die Szene stammt aus der griechischen Mythologie: Ödipus wollte den Eingang nach Theben passieren. Dazu musste er die Frage der mörderischen Sphinx richtig beantworten, sonst hätte sie ihn getötet. Diesen Moment soll das Bild darstellen.

Wenn man sich in die Situation von Freuds Patienten hineinversetzt, die da stundenlang auf der Couch lagen und ihre intimsten Gefühle und Gedanken äußerten, so ist es selbstverständlich, dass sie sich angesichts dieses suggestiven Bildes kaum etwas anderes vorstellen konnten, als dass eine fordernde Frau gefährlich ist. Daraus ergibt sich eine wichtige Frage: Wie kam es, dass Freud dieses Bild dort aufhängen ließ? Hatte es mit seiner unbewussten Pathologie zu tun? Dass er selbst unter dieser

Kastrationsangst litt und sie als *«Heiße Kartoffel»* an seine Patienten weitergab und so die nächste Generation damit bestraft wurde – ich inbegriffen?

Eine «Heiße Kartoffel» nennt Fanita das von ihr entdeckte Phänomen, dass jemand unbewusst ein Problem, eine Angst oder Sorge weitergibt und ein anderer sie übernimmt. Wie in dem Kartenspiel «Schwarzer Peter». Eine «Heiße Kartoffel» können zum Beispiel die Kopfschmerzen des Vaters oder die Prüfungsangst einer Freundin sein. Der «Empfänger» hat plötzlich die gleichen Gedanken oder Gefühle, und der «Geber» ist sie möglicherweise los.

Freud teilte zudem andere, ziemlich anachronistische Vorstellungen vieler Zeitgenossen und stärkte sie sogar: Er ging zum Beispiel davon aus, dass eine Frau ab dreißig nichts mehr lernen könne. Berne dagegen, obgleich er sich sexistisch verhielt, gestand Frauen durchaus Potenz im Sinne von Kompetenz, Fähigkeit, Macht und Einfluss zu. Er ging nicht davon aus, dass sie sich dieser Fähigkeiten schämen sollten. Für mich war Bernes Haltung außerordentlich wichtig. Ich habe sogar einen Artikel zu dem Thema geschrieben mit dem Titel «Potency as a Female Therapist».

Jeder von uns trägt das Bild der «perfekten und guten Mutter» in sich, jedenfalls wenn unsere Mutter uns als Säugling liebevoll versorgt hat. Aber auch das der «bösen Mutter», weil wir als Baby allen erlebten Schmerz und Frust ebenfalls mit ihr in Verbindung gebracht haben. Dieser Vorstellung entspricht auch die Figur der Göttin Kali in der hinduistischen Mythologie, die auf der einen Seite schön und zärtlich und auf der anderen ein verschlingendes Monster ist. Ich glaube, so werden auch Therapeutinnen – aus der Kind-Ich-Perspektive des Klienten – gesehen. Wenn ich als Frau in dieser Rolle übergroße Bedürfnisse des Klienten nach Zuwendung zurückweise, löse ich viel massivere Furcht oder Ärger aus, als das ein männlicher Therapeut tut. Und auch ich selbst bin verwundbarer durch solche Reaktionen als ein Mann, weil ich keine «böse Mutter» sein will. Aber ich schade dem Klienten, wenn ich meine ehrliche Meinung nicht auszudrücken wage aus Angst vor seiner möglichen Reaktion.

Je unzufriedener ich in unserer Ehe wurde, desto mehr stritten Maurice und ich. Meistens ging es damit los, dass ich ihm vorwarf, schon wieder zu viel Geld ausgegeben oder zu viel getrunken zu haben. Maurice versprach Besserung oder kam mit Erklärungen und versuchte mich zu besänftigen. Er blieb überhaupt in unseren Auseinandersetzungen immer ruhig. Es war eine seiner Überlebensschlussfolgerungen, dass man seine Wut nicht zeigt. Ich dagegen wurde zunehmend lauter und begann schließlich zu schreien. Dann kam der Punkt, an dem er das nicht mehr ertragen wollte. Er wechselte in sein kritisches Eltern-Ich und tadelte mich, sehr von oben herab: «Wie kannst du nur so vulgär sein, wie ein Waschweib, einfach entsetzlich» und zog sich zurück. Er ging einfach, ich weiß noch, manchmal hat er sich sogar im Klo eingeschlossen, und ich stand vor der Tür und hämmerte mit den Fäusten dagegen. Diese Art, mir Vorwürfe zu machen, hatte er übrigens von seinen katholischen Pfarrern gelernt. Es waren die gleichen Worte und der gleiche autoritäre Tonfall. Damit schützte er sein Kind-Ich. Und ich saß da und hatte ein schlechtes Gewissen und fühlte mich wieder einmal hilflos, missverstanden und beschämt. Wir bewegten uns ständig im *Dramadreieck*.

Das Dramadreieck kann man in vielen Auseinandersetzungen beobachten. Es gibt drei Rollen: den Retter, den Verfolger und das Opfer. Die beteiligten Personen, zwei oder mehr, übernehmen jeweils eine der Positionen. Typisch ist, dass diese dann immer wieder gewechselt werden, jeder der Beteiligten übernimmt im Laufe der Auseinandersetzung jede Position. Maurice ist zunächst auf Grund seiner leidvollen Kindheit das Opfer, Fanita erscheint als Retterin. Dann wird Maurice ein geheimer Verfolger, indem er Schulden macht und zu viel trinkt. Fanita leidet, nun ist sie das Opfer. Er verspricht Besserung. Aber bald trinkt er wieder. Jetzt wird Fanita zur Verfolgerin und schreit ihn an. Maurice will das nicht hören, geht kurz in die Opferrolle, verwandelt sich jedoch sofort wieder in einen Verfolger und macht ihr Vorwürfe. So geht es weiter hin und her. Zuletzt enden beide in der Opferrolle. Der Ausweg wäre gewesen: Beide treten mit dem Erwachsenen-Ich aus dem Dramadreieck heraus, setzen Grenzen und schließen klare Kontrakte.

Brian und Deirdre

Maurice und ich hatten nicht nur wegen des Geldes ständig Schwierigkeiten, sondern mehr und mehr auch wegen unseres Sohnes Brian. Aus
der Familientherapie weiß man, dass oft eine problematische Beziehung
der Eltern dahintersteckt, wenn ein Kind Probleme macht. Damit will das
Kind – unbewusst – die Familie zusammenhalten. Genau das tat Brian.
Maurice und ich haben seinetwegen gestritten, aber wir waren uns auch
darin einig, dass er schwierig war.

Brian mit seiner
Großtante Frida
(links) und Fanitas
Mutter

Brian dominierte die ganze Familie und sorgte ständig für Ärger, im Gegensatz zu Deirdre, die als Kind eher lieb und brav war und auf ihre Art
versuchte, unsere Ehe zusammenzuhalten. (Erst viel später, nachdem
Maurice und ich getrennt waren, erlaubte sie es sich, in gewisser Weise
zu rebellieren.) Brian war unglaublich liebenswert, stark und eigenwillig.
Aber er machte nur, was er wollte. Er kam und ging, wann es ihm passte.
In der Schule bekam er gute Noten, aber die Lehrer beschwerten sich wegen seines Verhaltens. Wenn er mit uns am Esstisch saß, fiel ihm immer
etwas um oder auf den Boden und jedes Mal gab es deswegen Ärger mit
seinem Vater. Maurice hatte Recht mit seinem Vorwurf, dass ich Brian
gegenüber viel zu nachgiebig war, zum Beispiel in Bezug auf das Essen.
Wenn es Nudeln zum Mittag gab und er Hot Dogs wollte, machte ich ihm
einen Hot Dog. Sonst hätte er nichts gegessen, und das wollte ich auch

nicht. Aber dann platzte meinem Mann der Kragen: «Das kommt nicht mehr in Frage, dass du für den Jungen extra kochst!» Und während wir zu streiten anfingen, war Brian schon aus dem Haus.

Brians Verhältnis zu seinem Vater war von Anfang an problematisch, jetzt wurde es noch schlechter. Maurice hatte ständig etwas an ihm auszusetzen, nichts passte ihm. Ich weiß noch, wie er einmal einen Aufsatz Brians so erbarmungslos zerpflückte, dass dieser wie versteinert dastand und Deirdre zu weinen anfing. Abgesehen davon setzte er ihm genauso wenig Grenzen wie ich. Er schimpfte, und dann verließ er das Zimmer mit der Drohung: «Der Junge kommt auf die Militärschule!»

Meine Beziehung zu Brian war auch konfliktreich, aber im Grunde gut. Brian wusste, dass ich seine Stärke und Risikofreude insgeheim bewunderte, selbst wenn ich ärgerlich wurde. Und für ihn war es eher ein Spaß herauszufinden, an welchem Punkt ich explodieren würde – seine ganze Toberei mit mir kam aus dem Ausdruckstrieb. Die Konsequenzen haben ihm nicht immer gefallen, zum Beispiel, dass wir ihm sein Taschengeld strichen. Aber mit dreizehn oder vierzehn Jahren berührte ihn das schon nicht mehr. Er hatte angefangen zu pokern und relativ viel zu gewinnen. Mit Geldentzug konnte man ihn jetzt nicht mehr bestrafen.

Eigentlich hatte ich mich immer gefreut, dass Brian so erfolgreich spielte. Aber eines Nachts kam ich in sein Zimmer, um nach ihm zu schauen. Brian schlief, und der Fußboden war mit Dollars übersät. Es sah aus, als ob er beim Zählen eingeschlafen wäre. Da wusste ich, dass die Grenze überschritten war. Ich habe ihm gesagt: «Brian, es tut mir leid, wenn noch irgendetwas vorfällt, musst du tatsächlich auf die Militärschule.» Dort hätte er überhaupt keine Freiheit mehr gehabt, das wussten wir beide. Von dem Tag an ging es besser mit ihm. Brian blieb risikofreudig, aber er riss sich zu Hause und in der Schule zusammen und benutzte sein Erwachsenen-Ich, um sich zu schützen, ich hatte keine Angst mehr um ihn.

Ridge Farm

Mein erster Job 1950 in Chicago war eine Stelle als Kindertherapeutin auf Ridge Farm, und er schien ideal. Ridge Farm war eine Einrichtung für gestörte Kinder auf einem großen Gelände in Lake Forest, einem besonders schönen Vorort von Chicago. Es handelte sich tatsächlich um eine ehemalige Farm mit verschiedenen Gebäuden, in denen etwa dreißig Jungen und Mädchen mit ihren Betreuern lebten. Alles war sehr großzügig angelegt, und auch der Direktor war nett. An drei Tagen in der Woche kamen einige der Kinder zu mir in Therapie.

Ziel von Ridge Farm war es, die verhaltensauffälligen Kinder eine Zeit lang aus ihren Familien zu nehmen, ihnen aber so zu helfen, dass sie möglichst bald dorthin zurückkehren konnten. Daher wurden auch die Eltern betreut. So haben übrigens Virginia Satir und ich uns kennengelernt; sie war ebenfalls Sozialarbeiterin und hat mit den Eltern gearbeitet. Wir mochten und schätzten uns, aber stritten auch viel, weil sie mir vorschreiben wollte, was ich mit den Kindern tun sollte und umgekehrt. Wir hatten ganz unterschiedliche Ideen. Ich erinnere mich noch an den Fall eines Jungen, den ich in Therapie hatte, weil er immer wieder Radios klaute und auseinanderbaute, um hineinzuschauen. Es stellte sich heraus, dass seine Mutter Alkoholikerin war. Sie hatte sich überhaupt nicht um ihren Sohn gekümmert, aber ständig das Radio laufen lassen. Radios waren für das Kind die einzige Form von Zuwendung und Zuverlässigkeit. Ich wollte, dass die Mutter den Zusammenhang erfahren und ihr Verhalten ändern sollte, Virginia hielt sie für viel zu krank dafür. Ich weiß nicht mehr, wie die Geschichte endete, Virginia ist dann später nach Kalifornien gegangen, wo sie ihre Familientherapie entwickelt hat. Ich habe diese Therapieform bei ihr kennengelernt und finde sie sehr effizient, auch wenn ich nicht damit arbeite.

Ich mochte meine Arbeit in Ridge Farm und die Kinder, besonders einen der Jungen, Johnny. Er kletterte immer auf die höchsten Bäume, wo er vor uns sicher war, und schimpfte von oben herunter. Einmal kam ich mit einem neu angekommenen Jungen an der Hand unter seinem Baum entlang, und Johnny meldete sich von oben: «Pass auf!», rief er diesem Kind zu, «sag bloß keine Schimpfwörter wie ‹fuck› oder ‹shit›, wenn du mit English redest» – so nannten sie mich –, «das ist gefährlich!» «Wieso?», fragte der Junge zurück. Und Johnny antwortete: «Weil sie dich dann mit in ihr Büro nimmt. Und dann setzt sie dich da hin. Und dann fängt sie an, mit dir zu reden und zu reden und zu reden und zu reden und erklärt dir jedes Wort. Und es ist schrecklich langweilig, bis du endlich wieder rauskommst.» Tatsächlich habe ich viel mit den Kindern gesprochen. Es ging oft um Sexualfantasien und Masturbation. Über dieses Thema wusste ich seit meiner Ausbildung in Detroit sehr gut Bescheid. Wir konnten die Kinder aufklären und ihnen die Schuldgefühle nehmen. Wir fanden sogar einen Priester, der uns unterstützte, indem er seinen katholischen Schützlingen Selbstbefriedigung erlaubte, das war außergewöhnlich liberal zu der Zeit.

Ungefähr zwei Jahre lang schien in Ridge Farm alles in Ordnung zu sein. Die meisten meiner jungen Klienten machten deutliche Fortschritte, und ich traf mich regelmäßig mit meiner Supervisorin, der berühmten Kinderpsychoanalytikerin Irene Josselyn, um meine Fälle zu besprechen.

Allerdings fielen mir drei der Jungen zunehmend auf: Immer wieder kamen sie mit neuen grausamen Geschichten von Sexualität und Gewalt. Zuerst glaubte ich, dass diese Fantasien mit ihrer Vergangenheit zu tun hätten. Aber allmählich fing ich an zu zweifeln. Ihr ganzes Verhalten beunruhigte mich zunehmend. Ihre Geschichten waren zu ähnlich und zu grausam, und sie wurden nicht weniger. Manchmal zeigten sie mir Brand- und Schnittwunden am Körper, mit denen sie prahlten. Wenn ich aber genauer nachfragte, wurden sie unglaublich ängstlich. Ich sprach regelmäßig mit den Hauseltern der Kinder. Die beiden jungen Männer, die für die Jungen zuständig waren, schienen sehr unterstützend und verständnisvoll – für mein Gefühl zu glatt, irgendetwas versteckten sie. Ich wäre mit meinen Zweifeln schon früher zum Direktor gegangen, Irene hat mich eine Zeit lang zurückgehalten. Als gute Psychoanalytikerin war sie überzeugt, dass die Kinder diese erschreckenden Fantasien als Ausdruck ihrer inneren Probleme entwickelt hätten, nicht auf Grund realer Vorkommnisse. Endlich konnte ich sie aber doch überreden, mich zum Direktor zu begleiten. Wir haben ihn dann an einem Freitag Abend über meine Bedenken informiert – auch er reagierte ziemlich zurückhaltend, versprach aber, sich um die Sache zu kümmern. Anschließend fuhr ich nach Hause, es war ja Wochenende. Als ich am Montag Morgen nach Ridge Farm zurückkam, herrschte dort das reine Chaos: Der Direktor und das gesamte Hauspersonal sowie die beiden jungen Männer waren spurlos verschwunden. Nur die Hausmutter der Mädchen und die Lehrerin waren noch dort. Polizei und Feuerwehr hatten mit Untersuchungen begonnen. Die Jungen schrien und tobten, sie waren völlig außer Kontrolle. Es hatte sich herausgestellt, dass die beiden jungen Betreuer pä-

Fanita 1953 vor dem Hintereingang ihres Hauses in Chicago

dophile Sadisten waren. Sie hatten mit den Jungen grässliche Dinge getan, sie vergewaltigt, zu Orgien gezwungen, sie mit Zigaretten und Messern gequält. Nicht alle Kinder in ihrer Gruppe, nur diese drei, die am meisten pathologisch waren und die sie mit Drohungen zum Schweigen bringen konnten. Die anderen mussten manchmal zusehen. Ich habe später viel mit diesen Kindern therapeutisch arbeiten müssen, mit Malen, Schreiben und Reden. Nach und nach sind die schrecklichen Einzelheiten ans Licht gekommen. Es tat mir entsetzlich leid, dass wir erst so spät reagiert hatten. Inzwischen weiß man über dieses Thema Bescheid, damals war es jenseits unseres Vorstellungsvermögens.

An diesem Montag Morgen habe ich die Leitung von Ridge Farm übernommen, nicht ganz freiwillig, denn niemand sonst kam in Frage. Eigentlich wollte der Vorstand die Einrichtung sofort schließen, aber ich war dagegen, denn ich wusste, dass das für die Kinder die schlechteste

Lösung wäre. Außerdem glaubte ich auch, dass die Situation in ein paar Wochen zu regeln wäre. Aber tatsächlich habe ich mehr als ein Jahr lang Tag für Tag von morgens bis nachts dort gearbeitet. Einen ganzen Monat lang bin ich nicht einmal mehr zum Schlafen nach Hause gefahren. Für Brian war das kein Problem, aber für meine Tochter. Deirdre war damals ungefähr fünf Jahre alt, und sie hat sehr unter meiner Abwesenheit gelitten, obwohl Vicenta und Maurice, die sie liebte, da waren.

Nun musste ich neues Personal finden, was mich viel Zeit und Mühe kostete. Unerwarteterweise ließ sich der Haushalt von Ridge Farm relativ leicht organisieren. Einige der reichen Damen aus dem Vorstand der Stiftung waren sofort bereit zu helfen. Sie hatten Zeit und waren gewohnt, große Partys zu organisieren. Jetzt übernahmen sie mit einem Heer von Küchenpersonal die gesamte Haushaltsführung. Ein Problem war allerdings, wie sie mit den Kindern umgingen: Sie behandelten sie wie arme, bedauernswerte Geschöpfe und luden sie sogar zu sich nach Hause ein. Dass ich das zuließ, war aus der damaligen Sicht von Sozialarbeitern ein absolutes Sakrileg, aber ich hatte keine Wahl.

Und manchmal funktionierte die unprofessionelle Hilfe sogar überraschend gut: Eines der Mädchen zum Beispiel, Christine, sollte eines Tages einer der Damen, die mehrere teure Pferde besaß, im Reitstall helfen. Christine war intelligent, aber sie steckte so voller Wut und Rebellion, dass sie immer in die Hose machte und stank; sie konnte noch nicht einmal eine öffentliche Schule besuchen. Eine Lösung dafür hatten wir bis dahin nicht finden können. Jetzt verwandelte sich Christine innerhalb von wenigen Wochen in ein normales Mädchen. Sie liebte die Arbeit mit den Pferden, fing an zu reiten, und abends fiel sie todmüde ins Bett. Ihre große Freundin war entzückt von ihr. Ich habe nie erfahren, was hinter Christines Symptomen steckte, aber ich weiß, dass sie sich gut weiterentwickelte und dass diese Freundschaft über Jahre andauerte.

Schwieriger war es, meine neue Funktion gegenüber den Kindern zu vertreten. Plötzlich war ich nicht mehr die verständnisvolle Therapeutin, sondern sorgte für Ordnung und Disziplin. Besonders die Jungen waren wütend und enttäuscht. Ich hatte sie in ihren Augen verraten und hatte eine Rolle übernommen, die sie zunächst nicht akzeptieren wollten.

Als Leiterin von Ridge Farm habe ich auch Bruno Bettelheim kennengelernt, der damals an der Universität von Chicago seine «Ortogenetische Schule» führte. Die Schule überzeugte mich, sie war großzügig und schön eingerichtet; es gab viel Personal, hauptsächlich Studentinnen, die die Kinder betreuten. Aber Bettelheim selbst war ein Super-Typ-2; er behandelte alle von oben herab. 1954 wurden wir gemeinsam zu einer Radiosendung eingeladen, um unsere Konzepte vorzustellen. Sie unterschieden sich deutlich: Bettelheim ließ zum Beispiel keinen Kontakt zwischen den Kindern und deren Eltern zu. Eine seiner Grundannahmen war, dass die Mütter Schuld an den Problemen der Kinder hätten, und entsprechend behandelte er sie. Bettelheim trat auch während der Sendung sehr arrogant auf. Er hielt das, was wir in Ridge Farm machten, für unsinnig. Aber ich konnte unsere Methode ganz gut verteidigen. Da die meisten Kinder in Ridge Farm längst nicht so krank waren wie seine jungen Patienten, konnten wir weniger restriktiv arbeiten und hatten auch gute Erfolge bei der Re-Integration in die Familien.

In den folgenden Jahren hatten wir gelegentlich noch privaten Kontakt. Einmal haben wir uns zufällig in Colorado getroffen, wo er mit seiner Familie und ich mit meinen beiden Kindern zur gleichen Zeit Urlaub machten. Im Gegensatz zu mir konnte Bettelheim gut Grenzen setzen, aber er übertrieb das manchmal. Ich erinnere mich zum Beispiel an folgende Situation: Wir hatten einen Ausflug an einen Fluss unternommen und waren dabei, wieder ins Auto zu steigen. Sein etwa zweijähriger Sohn Eric wollte noch seine Banane aufessen. Aber Bettelheim wollte weder warten noch durfte das Kind im Auto essen; es hieß: «Wirf die Banane weg!» Und Eric gehorchte, ohne Protest, er war solche Befehle offenbar gewohnt. Nur ich reagierte empört. Mir hatte das nicht gefallen. Ich habe noch eine vorsichtige Bemerkung gemacht, aber nein, Bettelheim war überzeugt, im Recht zu sein, und es war sein Kind.

Brian ist Jahre später eine Zeit lang als Babysitter zu den Bettelheims gegangen, Eric mochte ihn besonders gern. Eines Tages erschien plötzlich sein Vater im Kinderzimmer, um zu schauen, was der Grund für diese auffällige Begeisterung war und sah: Brian brachte Eric das Pokern bei. Bettelheim war außer sich vor Empörung, er rief mich sofort an und beschwerte sich lautstark. Danach durfte nur noch Deirdre sein Haus betreten, Brian nie wieder.

1955 war in Ridge Farm das Schlimmste geschafft. Es gab wieder genügend angestellte Mitarbeiter, und man hatte auf mein Betreiben auch einen neuen Direktor eingesetzt. Ich blieb noch ein weiteres Jahr, aber arbeitete dort wenig. Ich war völlig erschöpft. Außerdem hatte sich die Situation meines Mannes, was sein Magazin betraf, dramatisch verschlechtert. Eine Zeit lang versuchte ich ihm zu helfen, indem ich Anzeigenkunden besorgte. Aber es war dann doch nicht mehr zu schaffen. Maurice erledigte inzwischen die ganze redaktionelle Arbeit allein, weil er niemanden mehr bezahlen konnte. 1956 gab er schließlich auf, und das Magazin wurde eingestellt. Maurice war wieder einmal arbeitslos.

Es war übrigens erstaunlich, wie unterschiedlich die Kinder auf unsere finanzielle Misere reagierten. Brian war früh daran interessiert, selbst Geld zu verdienen, und er machte das sehr pfiffig. Zum Beispiel sammelte er Pennys – es gibt da bestimmte alte Stücke, die einen besonderen

V.l.n.r.: Fanitas Mutter, Brian, Frida, Fanita, Deirdre

Wert haben. Er trug Zeitungen aus und ließ sich den Verdienst in Pennys auszahlen, die er sortierte und bei der Bank wieder umwechselte. Die Angestellten waren nicht begeistert, aber Brian konnte ausgesprochen charmant und höflich sein. Er fand dann eine Mitarbeiterin, die ihn unterstützte, sie mochte ihn so gern, dass sie sogar selber anfing, für ihn zu sammeln. Als Brian zwölf Jahre alt war, habe ich einmal sogar seine Sammlung für zweitausend Dollar verpfändet, mit seiner Erlaubnis natürlich. Ich stand damals mit dem Rücken zur Wand, weil ich Geld zum Einkaufen brauchte. Später habe ich die Sammlung wieder ausgelöst, und Brian war sehr stolz, weil er mir geholfen hatte.

Deirdre verhielt sich genau gegenteilig. Einmal wurde ich von ihrer Schule aus angerufen. Man habe gehört, wir würden hungern. Das war natürlich nie der Fall gewesen, aber meine Tochter wusste, dass wir Geldsorgen hatten, und an einem Morgen hatte sie gehört, wie ich den Kühlschrank geöffnet und gesagt hatte: «Wir haben nichts mehr zum Essen.» Ich meinte damit, dass ich einkaufen gehen müsste, aber Deirdre hatte es wörtlich genommen und sich ganz elend gefühlt. Die Krankenschwester in der Schule hatte schließlich etwas bemerkt und mit ihr gesprochen, sodass wir die Sache klären konnten. Deirdre ist überaus bescheiden geblieben. Sie wollte nie, dass wir für sie Geld ausgeben.

Psychoanalyse und kein Ende

Nun überlegte ich, was ich weiter tun könnte. In Ridge Farm mochte ich nicht länger bleiben, und als Sozialarbeiterin hätte ich auch woanders nicht genug verdient. Zu diesem Zeitpunkt machte mir Gustave Weinberg, ein Arzt und Kinderpsychiater, mit dem ich in Ridge Farm zusammengearbeitet hatte, ein überraschendes Angebot. Er war im Begriff, sich selbstständig zu machen und fragte mich, ob ich mich anschließen wolle. Das war in unserer Situation eigentlich ziemlich riskant, aber ich sagte zu. Und erstaunlicherweise lief diese Praxis von Anfang an erfolgreich. Einer von uns übernahm jeweils die Kindertherapie und der andere die der Mütter. Ich fing bald an, viel besser zu verdienen als in Ridge Farm. Aber ich war unglücklich – mit meinem Mann, den Geldsorgen, mit mir.

An meinem vierzigsten Geburtstag hatte ich einen schrecklichen Traum von einem alten, ausgelatschten, hässlichen Pantoffel. Ich wusste, dieser Pantoffel war ich selbst: bequem, praktisch, nützlich, unattraktiv, uninteressant. Ich fühlte mich alt und resigniert, wie am Ende meines Lebens.

Maurice war noch immer in Psychoanalyse. Ich hatte aber die Hoffnung aufgegeben, dass sich dadurch etwas für uns ändern würde. Irene Josselyn riet mir, wieder eine eigene Psychoanalyse zu beginnen. Eigentlich hätten wir eine Paar- oder Familientherapie gebraucht. Das hätte uns vielleicht geholfen, besser miteinander umzugehen oder zumindest nicht so unglücklich in der Ehe zu sein, aber es gab zu der Zeit keine Alternative zur Analyse. Sie galt als überaus erfolgreich, obwohl ich selbst allmählich zu zweifeln begann. Zu meinen persönlichen Gründen kam aber noch ein wichtiges berufliches Motiv für meinen Entschluss, dennoch Irenes Rat zu folgen: Man musste eine umfangreiche Eigenanalyse nachweisen, um vom Chicagoer Psychoanalytischen Institut offiziell anerkannt zu werden und darüber auch Patienten zu bekommen. Das wollte ich gern.

Dr. Fritz von Möllenhoff wurde mein Analytiker. Irene hatte ihn mir sehr empfohlen. Ab jetzt kam ich also regelmäßig dreimal pro Woche in seine Praxis – es war eine Besonderheit des Chicagoer Instituts, dass nicht wie sonst üblich fünf, sondern nur drei Sitzungen pro Woche vorgeschrieben waren – und erzählte, was mir durch den Kopf ging: von meiner Ehe und meiner Arbeit und meinen Sorgen und Problemen, lauter Ärger- und Opfergeschichten und immer wieder auch meine Träume und was mir dazu einfiel. Dr. von Möllenhoff hat zugehört und meistens geschwiegen. Wenn er etwas sagte, dann war es eine Bemerkung über meinen angeblichen Penisneid – deswegen bin ich noch heute voller Zorn auf die damaligen Analytiker.

Dr. von Möllenhoff wollte auch auf keinen Fall mit dem Analytiker meines Mannes reden. Für ihn waren der Grund für all meine Probleme mein Verhalten und meine Einstellung: Weil ich die traditionelle Rolle einer Frau nicht wirklich annehmen wollte, weil ich beruflichen Erfolg hatte und dadurch mit Männern konkurrierte. Auf seine sanfte nette Art ermahnte er mich immer wieder: «Sei etwas weiblicher. Du erwartest zu viel. Du musst geduldiger sein. Warte weiter ab, bis die Analyse deines Mannes beendet ist.» Wenn ich ihm widersprochen habe, war das nach seinem Verständnis die klassische Form von Widerstand. In gewisser Weise hatte er sogar Recht: Mir war zu der Zeit tatsächlich nicht bewusst, wonach ich suchte – ich litt ja unter der Tatsache, dass wir überhaupt nicht dem Idealbild einer typisch amerikanischen Familie entsprachen,

dass ich gezwungen war zu arbeiten, weil mein Mann uns nicht versorgte. Aber die Ursache für meine Unzufriedenheit war alles andere als
Penisneid, es war mein Bedürfnis nach Ausdruck, nach Selbstbestimmung, nach Autonomie.

Es gibt mehrere Gründe, warum ich so lange in dieser Ehe blieb: ge-
genseitige Abhängigkeit, Schuldgefühle, mein Dornröschen-Skript, die
Überzeugung meiner Eltern, dass man eine Ehe nicht auflöst, nur weil
man unzufrieden ist. Wie meine Mutter dachte ich: «Worüber soll ich
mich beklagen? Mein Mann ist interessant und intelligent, und er liebt
mich.» Ein anderer wichtiger Grund war leider die Psychoanalyse. Sie
hat mir schrecklich geschadet. Acht teure Jahre, von 1956 bis 1964, mit
Dr. von Möllenhoff, in denen ich in der Opferrolle steckte und Strokes
für mein Jammern erhielt, aber keinen Schritt weiterkam in Richtung
einer Lösung.

Meine Kritik gilt nur zum Teil der analytischen Theorie. Viele von
Freuds Erkenntnissen waren bahnbrechend, vor allem seine Idee über das
Unbewusste; man muss darüber Bescheid wissen, um Menschen zu verstehen. Gleichzeitig hat jedoch das klassische psychoanalytische Denken
Frauen unterdrückt, es war patriarchalisch und konservativ und gestand
grundlegende Rechte und Fähigkeiten nur Männern zu. Diese Einstellung
war sogar unter den Analytikerinnen verbreitet – es gibt eine ganze Reihe
berühmter Namen: Freuds Tochter Anna, Helene Deutsch und andere.
Einmal habe ich Anna Freud auf einer Veranstaltung in Yale erlebt, auf
der sie erklärte: «Ich bin entsetzt, dass Frauen gleichzeitig studieren und
Ehefrau und Mutter sein wollen. Man kann nur entweder das eine oder
das andere tun.»

Obwohl die klassische Psychoanalyse im Vergleich zu dem, was man
bis dahin kannte, ein ungeheurer Fortschritt war, als Therapiemethode
funktionierte sie aus meiner Sicht nicht. Zwar beklagten sich meine
Patienten keinesfalls, sie kamen sogar gern und waren zufrieden. 1962
hatte mich das Psychoanalytische Institut in Chicago als analytische Therapeutin anerkannt. Ich habe dann mit Unterstützung von Weinberg – er
wollte seine Praxis verkleinern – mein eigenes Büro im Zentrum der
Stadt eröffnet, endlich hoch oben mit einem herrlichen Blick auf den
Michigansee. Ich hatte genug zu tun. Aber mit der Zeit spürte ich, dass

meine Patienten zu viel Geld und zu viel Zeit für zu wenig Resultate bezahlten – genau wie ich selbst. Einige andere Psychoanalytiker, die ich als Supervisoren um Rat fragte, konnten mir auch nicht weiterhelfen. In ihren Augen war mein Problem mangelnde Selbstsicherheit. Sie dachten immer, ich hätte Angst, meine Arbeit nicht gut genug zu machen und empfahlen mir weitere Selbstanalyse. Ich drehte mich im Kreis.

Aber dann begann mein Leben sich doch zu verändern. Der erste Schritt war 1964 ein *Tavistock*-Seminar in England.

Die Tavistock-Methode war der Beginn und die Grundlage von Gruppendynamik und Gruppentherapie. Sie wurde nach einem Stadtteil in London benannt, in dem es eine große Psychoanalytische Klinik gab, und sie stammt von Bion, einem englischen Psychoanalytiker, der sich während des Krieges als Armeetherapeut mit Gruppen und deren Dynamik beschäftigt hatte. Nach seiner Theorie durchlaufen alle Gruppen typische Stadien mit den damit verbundenen Problemen, bis sie sich zu einer funktionierenden Einheit entwickeln.

Das Seminar sollte in Leicester stattfinden, erstmals gemeinsam mit Amerikanern und Europäern, man suchte Interessenten. Zwar sagte mir der Begriff «Tavistock» nichts, aber ich war neugierig. Maurice arbeitete inzwischen als Verleger an der Universität von Chicago, und unsere finanzielle Situation war zum ersten Mal seit Jahren etwas entspannt. Daher wollte ich mir eine Europareise gönnen. Mein Plan war, in England an diesem Kurs teilzunehmen und mich zu erholen. Anschließend würde ich in London einige Theateraufführungen besuchen und zum Abschluss nach Paris weiterfahren und dort meine Tochter treffen. Aber diese beiden Wochen waren dann ein so unglaublich intensives Erlebnis, bestimmt eine der bedeutendsten Erfahrungen meines Lebens. Ich habe es nicht gleich bemerkt und verstanden, aber es hat viele von uns Teilnehmern radikal verändert, auch mich.

Man hatte uns in Studentenunterkünften untergebracht; die Universität von Leicester war wegen der Semesterferien geschlossen. Wir waren vierzig Personen und wurden in vier Gruppen eingeteilt. Dann ging es los: Jede Kleingruppe setzte sich zum Kreis zusammen, mit einem Leiter in der Mitte, der fast die ganze Zeit schwieg, aber auf die Minute den Beginn und das Ende der Sitzungen verkündete, ganz rigide, manchmal mitten in einen Satz hinein. Daraufhin verließen alle den Raum und genau eine Viertelstunde später ging es weiter, immer wieder nach dem gleichen Ablauf. Eine Zeit lang versuchten wir, den Leiter anzusprechen, aber er wies alle Fragen oder Forderungen zurück. Manchmal gab er uns einige theoretische Hinweise über den Prozess, in dem wir uns befanden. An einem Punkt war die Gruppe zum Beispiel so wütend auf ihn, dass sie ihn hinauswerfen wollte, weil er nichts tat, und jemand anders übernahm die Leitungsfunktion, aber sofort entstand Konkurrenz. Ununterbrochen passierte etwas Neues, zwischen den Leuten und bei jedem Einzelnen. Es gab alle möglichen Übertragungen, unglaublich starke Gefühle von Liebe bis Hass, man stritt oder befreundete sich.

Bei der Tavistock-Methode geht es nicht um Inhalte, sondern um die Dynamik in der Gruppe. Dabei wird jeder Einzelne total mit sich selbst konfrontiert. Man fühlt sich wie auf dem Meer ohne Ruder und ohne Hilfe, und man sitzt plötzlich als «nacktes Kind» da, ohne Schutz, ohne Informationen, ohne «Landkarte», mit diesen verschiedenen Leuten, von denen man vielleicht glaubt, dass sie mächtiger sind. Irgendwann in diesem Prozess zerbricht bei jedem die Abwehr, und alle Probleme, die mit Macht und Abhängigkeit zu tun haben, kommen ans Licht. Einer der Teilnehmer brach während des Kurses psychisch total zusammen. Er konnte diesen Stress nicht mehr ertragen, der übrigens viel zu tun hat mit der rigiden Struktur des Seminars: Man merkt, man kann nichts ändern und verliert den Mut. Aber wenn man es schafft, sich innerlich von dem künstlichen Druck zu befreien, dann findet man zu sich selbst.

Die erste wichtige Sache, die bei mir durch Tavistock herausbrach, war meine Sexualität. Ich bin im Anschluss an das Seminar nach Paris weitergefahren. Hier hatte ich mich einen Tag später mit meiner Mutter und meiner Tochter verabredet. Als ich in meinem Hotel ankam, erwartete mich eine Überraschung: ein Riesenstrauß roter Rosen. Georg, einer der Teilnehmer in Leicester, hatte sie mir geschickt. Er wohnte in Paris. Sein Interesse war mir während des Kurses nicht weiter aufgefallen. Ich rief ihn natürlich an, um mich zu bedanken. Wir verabredeten uns bei ihm zu Hause zum Abendessen, und ich bin dann in seiner Wohnung geblieben, wo wir eine fantastische Nacht verbrachten. Wir waren beide sehr überrascht – er wegen meiner Unerfahrenheit und ich wegen der leidenschaftlichen Lust, die ich mir jetzt, endlich, mit achtundvierzig Jahren, erlaubte. Ich glaube, das ist ein Beispiel für diese beinahe magische Wirkung von Tavistock: dass man entweder fast verrückt wurde oder begann sich zu öffnen und zu tun, was man wirklich wollte – bei mir hieß das, endlich meinem Ausdruckstrieb Raum zu geben.

Ich bin dann trotzdem noch acht Jahre mit meinem Mann zusammengeblieben, wenn auch nicht mehr als treue Ehefrau. Allerdings machte ich schon den ersten Schritt in Richtung Trennung, indem ich sofort meine Analyse beendete. Dr. von Möllenhoff war natürlich nicht einverstanden, er äußerte in seiner typisch milden Art grundlegende Bedenken und gab mir die bedrohliche Botschaft, dass meine Euphorie nicht normal sei und ich ihn sehr bald wieder brauchen würde. Gott sei Dank war mir das völlig egal.

Zunächst habe auch ich weiter psychoanalytisch gearbeitet. Die Erfahrung von Tavistock wurde später wichtig für mein Verständnis von Gruppenprozessen, doch meiner Ansicht nach ist die Methode nicht empfehlenswert für die therapeutische Arbeit. Was ich dann noch ausprobierte, war die Arbeitsweise von Rogers, der damals in Chicago in Mode war.

Carl Rogers entwickelte in den 40er Jahren seine klientenzentrierte Therapie als eine der frühesten Formen humanistischer Psychotherapie. Dabei hilft der Therapeut dem Klienten durch «Spiegeln» – das heißt durch verstehendes Wiederholen und genaues Formulieren dessen, was der Klient gesagt hat – zu Selbsterkenntnis und persönlichem Wachstum.

Aber auch mit Rogers Methode war ich nicht zufrieden. Ich hatte überhaupt keinen Spaß mehr an meiner Arbeit und mehr und mehr Widerwillen, in meine Praxis zu gehen. Es wurde immer schlimmer. Ich hörte den Patienten zu, aber langweilte mich dabei; deshalb vergaß ich, was sie mir erzählt hatten und entwickelte Schuldgefühle. Ich dachte daran, als Therapeutin aufzuhören und etwas ganz anderes zu tun, obwohl ich eine lange Warteliste hatte. Ich war völlig ausgebrannt, man nennt das *Burnout-Syndrom.*

Burnout wird als depressive Erschöpfung erlebt. Man kann es mit Fanitas Motivationstheorie erklären. Burnout entsteht, wenn man zu lange fast ausschließlich unter dem Einfluss des Überlebenstriebes arbeitet. So wie Fanita als analytische Therapeutin. Sie fühlte sich verpflichtet, für ihre Patienten ständig Verständnis aufzubringen, was bedeutete, bei deren Ausbeutungstransaktionen mitzumachen. Ungeduld war nicht erlaubt, und sie konnte sich auch nicht entspannen. Es gab weder Raum für ihren Ausdrucks- noch für ihren Ruhetrieb. Sie vergaß die Geschichten ihrer Patienten, und daraus resultierten die Vorwürfe ihres Eltern-Ichs. Burnout ist also eigentlich ein Protest des Kind-Ichs. Einmal, weil es sich nicht zeigen darf, und zum anderen, weil es in dem inneren Dialog dauernd Kritik erfährt.

Bernes Lieblingsspiel

Eines Tages schließlich, im Frühling oder Sommer 1965, drückte mir eine Kollege, Jack Tanzman, ein Buch in die Hand, Bernes «Transactional Analysis in Psychotherapy». Es war eine von zwei Kopien, die zu der Zeit in ganz Chicago existierten. Jack und ich waren nicht gerade Freunde, und er gab mir das Buch mit der abschätzigen Bemerkung: «Das wird dir gefallen, es ist von jemandem, der wie du die Psychoanalyse kritisiert.» Ich habe es also genommen – ziemlich skeptisch. Als ich aber angefangen hatte zu lesen, konnte ich nicht mehr aufhören, die ganze Nacht. Diese Transaktionsanalyse war für mich revolutionär, und das Buch spannend wie ein Detektivroman. Gleich am nächsten Tag habe ich zum Telefon gegriffen und Berne in San Francisco angerufen. Das war etwas, was ich noch nie mit einem Autor getan hatte. Und zufällig hatte ich ihn sofort selbst am Apparat. Ich war überrascht und stotterte herum – dass ich ihm zu seinem Buch gratulieren wolle und es mir die Augen geöffnet habe, aber dass ich eigentlich die Sekretärin erwartet hätte. Er unterbrach mich ziemlich schroff: «Was wollen Sie? Fassen Sie sich kurz.» Spontan fragte ich: «Besteht die Möglichkeit, dass Sie nach Chicago kommen?» Und tatsächlich: Er würde zwei Wochen später auf dem Weg nach New York durch Chicago reisen. Er könne einen Nachmittag bleiben, wenn ich eine Gruppe von mindestens fünf Leuten zusammenbekäme, für fünfzig Dollar Honorar und eine Übernachtung in einem guten Hotel.

Ich sprach einige Kollegen an; sie waren etwas mühsam zu überzeugen, aber dann fanden wir uns zusammen. Ein paar Tage später kam die Nachricht von Berne, er sei jetzt im Hotel zu erreichen und wir sollten ihn mit dem Wagen abholen. Wir fuhren los. Ich ging zur Rezeption und rief ihn von dort in seinem Zimmer an. Er sagte, ich solle heraufkommen. Er öffnete die Tür, und ich begann mit meiner Begrüßung: «Dr. Berne, es ist mir eine Ehre, ich bewundere Sie so und freue mich…!» Er schaute mich an und sagte: «Let's fuck!»

Ich konnte es nicht glauben. Später habe ich verstanden: Es war seine Methode, jemanden mit einer Provokation zu unterbrechen, die er aber gleichzeitig ernst meinte. Jedenfalls fragte ich geschockt: «Entschuldigung, was haben Sie gesagt?» Er noch einmal ganz laut: «Let's fuck!» Ich, ganz wie ein kleines Mädchen: «Aber die Leute sitzen doch unten im Auto.» Er: «Das dauert ja nicht so lange, die können ruhig zwanzig Minuten warten.» Aber jetzt wurde ich plötzlich ganz streng: «Dr. Berne, das geht wirklich nicht, lassen Sie uns jetzt sofort runtergehen.» Natürlich war ich dann während der Fahrt zum Seminarort sehr wütend, und Berne hat sich auch weiter eklig verhalten. Er hat kurz seine Arbeitsweise demonstriert, benahm sich dabei aber ausgesprochen grob und unhöflich. Seine Einstellung war: Diese Leute sind alle Psychoanalytiker und interessieren sich nicht wirklich für meine Methode. Vielleicht hilft es, wenn ich sie provoziere. Aber das klappte natürlich überhaupt nicht. Die anderen waren so ärgerlich, dass sie nicht einmal mehr mit Berne zu Abend essen wollten. Sie haben ihm sein Geld gegeben, und einer hat ihn ins Hotel zurückgefahren.

Einige Monate später sind dann David Kupfer und Bob Goulding nach Chicago gekommen und haben einen Einführungskurs in die Transaktionsanalyse gegeben, der bis heute nur «101» genannt wird. Der Name hatte sich einfach ergeben, typisch für die Anfangszeiten von TA und typisch Kind-Ich: Der Highway zwischen San Francisco, wo Berne zum Teil arbeitete, und Carmel, wo er zusammen mit Kupfer das Institut besaß, trug diese Nummer, ebenso die Einführungskurse in US-Colleges, also haben die beiden diese Zahl gewählt, um ihren Kurs zu benennen.

Von dem Kurs war ich wieder vollkommen entzückt. Auch von Kupfer. Mir war klar, dass ich von ihm TA lernen konnte. Ich brauchte die Theorie von Berne, aber Kupfer sollte mein Supervisor und Ausbilder sein.

Zu der Zeit wusste ich, dass ich bald allein in Chicago sein würde: Deirdre sollte ab September ein College in New York besuchen, Brian studierte bereits, und mein Mann hatte für ein Jahr ein Stipendium nach Paris angenommen. Ich hätte ihn gern begleitet, aber wir konnten uns das noch nicht leisten, weil wir immer noch Schulden abbezahlen mussten und auf mein Einkommen angewiesen waren. Diese Aussichten gefielen mir überhaupt nicht. Ich beschloss also, mir zum Trost wenigstens drei Monate Fortbildung in Kalifornien zu gönnen.

1967 war es soweit. Carmel war damals noch ein kleines Dorf, etwa zwei Stunden von San Francisco entfernt, auf der Halbinsel Monterey. Dort hatten Berne und Kupfer ihr Ausbildungsinstitut gegründet, ein kleines Gebäude mit einem Büro und drei Gruppenräumen. Goulding war gerade neu dazugekommen und Mary Edwards, die später Mary Goulding wurde. Berne selbst hat nicht viel unterrichtet, im Institut gar nicht. Er leitete nur einmal in der Woche in San Francisco seine «San Francisco Social Psychiatry Seminars» (eine Mischung aus Theorie und Supervision, aus denen später die Internationale TA-Gesellschaft entstand) und im St. Mary's Hospital Demonstrationsgruppen mit Patienten und Beobachtern, an denen ich regelmäßig teilnahm und wo ich sehr viel gelernt habe.

Bernes Wohnung war in Carmel, dort hatte er neben dem neuen Institut auch immer noch seine psychoanalytische Praxis, von der er lebte. Erst später, nachdem sein Buch «Games People Play» Erfolg hatte, wurde er Millionär. Wegen des Titels und wegen des einschlägigen Verlages, in dem das Buch erschienen war, dachten die Amerikaner, es sei Pornographie. Enorm viele Leute haben es gekauft und nie gelesen.

Ich war in Carmel wegen Kupfer, bestimmt nicht wegen Berne. Aber da ich in Carmel wohnte, begegneten wir uns öfter – im Institut, beim Essen, auf der Post – man machte ja alles zu Fuß. Unsere Beziehung blieb angespannt, von beiden Seiten. Berne hat sich eigentlich sehr gefreut, dass eine anerkannte Therapeutin, die zudem noch weit außerhalb von Kalifornien lebte, TA erlernte, aber er konnte oder wollte das nicht zeigen. Außerdem stand immer zwischen uns, dass ich ihn bei unserer ersten Begegnung abgewiesen hatte. Und meine Gefühle für Berne waren geteilt: Ich habe ihn bewundert und mochte ihn auch zunehmend, aber nicht als Mann. Später hat mich einmal jemand gefragt, ob ich bedauere, nicht mit ihm geschlafen zu haben, und ich habe geantwortet: «Ja, in gewisser Weise tut es mir leid», aber ich hätte körperlichen Ekel empfunden, es wäre nicht gut gewesen, auch wenn er so sehr physische Streicheleinheiten brauchte.

Das Institut in Carmel bestand zu der Zeit nur auf dem Papier. Ich war die einzige Schülerin. David Kupfer, ein jüdischer Psychologe, stammte aus Berlin. Er war aus Deutschland nach Amerika geflüchtet und zunächst bei der Armee gelandet, in Fort Ord, neben Carmel, wo auch Berne eine Zeit lang arbeitete. Dort hatten die beiden sich kennengelernt und angefreundet, sie waren gleich alt, und einige Grundideen aus der TA stammen eigentlich von Kupfer. Er selbst hat bedauerlicherweise nie etwas veröffentlicht.

Trotz der intensiven Ausbildung hatte ich in Kalifornien relativ viel freie Zeit. Einige Stunden am Tag verbrachte ich mit Kupfer, in denen wir über die Theorie der TA sprachen und über das, was in meiner eigenen Gruppe passierte, die Mary Goulding für mich organisiert hatte. Teilnehmer zu finden war übrigens kein Problem. Mary machte einfach einen Aushang im Ort: «Therapie für einen Dollar», und sofort meldeten sich Interessenten.

Ich kam auch gern ins Büro des Instituts, wo ich mit Gwen plauderte, der Sekretärin, aber auch Berne häufig sah. Langsam ist eine Art Freundschaft zwischen uns entstanden, hauptsächlich über Streitereien, aber allmählich lernte ich auch, seine Provokationen nicht ganz ernst zu nehmen.

Außerdem saß ich regelmäßig als Beobachterin in den Gruppen von Kupfer und Goulding, das war ein Teil des Trainings. Berne leitete im Institut ebenfalls eine Gruppe, die sich einmal wöchentlich traf, zu der aber nur die Teilnehmer kommen durften. Ich wollte sie trotzdem unbedingt einmal sehen. Berne lehnte das auch nicht direkt ab, und ich fragte immer wieder nach. Er aber schob meinen Besuch jedes Mal unter irgendeinem Vorwand hinaus. Endlich, in der letzten Woche vor meiner Abreise, ging ich noch einmal zu ihm und sagte: «Eric, ich möchte unbedingt deine Gruppe beobachten, heute ist die letzte Gelegenheit.»

Erstaunlicherweise gab er dieses Mal nach: «Okay, komm kurz vorher und warte vor der Tür. Ich frage die Teilnehmer, ob sie einverstanden sind. Dann ruf ich dich herein.» Ich wollte nicht, dass er in letzter Minute wieder eine Ausrede finden würde, und verlangte: «Aber bitte sieh zu, dass die Gruppe zustimmt, sonst frage ich die Leute selbst.» Gegen Abend trafen wir uns dann, Berne verschwand im Gruppenraum, einen Augenblick später rief er mich: «Du kannst reinkommen.» Und dann stellte er mich mit den Worten vor: «Heute ist Frau English da, eine berühmte Therapeutin aus Chicago» – das «berühmte» klang etwas spöttisch –, «sie wird die Gruppe leiten, und ich werde beobachten», und er setzte sich in die Ecke.

Er erwartete vermutlich, dass ich ärgerlich aufstehen und gehen würde. Aber ich blieb. Ich war zwar nicht vorbereitet, aber ich machte es auf meine Art. Es lief gut, und dann, am Ende, wir standen schon im Wartezimmer, verkündete er ganz laut, sodass es alle hörten:»Frau English, Sie arbeiten sehr gut, ich sehe keine Probleme darin, Ihnen Patienten zu schicken.» Das war Unsinn, denn Chicago war viel zu weit weg. Es gab überhaupt keine Patienten, die er mir hätte schicken können. Für seine Teilnehmer sollte es so aussehen, als sei das eine Prüfungsstunde gewesen. Ich habe mich vor den anderen höflich bedankt und bin ärgerlich weggefahren. Auf dieser Kind-zu-Kind-Ich-Ebene kommunizierten wir oft zu der Zeit – wenn ich ihn ärgerte, konterte er und umgekehrt.

Nach der Sommerkonferenz, im August 1968, fand meine Prüfung statt. Wir waren zwei Kandidaten, haben noch ein Glas Wein zusammen getrunken. Mein Vorgänger bestand das Examen, alles schien okay. Dann war ich an der Reihe. Ich betrat den Raum und empfand Unbehagen. Die fünf Prüfer, die ich natürlich alle kannte, wirkten ziemlich steif. Irgendetwas schien nicht in Ordnung. Gleich als Erstes fragten sie: «Mit welchen Klienten hast du Schwierigkeiten?» «Mit keinem», antwortete ich, «nur Alkoholiker schicke ich woanders hin.» Was tatsächlich stimmte. Ich fühlte mich wegen meines Mannes bei diesem Thema befangen. Die Prüfer fingen nun an zu diskutieren, ob meine Antwort angemessen wäre. Als nächstes wollten sie wissen: «Wenn du Transaktionsanalytikerin wirst, benutzt du dann tatsächlich TA oder andere Methoden?» Da war mir klar: Ich sollte die Prüfung nicht bestehen. Diese Frage konnte nur von Berne kommen, er hatte wohl gehofft, dass ich daran scheitern würde. Von ihm stammte nämlich die Forderung, dass man als Transaktionsanalytiker ausschließlich mit TA-Methoden arbeiten sollte. Von mir wusste er aber, dass ich inzwischen auch Perls Gestalttherapie kannte und benutzte. Ich saß in der Falle.

Dank des Weines ist mir ein guter Einfall gekommen. Ich antwortete: «Ich spreche mehrere Sprachen, und wenn ich eine Sprache spreche, spreche ich nur die und vermische sie nicht mit anderen. Aber wenn ich eine Sprache spreche, heißt das nicht, dass ich nicht auch andere kenne.» Pause. Es kamen keine weiteren Fragen. Ich war entlassen. Und dann dauerte es sehr lange, bis sie herauskamen und sagten: «Okay, du hast bestanden.» Sofort bin ich zu Berne gegangen und habe ihn zur Rede gestellt: «Das kommt von dir, dass sie mich nicht durchlassen wollten.» Er lächelte provozierend: «Ja.» Dann fügte er hinzu: «Es hätte dir nicht geschadet, einmal durchzufallen.» Und das hatte er auch zu den Prüfern gesagt, einer hat es mir später erzählt: «Sie ist etwas zu arrogant. Es wird ihr guttun, einmal etwas nicht zu schaffen.» Voller Zorn warf ich ihm nur noch an den Kopf: «Von dir hätte ich nichts anderes erwartet.»

Erst helfen, dann fragen

Berne hat mich übrigens ein Jahr später, 1969, von meiner Schreibphobie geheilt – ohne Kontrakt und ohne die Ursache zu kennen, getreu seinem Leitspruch «Cure now, figure out why later», mit Hilfe seines kreativen Kind-Ichs und seines Eltern-Ichs. Damals musste man noch, um als Transaktionsanalytikerin anerkannt zu werden, etwas Neues zur Theorie beitragen. Darüber hielt man dann auf einer TA-Konferenz einen Vortrag. Berne verlangte außerdem, dass der Beitrag vorher schriftlich vorliegen müsse. Dafür gab es zwei Gründe: Er brauchte Beiträge für sein «Bulletin», die erste TA-Zeitschrift. Aber es gab noch einen zweiten Grund: Berne war ja ständig mit seiner TA-Theorie beschäftigt. Er diskutierte bei jeder Gelegenheit mit den Leuten um sich herum und war ausgesprochen daran interessiert, ihre Ideen und Vorschläge zu hören, wollte sie aber auf keinen Fall als seine eigenen ausgeben. Ich hatte wegen meiner Schreibphobie nichts Schriftliches vorbereitet, es aber trotzdem geschafft, auf dem Konferenzprogramm zu stehen. Berne fragte mich kurz vor meinem Auftritt: «Wo ist der Text?» Ich: «Ich habe doch die Schreibphobie.» Er drehte sich um und ging wortlos weg. Ich hielt also meinen Vortrag über die *«Heiße Kartoffel»* und das *«Antiskript»* oder *«Episkript»*, wie Berne dieses Phänomen später getauft hat.

Ein Episkript wirkt viel massiver als eine «Heiße Kartoffel». Eine «Heiße Kartoffel» zu übernehmen hat für den Empfänger möglicherweise sehr unangenehme Folgen, aber es ist nicht lebensgefährlich. Das «Episkript» dagegen, das aus mehreren «Heißen Kartoffeln» bestehen kann, bedeutet eine Art Geheimauftrag oder Fluch, zum Beispiel sich oder andere töten zu müssen. Das «Episkript» wird wie die «Heiße Kartoffel» weitergegeben in dem magischen Glauben, dass man dadurch etwas Schmerzhaftes oder Erschreckendes loswerden könne. Eine solches Weitergeben kann zum Beispiel von einem Elternteil an ein Kind, von Lehrern an Schüler oder von Therapeuten an Klienten geschehen oder wie im Fall Bin Ladens von einem religiösen Fanatiker an seine jungen Anhänger, die stellvertretend morden und sich umbringen. Voraussetzung für die Weitergabe eines «Episkripts» ist, dass der «Auftraggeber» psychologische Macht über den Empfänger besitzt.

Ich fing also mit meinem Vortrag an. Berne war nicht da. Aber während ich sprach, kam er plötzlich herein und setzte sich. Dann stand er wieder auf und verließ den Saal. Das machte er vier, fünf Mal. Wir waren damals ja noch nicht viele Leute. Die ganze Konferenz bestand vielleicht aus 150 Mitgliedern. Jedes Mal drehten sich alle Köpfe. Aber ich wusste ja, wie Berne funktionierte, ich hatte seine Sabotage beinahe erwartet und habe mich nicht stören lassen. Schließlich, nach meiner Rede, saßen wir alle zusammen beim Essen, und Claude Steiner wandte sich an Berne: «Schade, dass du vorhin nicht geblieben bist, Fanitas Vortrag war sehr interessant.» Berne reagierte schroff: «Ich will über dieses Thema nicht sprechen, weil sie keinen Text geschrieben hat. Punkt.» Er sagte wirklich kein weiteres Wort dazu. Ich habe ihn dann später noch einmal am Swimmingpool angesprochen, da ist er einfach ins Wasser gesprungen. Damals habe ich nicht verstanden, was er machte, sondern war nur ärgerlich:

Aber tatsächlich war das von seiner Seite die strikte Weigerung, mir für meine Phobie Strokes zu geben und sie damit weiter zu stützen.

Ein paar Wochen später in Chicago war meine Phobie verschwunden. An diesem Tag war ich im Krankenhaus gewesen, mit dem Verdacht auf einen Tumor. Das Ganze stellte sich als harmlos heraus. Ich wurde gleich wieder entlassen, wollte aber auch nicht in meine leere Wohnung zurück, sondern bin ins Büro gefahren. Ich setzte mich an meine Schreibmaschine – erleichtert wegen des Befundes, aber auch immer noch wütend auf Berne – und fing plötzlich an, meinen Vortrag zu tippen. Es funktionierte, meine Blockade war verschwunden.

Aber wieder hatte die Geschichte ein Nachspiel: Ich hatte auf extra dünnem Durchschlagpapier geschrieben, um ihn zu ärgern, denn ich kannte seine Reaktion, wenn Beiträge «auf Klopapier» getippt waren, wie er dieses Papier nannte. Ich legte einen Zettel zu meinem Text dazu: «Hier ist das, was ich dir noch schulde.» Ich erwartete, dass er die Blätter wegwerfen oder mich zumindest ärgerlich anrufen würde. Stattdessen ließ er den Text von seiner Sekretärin sauber abschreiben, arbeitete alles sorgfältig durch und notierte an den Rand in Rot seine hilfreichen Kommentare. Darunter schrieb er dann allerdings die Bemerkung: «Du hättest dir Hilfe holen sollen von jemandem, der besser Englisch kann.» Das war wieder ein Punkt für ihn.

Aber er hatte Recht: Mein Text war tatsächlich nicht besonders verständlich formuliert. Berne hat ihn trotzdem in seinem Bulletin veröffentlicht. Später habe ich es noch einmal gründlich überarbeitet, aber das Wichtigste war: Meine Schreibphobie tauchte nach dieser Geschichte nie wieder auf. Ich habe von da an zahlreiche Artikel in Englisch verfasst.

Neid spielte doch eine Rolle in meinem Leben. Insofern hatte Dr. von Möllenhoff Recht gehabt. Kein Penis-Neid, aber eine Art «Britisch-Neid». Vielleicht habe ich deshalb einen Mann geheiratet, der «English» hieß. Was aber auch nichts nützte, denn Maurice war ja nicht Engländer, sondern Ire. Die Bedeutung von Namen…

Die Ursache meiner Phobie ist mir erst 1993 klar geworden, also vierundzwanzig Jahre später, nachdem ich sie los war. Zum ersten Mal seit meiner Sekretärinnen-Ausbildung arbeitete ich wieder in London. Dieses Mal kam ich als bekannte Therapeutin, die vor einer Reihe von Experten einen Vortrag hielt. Am Ende klatschte das Publikum begeistert, woraufhin ich scheinbar aus heiterem Himmel zu weinen anfing. Erst in dem Moment, als ich über meine seltsame Reaktion nachdachte – schließlich ist Applaus am Ende eine Vortrags nichts Ungewöhnliches – erschien plötzlich wieder jene Szene vor meinem inneren Auge, bei der mich die Schuldirektorin so arrogant abgewiesen hatte.

Eric Berne im Gespräch mit Fanita, Ende der 60er Jahre

Berne war sehr kompliziert: ein brillanter Theoretiker, ein ziemlich guter Therapeut, aber es war schwierig, sich mit ihm zu verständigen. Er verkörperte das Gegenteil von allen Kollegen, mit denen ich bis dahin zusammengearbeitet hatte. Die Analytiker benahmen sich ja sehr höflich zurückhaltend, diszipliniert, von sich überzeugt. Berne dagegen war eigentlich wie ein unmögliches, ungezogenes Kind, dem es Spaß machte, andere zu provozieren und zu ärgern. Dadurch kam es, dass die Dinge schlecht für ihn liefen.

Es war – in Bernes Terminologie – ein «Spiel», das ich später «They'll be sorry they kicked me» nannte. Zuerst provozierte er das Kind- oder Eltern-Ich seines Gegenübers, genau wie er das mit mir schon bei unserer ersten Begegnung getan hatte. Man wies ihn zurück, und dann wechselte er meistens vom rebellischen ins traurige Kind. Jetzt tat er einem leid; man entwickelte Schuldgefühle, und am Ende fühlten sich alle Beteiligten schlecht. Er bekam ein paar – wenn auch negative – Streicheleinheiten, sonst würde sich dieser Teil gar nicht halten. Aber das war ja nicht die Nahrung, die er brauchte, sein Kind-Ich wurde auf diese Weise nie satt.

Erst nach der Sommerkonferenz 1969 in Monterey habe ich diese Dynamik erkannt. Berne hielt ebenfalls einen Vortrag. Allerdings kam er erst an die Reihe, als die meisten Zuhörer bereits am Weggehen waren, um den einzigen Rückflug des Tages nach San Francisco zu erreichen. Er selbst hatte die Reihenfolge der Themen festgelegt und sich an den Schluss gestellt, obwohl zu erwarten gewesen war, dass die Zeit nicht reichen würde. Berne trug also seinen Text vor, und als er geendet hatte, war kaum noch jemand im Raum, und er ging traurig hinaus. Ich rannte hinterher und lobte ihn: «Dein Vortrag war ausgezeichnet.» Er reagierte überhaupt nicht und lief weiter. Jetzt schimpfte ich: «Dein Beitrag war wirklich sehr gut, ich will dir Strokes geben, aber du nimmst sie gar nicht an.» Da schaute er mich traurig an und antwortete: «Hättest du mir gesagt, dass ich gut aussehe, hätte ich dir zugehört.» Es tut mir heute noch leid, dass ich ihn nicht trösten konnte.

Ich habe Berne dann in einem Brief dieses Spiel ausführlich dargestellt – auch meinen Anteil daran –, es zusätzlich am Beispiel eines Alkoholikers erklärt und zuletzt geschrieben: «Ich bedaure, da mitgemacht zu haben, und ich wünsche deinem Kind-Ich, dass es ehrliche Bewunderung und Anerkennung annehmen darf.» Er hat auf diesen Brief nie geantwortet, aber meine Fallbeschreibung Anfang 1970 im Bulletin veröffentlicht. Kurz danach, noch im gleichen Jahr, habe ich dann mein Konzept von *Racket* und *Racketeering* entwickelt.

Gemeint ist der Komplex aus Ersatzgefühlen (Rackets) und dem damit zusammenhängendem Denken und Ersatzverhalten (Racketeering), das Fanita in der Kommunikation Ausbeutungstransaktionen nennt. Ausbeutungstransaktionen sind Äußerungen oder Verhaltensweisen, mit denen ich mich entweder als besonders hilflos oder dumm darstelle oder als besonders bestimmend oder belehrend, in der Hoffnung, vom Gegenüber dafür Anerkennung zu bekommen. Damit versuche ich das unbestimmte

Unbehagen zu kompensieren, das ich auf Grund meiner unausgedrückten echten Gefühle verspüre. In deutschen Übersetzungen werden für «Racket» und «Racketeering» häufig die Begriffe «Masche» und «Maschenverhalten» verwendet.

Bernes Verhalten war ein Ersatzverhalten. Nach außen signalisierte er: «Es macht mir nichts aus, wenn ihr mich zurückstoßt – im Gegenteil.» Aber dahinter versteckten sich Schmerz, Verletzlichkeit, Sehnsucht nach Wärme und Angst vor Weichheit. Sein Grundgefühl war, nicht liebenswert zu sein. Seine heimliche Rache war die Fantasie: «Aber ihr werdet das noch bereuen.» Mit seinem Verhalten «bewies» er, dass die Leute unfähig waren, ihn zu schätzen. Trotz seines Erfolges blieb er der kleine hässliche jüdische Junge in einer feindlichen Welt, einsam und hungrig nach Liebe, der keinen Weg fand, diesen Hunger zu stillen.

Berne, der ursprünglich Lennard Bernstein hieß, war in Kanada in der Nähe von Montreal unter Familien der gehobenen Mittelschicht aufgewachsen, die ihren Antisemitismus offen zeigten. Dazu gehörten Hotelschilder mit Aufschriften wie «Kein Zutritt für Hunde und Juden» und die Erfahrung, dass ihn die anderen Kinder verfolgten und drangsalierten. Mit elf Jahren verlor er seinen Vater. Seine Mutter musste sich und ihre beiden Kinder – er hatte noch eine ältere Schwester – mühsam durchbringen. Berne litt unter dem Verlust seines Vaters und wahrscheinlich unter der Tatsache, dass seine Familie nach dessen Tod so arm war, dass seine Mutter arbeiten musste. Und er litt darunter, dass ihn scheinbar niemand leiden mochte. Er versteckte sich hinter einer Fassade aus Prahlerei – vor allem mit seinem verstorbenen Vater, einem Arzt – und altklugen Sprüchen, mit denen er sich Ärger statt Anerkennung einhandelte.

Dazu kam, dass der erwachsene Berne tatsächlich nicht attraktiv aussah: Er hatte diese große Nase, Schnurbart und Brille, meistens eine Pfeife im Mund, keine gute Figur und keine angenehme Stimme. Darunter litt er sein Leben lang und daher rührte sein unstillbares Bedürfnis nach physischer Zuwendung. Auch unsere Auseinandersetzungen hingen damit zusammen: Er wollte Anerkennung für seine sexuelle Attraktivität, als Mann, und ich für meine Ideen und meine Kompetenz als Therapeutin. Zumindest Berne bekam von mir nicht das, was er brauchte.

Erst nach meinem Brief änderte sich unser Verhältnis, und allmählich nahm mich Berne auf fachlicher Ebene ernst. Wir korrespondierten viel und telefonierten gelegentlich. Noch im Frühjahr 1970 informierte ich ihn darüber, dass ich eine neue Theorie entwickelt hätte, nämlich die über *Rackets*, die ich in einem ausführlichen Beitrag für sein Journal vorstellen wollte. Wir planten, uns nach der nächsten TA-Konferenz zu treffen und das zu besprechen. Er wiederum schickte mir einige Kapitel seines letzten Buches: «Was sagen Sie, nachdem Sie guten Tag gesagt haben?», in denen es hauptsächlich um das Thema Skript ging, und wollte meine Meinung wissen. Das Manuskript lag dem Verlag schon vor, musste aber noch an vielen Stellen überarbeitet werden. Und dann passierte im Sommer 1970 das Entsetzliche: Einen Monat vor der nächsten TA-Konferenz in Monterey kam Berne nach einem Herzinfarkt ins Krankenhaus und starb.

Das war eine Tragödie, denn Berne war ein Genie, und das, was er entworfen hatte, war genial, aber es war noch nicht fertig. Die TA war gerade dabei, sich zu entfalten und zu entwickeln, und viele unserer Probleme heute rühren daher, dass Berne keine Gelegenheit hatte, seine Arbeit noch eine Weile weiterzuführen.

Trotz Bernes Tod fand die geplante TA-Konferenz in Monterey statt. Ich fuhr hin, weil ich Kupfer sehen wollte und dessen Frau, mit der ich sehr befreundet war. Aber unser Treffen war der nächste Schock. Kupfer hatte Bauchspeicheldrüsenkrebs. Ich wusste davon, aber ich war nicht darauf vorbereitet, dass es ihm inzwischen so schlecht ging. Ich habe ihn nicht wiedererkannt. Er war paranoid geworden, sein Gehirn war schon geschädigt. Kupfer starb kurze Zeit später. Ich hätte so gern mit ihm zusammen die Arbeit Bernes fortgesetzt, und ich vermisste ihn sehr als einen wunderbaren Menschen und Mentor.

Perls' «Heißer Stuhl»

Seit ich die Transaktionsanalyse kenne, arbeite ich hauptsächlich mit TA-Methoden und mit meinen eigenen Konzepten. Aber ich bin auch Gestalttherapeutin. Zu der Zeit, als ich in Carmel war, hörte ich zum ersten Mal von Perls. Jemand sagte mir: «In Esalen ist doch dieser phantastische Fritz Perls – du solltest ihn dir anschauen.» Esalen liegt nicht weit von Carmel. Ich bin für fünf Tage zu einem Workshop hingefahren, und es hat mir sehr gefallen. Mein Fehler war, dass ich, als ich zurückkam, Berne voller Enthusiasmus davon erzählte und ihm vorschlug: «Ihr solltet unbedingt etwas zusammen machen!» – Das war noch vor meiner TA-Prüfung gewesen. Und Berne entgegnete ganz streng: «Du musst dich entscheiden zwischen Gestalt und TA, beides zusammen geht nicht.» Er lehnte die Gestalttherapie genauso ab wie die Psychoanalyse.

Perls war ein ganz anderer Mensch als Berne: Wie eine knorrige alte Eiche, ein «grumpy old man», sehr arrogant, vielleicht weil so viel rebellisches Kind in ihm steckte. Er war viel im Eltern-Ich, sehr autoritär und selbstsicher, aggressiv, mit einem starken Ausdruckstrieb und einer genialen Intuition. Das bedeutet, dass er manchmal wunderbar war und manchmal schrecklich wie viele große Künstler.

Perls war ebenfalls ausgebildeter Psychoanalytiker. Er stammte wie Kupfer aus Deutschland und war zunächst nach Südafrika geflüchtet. Dort hatte er angefangen, psychoanalytisch zu arbeiten und seine eigenen Ideen zu entwickeln. Von dort aus war er einmal nach

Frederick Perls, 1893–1970

Wien gekommen, noch vor 1938, bevor Freud wegen der Nazis Österreich verlassen musste: Er war überzeugt, dass Freud ebenso von seinen Ideen begeistert sein würde wie er selbst. Er klingelte an der Tür, Freud öffnete, und Perls stellte sich vor und erzählte von seiner Arbeit. Freud hörte zu und sagte zum Schluss nur: «Dankeschön. Auf Wiedersehen.» Das hat ihm Perls nie verziehen.

Perls verließ dann Südafrika und kam nach Amerika. Zunächst sprach er kaum Englisch. Er kannte zwar zum Beispiel drei Wörter für Scheiße – chicken-shit, bull-shit und elephant-shit – die benutzte er gern. Aber das reichte natürlich nicht, um psychoanalytisch zu arbeiten. Deshalb hat er eine Methode mit sehr wenig Vokabular entwickelt. Auch seine therapeutische Technik war neu: Im «Hier und Jetzt» bleiben, wie man es auch in der TA macht, schnell auf den Punkt kommen und die Arbeit mit dem «Heißen Stuhl». Vor allem dadurch ist er berühmt geworden.

In der ursprünglichen Gestalttherapie nach Perls interpretiert man nicht. Der Klient sitzt auf dem «Heißen Stuhl» (d. h. im Zentrum der Aufmerksamkeit der Gruppe) vor ihm ein leerer Stuhl, auf dem er sich zum Beispiel seinen Vater oder seine Mutter vorstellt oder Teile seines Selbst. Er redet mit diesen «Personen», und meist dauert es nur kurze Zeit, bis er zu weinen oder zu schreien beginnt. Und am Ende kommt der Moment, wo ihm etwas einleuchtet. Man sieht das an seinen körperlichen Reaktionen, sie verändern sich, genau wie sich auch psychisch irgendetwas verändert hat – aus Weinen oder Wut wird zum Beispiel ein Lächeln – anders als in der Analyse, wo man lange abwarten und leiden muss, bis ein Aha-Erlebnis entsteht, und bei der man nicht sicher sein kann, dass das überhaupt geschieht. Ich habe jedenfalls nie eins gehabt in all den Jahren.

Über Perls kursierten viele Gerüchte, und ein Teil davon stimmte: Zum Beispiel ist der Weg nach Big Sur, wo er damals lebte und arbeitete, sehr gefährlich. Er führt eine Steilküste entlang hoch über dem Pazifik. Das heißt, wenn man von Big Sur abfährt, muss man unbedingt aufmerksam und konzentriert sein. Es gab damals zwei oder drei Unfälle und einen Suizid, die man auf die Tatsache zurückführte, dass diese Leute kurz vorher bei Perls Gestalttherapie gemacht hatten. Das ist auch gut möglich. In der Gestaltarbeit öffnet man ein Problem, und dann wird es vielleicht ganz oder zum Teil gelöst. Aber danach kann das Ich-System zunächst so wackelig sein, dass man nicht unbedingt sofort ins Erwachsenen-Ich zurückgehen kann, wo man sich richtig einschätzt und vorsichtig ist.

Perls hat fantastisch gearbeitet, aber in der ersten Zeit keine Grenzen gesetzt. Erst später, bei uns zum Beispiel in der Ausbildungsgruppe in Chicago, hat er Regeln aufgestellt, etwa dass sich ein Klient nach der Gestaltarbeit ausruhen und nicht gleich Auto fahren soll. Aber zu der Zeit war das noch nicht so.

Perls begann dann, in New York und Chicago zu arbeiten. In Chicago haben wir damals auch ein Gestalt-Institut gegründet. Eine Freundin und Kollegin hatte es organisiert, dass Perls einmal im Monat dorthin kam.

Wir waren eine kleine Gruppe, etwa zwölf Personen, und die Ausbildung bestand darin, dass einer von uns als Klient mit ihm arbeitete und die anderen als Beobachter dabei waren. Danach haben wir darüber geredet, was Perls nach einer Therapie nie mit einem Klienten gemacht hat, niemals, und was er auch uns strengstens verbot.

Dadurch bin ich übrigens in Chicago bekannt geworden. Perls wusste, dass ich Transaktionsanalytikerin bin, und er hat gern gestichelt: «Warum bringst du immer dein Eltern-Ich mit? Ich dachte, du wärst erwachsen. Und was sagt dein Kind-Ich dazu?»

Eines Tages hatten wir einen großen Workshop in Chicago vorbereitet. Unsere Gruppe saß wie gewöhnlich in der ersten Reihe, hinter uns das Publikum, Hunderte von Leuten. Es fanden sich immer wieder Freiwillige, die nach oben auf das Podium gingen und mit dem «Leeren Stuhl» arbeiteten. Einmal war es ein junger Mann, und seine Therapie verlief ziemlich intensiv. Danach passierte Folgendes: Der Klient setzte sich wieder hin, und jetzt kamen Fragen von den Zuschauern an Perls, der natürlich inzwischen besser Englisch sprach. Ausnahmsweise war er an diesem Tag bereit zu antworten. Er erklärte einiges über den Fall und über seine Vermutungen und Gedanken. Während dieser Zeit schaute ich mir den jungen Mann an, der höchst aufmerksam zuhörte. Das war ja einer der Streitpunkte zwischen Perls und mir. Er hatte immer gesagt: «Man darf einem Patienten nichts erklären», und ich habe widersprochen: «Doch, in der TA erklärt man, das hilft.»

Ich sprach also den jungen Mann laut an und fragte ihn: «Hat es Ihnen etwas genützt, was Dr. Perls eben erklärt hat?» Und der strahlte: «Ja.» Ich wusste, dass ich etwas Schlimmes getan hatte. In dem Augenblick ergriff Perls den Stuhl neben sich, hob ihn hoch und warf ihn zu mir herunter. Ich hatte das kommen sehen und mich sofort auf den Boden geworfen. Der Stuhl ist tatsächlich auf meinem Platz gelandet. Ich blieb in Deckung, etwa eine halbe Minute, bis Perls sich wieder setzte. Dann kroch ich aus meinem Versteck und setzte mich ebenfalls. Perls sagte nichts, ich sagte nichts. Perls arbeitete weiter. Es war unglaublich, wie oft ich in den folgenden Wochen überall auf diesen Vorfall angesprochen wurde, sogar von fremden Leuten auf der Straße. Niemand hatte verstanden, warum er den Stuhl geworfen hatte, aber ich kannte den Grund.

Grumpy Old Man

Perls war sehr konfrontativ, sehr ehrlich, nie taktvoll. Mitten in einer Therapie konnte er sagen: «Du langweilst mich, wir kommen nicht weiter, ich will dein mindfucking nicht mehr hören, geh woanders hin.» Oder er schickte jemanden einfach weg: «Du bist giftig. Ich arbeite nicht mit dir.» Er konfrontierte seine Klienten schonungslos mit ihren Versuchen, sich abhängig zu machen – also mit ihren Ausbeutungstransaktionen; für manche war das gut, für manche sehr schlimm.

Am besten hat er mit Überanpassung gearbeitet, damit hat er die Leute gut aus der Reserve gelockt. Sie bekamen einen Wutausbruch und erkannten: «Ich muss mir das nicht mehr gefallen lassen.» Sie sind dann zu drei Zuschauern gegangen und haben den Satz wiederholt, bekamen Applaus, waren scheinbar geheilt. Das hat tatsächlich in manchen Fällen geklappt, vor allem wenn Perls selbst der Therapeut war. Aber der Gestalttherapie wurde vorgeworfen, und ich würde das bestätigen, dass die schnellen Erfolge, die sie manchmal brachte, nicht immer von Dauer waren.

Es war fast unmöglich, zu Perls außerhalb einer therapeutischen Situation persönlichen Kontakt zu bekommen. Im Gegensatz zu Berne wollte er absolut nichts von einem wissen. Er war nicht interessiert, er schien schon alle Antworten zu kennen. Man konnte ihn auch nicht jederzeit ansprechen. Bei Tisch wollte er zum Beispiel essen und nichts hören. Er hatte die Haltung: Ich gehe meinen Weg, du gehst deinen, wie in seinem Gestaltgedicht. Ich halte das für übertrieben, mir ist das zu einsam und zu rebellisch, aber es entspricht seiner Pathologie oder Persönlichkeit. Nur wenn man sein Patient war, wenn man ihm gegenüber auf dem Stuhl saß, dann war er plötzlich aufmerksam, hat eine intensive Verbindung hergestellt und jede Kleinigkeit mitbekommen. Aber danach war jeder Kontakt beendet. Ich glaube, er konnte sich schon eine Stunde später nicht mehr erinnern, worum es ging, es war wie weggewischt. Das habe ich teilweise als Modell für mich als Therapeutin übernommen. Ich vergesse die Gesichter ehemaliger Kursteilnehmer oder Klienten ziemlich schnell, manchmal weiß ich schon nach einer Minute nicht mehr, ob der Betreffende einen Bart oder eine Brille trug. Aber beim ersten Stichwort fällt mir auch nach Jahren sofort die «Gestalt» des ganzen psychologischen Problems wieder ein.

Perls war einsam, und er wusste das. Einmal hat er in unserer Ausbildungsgruppe selbst mit dem «Leeren Stuhl» gearbeitet. Er beschimpfte den aggressiven, rücksichtslosen Teil seiner Person: «Du hast ja selbst Schuld, du stößt jeden weg, dich kann man ja gar nicht mögen.» Und dann hat er versucht, sich mit dem anderen, dem liebebedürftigen Teil seiner Person zu verteidigen. Aber es gab keine Lösung. Die Szene endete damit, dass seine weiche Seite schließlich resignierte und sagte: «Also bist du verurteilt, immer allein zu sein.» Und der andere Teil hat geantwortet: «Ja, das muss ich akzeptieren.» Uns kamen die Tränen, so traurig waren wir, aber selbst da durften wir nichts sagen.

Fritz Perls bei seinem letzten Workshop

Perls hat viel Zen praktiziert. Ich denke, das hat ihn davor bewahrt, verrückt zu werden. Durch das Meditieren konnte er vollkommen abschalten. Zum Beispiel sollte er in einer Fernsehsendung live auftreten. Er setzte sich auf seinen Platz, schloss die Augen und bewegte sich nicht mehr. In wenigen Minuten sollte die Sendung beginnen. Die Kameraleute wurden allmählich nervös, aber der alte Mann schlief offensichtlich, er schnarchte sogar ein wenig. Wir kannten ihn ja und haben gesagt: «Weckt ihn erst eine halbe Minute vorher.» Sie hielten sich daran, und er war dann sofort total präsent, machte seine Arbeit hervorragend. Danach schlief er gleich wieder ein.

Perls besaß eine gewisse Macht. Man hatte Respekt, beinahe Angst vor ihm. Er hatte einige Leute um sich, die ihn idolisierten und die er wie Dienstboten behandelte. Sein Benehmen aber war unmöglich, und viele fanden ihn abstoßend. Einmal zum Beispiel hatte unsere Gruppe ihn zum Abendessen in ein vornehmes Restaurant eingeladen. Wir waren etwa zehn Personen und hatten reserviert. Perls kam an wie ein Zigeuner in seiner typischen Hippie-Aufmachung. Aber wir waren in Chicago und nicht in Kalifornien; hier war man sehr formal und überhaupt nicht locker. Am Eingang des Lokals sprach ihn der Empfangschef an: «Entschuldigen Sie, so kann ich Sie nicht hereinlassen, Sie brauchen Anzug und Krawatte.» Wir versuchten zu vermitteln und erklärten: «Das ist der bekannte Dr. Perls aus Kalifornien.» Der Mann lenkte ein, holte für Perls eine Krawatte und bat ihn, wenigstens diese umzubinden. Aber Perls lehnte ab und verließ das Lokal, wir alle hinterher. Es gab kein anderes Restaurant in der Nähe, der Abend war verdorben.

Die Gestalttherapie hat mir persönlich sehr geholfen. Perls war als Therapeut ein Genie. Ich erinnere mich an eine Geschichte mit Eugène Ionesco, dem berühmten französischen Schriftsteller: Ich war 1967 für einen Monat in Paris, in dem Jahr, als mein Mann dort lebte, es war gegen Ende seines Aufenthalts. Maurice hatte sich mit Ionesco angefreundet und ihm von mir erzählt. Ionesco stammte wie ich aus Rumänien, sprach ebenfalls Französisch und wollte mich unbedingt kennenlernen. Wir hatten kaum «Hallo» gesagt, als Ionesco schon anfing: «Sie sind die einzige Person, die mir helfen kann. Ich kann den Gedanken nicht ertragen, dass ich jetzt, wo ich endlich Erfolg habe, alt bin und nicht mehr lange leben werde. Ich habe so schreckliche Angst vor dem Sterben, lieber bringe ich mich um...» Ich versuchte ihn zu stoppen und ihm klarzumachen, dass eine Therapie länger dauern würde. Aber er war in Panik und hörte nicht auf zu klagen. Ich empfahl ihm, zu einem guten Psychiater in Paris zu gehen, was er ablehnte – er habe Angst vor der Psychiatrie. Dann bestürmte er mich weiter. Leider fühlte ich mich sehr geschmeichelt und sah mich schon in der Rolle der Retterin. Daher bot ich ihm schließlich an, eine Party zu geben und dazu einen Psychiater, mit dem ich befreundet war, einzuladen, damit Ionesco ihn unauffällig kennenlernen und seine Angst verlieren könne.

Der Abend kam, Ionesco war früher gekommen als die anderen Gäste. Er drängte mich wieder, ich solle seine Therapeutin werden. Ich wusste, dass das nicht gut gehen könnte, wollte ihm aber auf jeden Fall helfen. Die ersten Gäste trafen ein, Ionesco war sehr unruhig und versteckte sich zuletzt hinter dem großen Kachelofen, den es in dem Raum gab. Der Psychiater war immer noch nicht da, schließlich erschien er. Ich ging also hinter den Kachelofen und versuchte Ionesco dazu zu bewegen herauszukommen. Doch der weigerte sich: «Ich kann nicht.» Ich dachte: «Es ist ja der berühmte Ionesco» und setzte mich fünf Minuten zu ihm. Das ging dann immer so weiter: Ich lief zwischen ihm und den Gästen hin und her, bis alle wieder gegangen waren. Ionesco hatte sein Versteck nicht verlassen. In den nächsten Tagen habe ich ihn noch ein paar Mal so verzweifelt getroffen, ohne dass ich an der Situation etwas ändern konnte, bis mein Mann und ich schließlich abreisen mussten.

Zurück in Chicago hatte ich plötzlich schreckliche Angst zu sterben, eine unglaublich starke Angst mit Albträumen und allem. Damals erkannte ich nicht, dass ich von Ionesco eine «Heiße Kartoffel» übernommen hatte. Meine Therapie verlief folgendermaßen: Perls und ich saßen nebeneinander. Er hatte uns immer verboten, dass man ihn anschaute, wenn er mit einem arbeitete. Ich fing also an zu erzählen. Perls unterbrach mich im Befehlston: «Schau mich an.» Ich wusste, das war nicht erlaubt: «Aber du hast gesagt, wir dürfen nicht…» Er: «Aber jetzt sage ich dir: Schau mich an!» Ich gehorchte. Er sah mir in die Augen, und dann forderte er mich auf: «Sag zu mir: Fritz, du wirst sterben.» Ich: «Das kann ich nicht!» Perls fragte: «Wieso nicht? Ich befehle dir, es zu sagen!» Also sagte ich: «Fritz, du wirst sterben.» Er: «Nein, lauter!» Ich wiederholte die Worte noch ein paar Mal, zuletzt schrie ich: «Fritz, du wirst sterben!» Und plötzlich fing ich an zu weinen. «Warum weinst du?», fragte er sarkastisch. «Weil du sterben wirst und ich auch und wir alle», schluchzte ich. «Ja», bestätigte er ernst, «das stimmt. Ich werde sterben und du wirst auch sterben. Mach jetzt eine Now-Übung.» Und dann beendete er die Sitzung:

«Okay, fertig.» Ich protestierte: «Wir haben doch mein Problem noch gar nicht bearbeitet.» «Raus», sagte er, «der Nächste.» Und am nächsten Morgen merkte ich zu meinem Erstaunen, dass ich gut und ohne Albträume geschlafen hatte. Perls hatte mich mit meiner nutzlosen Angst konfrontiert, erst gefühlsmäßig und dann mit dem Verstand – ich war wieder bei mir, ohne dass er irgendetwas erklärt hatte.

Ich an seiner Stelle hätte schon gefragt: «Wie ist das entstanden? Was war los?» Er fragte nichts. Er sah, dass ich irgendetwas übernommen hatte, irgendeine Angst vor dem Sterben, ihm war egal wie und warum. Er sah auch, dass ich übertrieb. So zwang er mich, diese Angst wieder und wieder auszusprechen und blieb dabei mit mir in Augenkontakt – und plötzlich hatte mein Symptom keine Bedeutung, keinen Sinn mehr, es verschwand. Die Now-Übung am Schluss war ein Teil der Heilung – ich spürte wie ein Kind, dass ich in diesem Moment lebte und mir keine Sorgen über die Zukunft machen musste.

Typisch für Perls war auch, dass er sich nie kontrollieren lassen wollte, bis zu seinem Tod. Er reiste ja jetzt einmal im Monat nach New York, nach Cleveland, dann nach Chicago und von dort zurück nach Esalen. Bei einer dieser Reisen, auf dem Rückweg, bekam er in Chicago plötzlich eine Gallenblasenentzündung und musste sofort ins Krankenhaus.

Es war ein Wochenende, ich weiß es noch genau. Unsere Gruppe wollte sich ab Sonntag Mittag wieder mit ihm treffen. Ich selbst hatte vorher ein Seminar, auf dem ich erfuhr, dass er erkrankt war. Es war niemandem klar, dass er im Sterben lag. Alle glaubten, er würde sich wieder erholen. Ich bin nicht mehr dazu gekommen, zu ihm in die Klinik zu gehen, aber viele Freunde und Kollegen waren dort. Sie erzählten von seinen letzten Minuten: Perls war für einen Moment allein im Zimmer gewesen und hatte sich aufgesetzt. Das durfte er nicht. Eine Krankenschwester versuchte ihn zu beruhigen und dazu zu bewegen, dass er sich wieder hinlegte, aber Perls weigerte sich: «Mir befiehlt man nichts!» und starb.

An diesem Sonntag Nachmittag bin ich dann zu unserem Ausbildungsort «Oasis» gegangen. Ich dachte, dass vielleicht noch einige andere zum Trauern kommen würden. Und tatsächlich waren schon mehrere Menschen da. Sie saßen im Kreis auf dem Boden, wie bei einer Zen-Meditation. Ich habe mich dazugesetzt, niemand sprach. Immer mehr Leute kamen und schlossen sich uns an. Wir schwiegen eine lange Zeit. Und dann plötzlich platzte ein älterer Mann, dem Perls sehr geholfen hatte und der ihn überaus bewunderte, zornig heraus: «The bastard!» Danach hat jeder von sich und Perls erzählt. Es war wie in der Gestaltarbeit: voller Zorn und voller Liebe.

Harry Segenreich hilft weiter

Ab 1967 habe ich in Chicago fast nur noch mit der Transaktionsanalyse und mit Gruppen gearbeitet. Mit dem Effekt, dass meine Klienten bald ihre Therapie erfolgreich beendeten. Vom Psychoanalytischen Institut schickte man mir keine neuen Patienten mehr, da man gehört hatte, dass ich mit Gruppen arbeitete. Nun hatte ich nicht mehr genügend Klienten.

Eines Tages besuchte ich eine Party. Viele der Gäste waren Psychoanalytiker. Bei einem von ihnen, er hieß Harry Segenreich, war ich schon mehrfach zur Fallberatung gewesen, jetzt, nachdem ich TA kannte, kam ich allerdings nicht mehr. Als wir uns begrüßt hatten, lächelte er etwas ironisch und fragte: «Wie geht's?» Ich antwortete: «Mir geht es sehr gut, aber meine Praxis geht schlecht.» Er spottete weiter: «Natürlich, wenn ihr da jetzt so eine schnelle Wundertherapie macht… Aber da du so großartig bist: Ich könnte dir einen Patienten schicken, den ich in die Psychiatrie einweisen lassen will, weil er suizidal ist.» Ich war einverstanden: «Oh danke, ruf mich morgen an!» Am nächsten Tag meldete er sich und entschuldigte sich: «Tut mir leid wegen gestern Abend, ich habe mich etwas vorbeibenommen, ich hatte zu viel getrunken…» Ich unterbrach ihn: «Okay, aber ich hatte nicht zu viel getrunken – also was ist mit diesem Patienten?» Er, ganz erschrocken: «Nein, nein, das geht wirklich nicht. Du bist verrückt, wenn du ihn nimmst. Er wird sich umbringen, und das wird dir dann angelastet.» Schließlich überzeugte ich ihn doch. Er schickte mir diesen Patienten und, ehrlich gesagt, der Mann war überhaupt nicht selbstmordgefährdet. Seine Suiziddrohungen waren ein *Ersatzverhalten*. Er kam in meine Gruppe, und es ist ihm nach kurzer Zeit schon sehr viel besser gegangen.

Der Ausstieg aus dem Muster von Ersatzgefühl und Ersatzverhalten geschieht dadurch, dass der Betreffende seine unter dem Ersatzgefühl liegenden echten Empfindungen wahrnimmt und ausdrückt. Dadurch erfährt er, dass sie nicht gefährlich sind. Er muss dann auch den Unterschied lernen zwischen Fühlen, Sich-Ausdrücken, Denken und Agieren.

Einige Monate später rief Harry erneut an. Da war er nicht mehr sarkastisch, sondern bot mir wieder einen schwierigen Patienten an, auch jemanden, den er für suizidal hielt. Selbstverständlich wollte ich ihn behandeln, und das passierte noch ein paar Mal, sodass ich schließlich in einer Gruppe mehrere Leute mit einer ähnlichen Dynamik hatte. So ist auch ein weiterer Teil meiner Theorie entstanden: Mir war klar, dass diese Patienten alle Menschen vom Typ 1 waren. Sie drohten aus dem Kind-Ich, das war ihre Methode, ihre Umgebung zu manipulieren. Aber es bestand keine wirkliche Suizidgefahr, höchstens wenn es der Zufall gewollt hätte. Eine Typ-2-Persönlichkeit dagegen würde nie Selbstmordabsichten ankündigen, sondern sie gleich in die Tat umsetzen.

Bei einem Menschen vom Typ 1 besteht eine andere Gefahr, nämlich dass er von seiner Hilflosigkeit in eine extrem gewalttätige Position wechselt: Beispiel dafür sind die jugendlichen Amokläufer an einigen Schulen in den USA und in Deutschland, die Mitschüler und Lehrer erschossen haben. Es waren immer Jungen, die bis dahin als unauffällig und angepasst galten und scheinbar völlig überraschend zu Mördern wurden, weil sie nicht genügend Beachtung erhielten und keine Möglichkeit für ihren Ausdruckstrieb fanden.

So hat meine Praxis schließlich doch begonnen zu wachsen. Es kamen mehr und mehr Klienten mit ganz unterschiedlichen Problemen.

Damals habe ich außerdem eine Zeit lang im Elgin State Hospital in der Nähe von Chicago mit psychotischen Patienten gearbeitet. Ich benutzte das gleiche Verfahren wie Berne: Er saß mit den Patienten in einem Innenkreis, darum herum standen die Stühle für das Klinikpersonal und die Trainees. Wenn die Therapie beendet war, wurden die Plätze getauscht; dann besprach Berne die Sitzung mit den Mitarbeitern. Das

Revolutionäre daran war: Die Patienten konnten zuhören, sie erfuhren, was man über sie dachte. Zuerst hatte ich Bedenken, dass es ihnen schaden könne. Während meiner Ausbildung an der Sorbonne hatte ich in einem psychiatrischen Krankenhaus, in dem wir regelmäßig hospitierten, erlebt, wie man die Patienten regelrecht vorführte, wie einen Gegenstand – eine entwürdigende Prozedur. Der Psychiater machte das mit der ganzen Macht seiner Autorität, der Patient blieb völlig passiv und schutzlos. Aber bei Berne war es anders: Man diskutierte in der Gruppe, es gab verschiedene Meinungen und kein autoritäres Urteil, und die Patienten konnten sich am Ende der Sitzung zu Wort melden. Diese Methode wandte ich auch im Elgin State Hospital an, und es geschah etwas Unerwartetes: Durch die Gespräche und Diskussionen entwickelten Ärzte, Pfleger und Schwestern plötzlich echtes Interesse an den Patienten, was sich in ihrem Verhalten zeigte: Sie wurden freundlicher und aufmerksamer, und die Patienten erhielten viel mehr Strokes. Ich denke, das war der Hauptgrund für die Heilungserfolge, nicht meine Therapie.

Für die Sitzungen im Elgin State Hospital hatte ich eine strenge Regel aufgestellt: Wer von den Patienten mehr als dreimal fehlte, musste die Gruppe verlassen, außer wenn er körperlich schwer erkrankt war. Die Teilnehmer hatten schon dadurch viel mehr Verantwortung als sonst im Klinikalltag üblich. Außerdem waren unsere Sitzungen so spannend, dass immer mehr Zuschauer kamen, sogar der Oberarzt erschien regelmäßig, und einmal bat sogar der Koch, zuhören zu dürfen: Das war praktisch, weil wir an dem Tag gleich besprochen haben, was die Leute gern essen.

Die Patienten kamen aus den verschiedenen Abteilungen der Klinik. Einen von ihnen, Stanley, mochte ich besonders. Stanley redete ununterbrochen. Der Grund war: Er hatte oft mit Studenten in psychoanalytischer Ausbildung zu tun, die ihm Strokes gaben, wenn er viel erzählte. Außerdem ging es bei ihm meistens um Sexualität – die Studenten waren begeistert.

Jetzt war er also in meiner Gruppe und redete wieder die ganze Zeit. Ich versuchte ihn zu stoppen, erst mit Worten, dann habe ich seine Hand genommen, zuletzt habe ich mich auf seinen Schoß gesetzt und ihm den Mund zugehalten, damit die anderen auch zu Wort kamen. Das ist nicht TA-Therapie, aber es nützte. Stanley protestierte nämlich: «Das reizt mich sexuell zu sehr, was du da machst.» Also habe ich mich wieder neben ihn gesetzt und ihm einen Kontrakt vorgeschlagen: «Du darfst reden, wenn ich die Hand hebe, sonst nicht. Bist du damit einverstanden?» Er stimmte zu und hielt sich an die Vereinbarung.

Das war für Stanley der Beginn von weiteren positiven Schritten, in der Gruppe und in der Klinik. Aber nach einigen Monaten kam er eines Tages an und sagte: «Ich bin wütend auf dich.» «Warum?», fragte ich. «Wenn ich noch mehr Fortschritte mache, werde ich entlassen. Aber zu Hause wartet meine Frau auf mich, und ich muss wieder arbeiten. Das will ich nicht. Ich komme nicht mehr in die Gruppe.» «Na gut», erwiderte ich, «du kennst ja die Regel.» Stanley erschien also zweimal nicht. Zu der dritten Sitzung kam ich zu spät. Es hatte geschneit, so heftig, wie es nur in Chicago schneien konnte. Ich war stundenlang unterwegs gewesen, hatte auch noch eine Panne mit dem Auto gehabt und kam ganz abgehetzt an, etwa fünfzehn Minuten nach dem üblichen Beginn. Es war eine besondere Sitzung, denn man wollte über meine Arbeit einen Film drehen, und ausgerechnet für diesen Tag war ein Kamerateam bestellt. Ich rannte also fast den Weg vom Parkplatz zum Gruppenraum. An der Tür stoppte ich und sah: Der Raum war in gleißendes Licht getaucht, und die Teilnehmer hatten bereits alle Platz genommen. Auf meinem Stuhl saß der leitende Psychiater, und dazwischen liefen noch die Kameraleute hin und her. Durch die vielen Lampen war es sehr heiß. In dem Moment entstand an der Tür ein kleiner Krawall. Jemand wollte herein, andere versuchten ihn daran zu hindern. Es war Stanley. Er hielt einen schweren Aschenbecher in der Hand und war in diesem Moment im Begriff, ihn auf den Klinikchef zu werfen. Ich schrie «Stanley, nicht!» Er blickte zu mir und erstarrte mitten in der Bewegung. Einen Augenblick sah es aus, als ob er den Aschenbecher auf mich werfen wollte, aber dann, ganz langsam, nahm er den Arm herunter, schaute mich an und sagte verwundert: «Du bist genauso erschrocken wie ich.» «Ja», antwortete ich. Wir sahen uns weiter an, beide mit Tränen in den Augen. Das war einer dieser Momente, die Berne «Intimität» nennt, wenn zwei Menschen im Kind-Ich sind und für einen Augenblick genau das Gleiche fühlen und erleben. Das muss nicht unbedingt Freude oder Glück sein; bei uns war es ein tiefes Erschrecken.

Dieses Erlebnis brachte für Stanley den Durchbruch. Er ist doch wieder in die Gruppe gekommen, und wir konnten jetzt offen über seine Ängste, Wünsche und Möglichkeiten sprechen. Ich glaube, er blieb dann in dieser Klinik, aber er fand einen ganz guten Job dort und war zufrieden. Leider klappte es mit anderen Fällen nicht so gut. Man erlebt auch Misserfolge, wenn man gegen sehr tief liegende schädliche Überlebensschlussfolgerungen angeht. Bei Psychotikern spielen allerdings auch organische Ursachen mit, und man braucht zur Behandlung tatsächlich manchmal Medikamente.

Neben meiner Praxis und dem Vertrag mit dem Elgin State Hospital fing ich an, TA- und Gestaltkurse auch außerhalb Chicagos in anderen Städten abzuhalten. In Chicago selbst begann ich außerdem mit Marathons. Das waren Gruppen, die ohne Pause von Freitag bis Sonntag Abend dauerten. Man schlief nur zwischendurch ein paar Stunden im Schlafsack. 1968 erhielt ich einen Lehrauftrag zum Thema Gruppentherapie an der Universität von Chicago. Es war gerade der Höhepunkt der Studentenproteste, es gab Streiks und Besetzungen. Zu meinem Kurs kamen die Studenten trotzdem, das Thema hat sie wirklich interessiert. Glücklicherweise blieben uns gewaltsame Auseinandersetzungen, wie sie viele andere Universitäten erlebten, erspart. Der damalige Dekan reagierte besonnen und verhinderte, dass die Polizei das Gelände betrat.

Okay, aber bitte erwachsen!

TA wurde jetzt in Amerika sehr schnell bekannt, auch durch das Buch von Harris, «Ich bin okay – du bist okay», das seine Frau geschrieben hat und das 1969 erschien. Es wurde nach Bernes Tod zur TA-Bibel, leider, denn meiner Meinung nach ist es zu populärwissenschaftlich und vereinfachend. Ich habe mich in einem Aufsatz zu dem Thema geäußert, den ich ursprünglich «Ich bin okay, du bist okay – nüchtern» nennen wollte. «Nüchtern» meinte ich im Sinn von «sachlich», es war keine Anspielung auf Harris, obwohl ich ihn kannte und wusste, dass er reichlich Alkohol trank.

Nach Auffassung der TA entwickeln kleine Kinder eine Grundwertvorstellung von sich und von anderen. Sie glauben entweder, dass sie selbst und andere Menschen in Ordnung sind, also okay, und das heißt liebenswert und wertvoll. Oder sie sind überzeugt, dass sie selbst und andere Menschen nicht in Ordnung sind, nicht-okay, sondern unzuverlässig, dumm, brutal. Kinder leiten diese Grundpositionen aus der Art und Weise ab, wie sie zum Beispiel von der ersten wichtigen Bezugsperson, meistens der Mutter, behandelt wurden. Insgesamt gibt es vier Grundpositionen, wobei die negativste die «Ich-bin-nicht-okay-und-Du-bist-nicht-okay-Position» ist. Ein Mensch mit einer solchen Haltung wird vielleicht kriminell oder bringt sich um. Die positivste Position ist, wenn ein Mensch sich und andere als okay ansieht. Von Fanita stammt die Idee einer stufenweisen Entwicklung der jeweiligen Grundhaltung und einer fünften, sehr pragmatischen Position, nach der ein Mensch sich mit sich selbst auseinander setzt und sich entwickelt, so gut er kann, nicht um perfekt zu werden, sondern menschlich reif.

Auch ihre Typisierung von Typ 1 und Typ 2 (untersicher und übersicher) hängt mit der jeweiligen Grundposition eines Menschen zusammen. Untersicher heißt, ich erlebe mich als nicht-okay, den anderen aber als okay, übersicher bedeutet das Umgekehrte, und dementsprechend verhalte ich mich.

Einige meiner Trainees hatten Harris auf meinen Artikel angesprochen. Er war noch nicht veröffentlicht. Harris kannte zwar den Inhalt nicht, fühlte sich aber wegen des Titels beleidigt und reagierte ziemlich spitz: «Ich finde, Leute, die nach Amerika eingewandert sind, sollten erst einmal die Sprache richtig sprechen. Diese Zsa Zsa Gabor hat einen unmöglichen Akzent.» Zsa Zsa Gabor war damals eine bekannte Schauspielerin, sie stammte zwar nicht wie ich aus Rumänien, sondern aus Ungarn, aber man hörte sofort, dass sie keine gebürtige Amerikanerin war, genau wie bei mir. Auf der nächsten TA-Konferenz saß Harris wie immer an der Bar, ich setzte mich neben ihn und fragte beiläufig: «Wie ich höre, gefällt Ihnen meine Aussprache nicht.» Er sah mich an: «Woher wissen Sie das? Aber wie ich höre, gefällt Ihnen mein Buch nicht.» Ich widersprach: «Das stimmt nicht ganz. Ich sehe nur einen Punkt kritisch, und dazu habe ich etwas geschrieben. Aber ich werde den Titel ändern. Statt ‹Ich bin okay, du bist okay – nüchtern› soll er jetzt heißen ‹Ich bin okay, du bist okay – erwachsen.› Das klingt besser, nicht wahr?» Da erwiderte er: «Ja, und ich finde auch, diese Zsa Zsa Gabor hat einen sehr netten Akzent.»

Autonom statt unabhängig

1970 erhielt mein Mann ein attraktives berufliches Angebot aus Philadelphia: er konnte dort die Leitung eines universitätseigenen Verlages übernehmen. Ich schöpfte noch einmal Hoffnung, die Rolle der gut versorgten Ehefrau an der Seite ihres erfolgreichen Mannes spielen zu dürfen. Obwohl unsere Beziehung weiterhin schwierig war und mir alle Freunde und Kollegen abrieten, gab ich meine Praxis in Chicago auf und zog mit Maurice nach Philadelphia.

Aber ich hatte mich geändert. Durch Tavistock, durch Gestalt, vor allem aber durch die Transaktionsanalyse. Dank TA habe ich angefangen, mein Leben zu leben. Auch wenn ich noch viel lernen musste. Das bedeutet: Ich kann mir jederzeit ansehen, welchen Blödsinn ich mache, egal wie lang die Liste ist, und ich kann damit aufhören. Auch wenn ich in großen Schwierigkeiten stecke, weiß und spüre ich immer: Es gibt Lösungen. Ich betrachte die Probleme aus einer neuen Perspektive und finde Auswege.

Ein Schlüsselerlebnis hatte ich in Carmel während einer Trainingswoche mit Kupfer. Diese Woche war als Einstieg in meine Ausbildung gedacht. Mir wurde erst bei der Begrüßung bewusst, dass ich die einzige Trainee war; alle anderen waren Patienten. Ich dachte: «Um Gottes willen, das jetzt fünf Tage, ich brauche doch keine Therapie!» Das ging vier Tage so. Ich blieb bei meiner arroganten Einstellung, das gehe mich nichts an, bis eine der Teilnehmerinnen über ihren Alltag klagte: Ihr Mann war chronisch magenkrank, sie musste sich um alles kümmern und hatte selbst schon Bauchschmerzen. Kupfer befahl ihr ganz streng: «Weil dein Mann leidet, heißt das nicht, dass du auch leiden musst.» Und ich entrüstete mich innerlich: «Wie dumm ist diese Frau!» Aber dann ging ich ins Bett, und am nächsten Morgen erwachte ich mit dem Satz im Kopf: «Unabhängigkeit ist nicht dasselbe wie Autonomie.» Ich war wie elektrisiert. Mir wurde plötzlich klar: Das war die Parallele zwischen dieser Teilnehmerin und mir. Ich hatte das Leiden meines Mannes übernommen, das aus seiner beruflichen Erfolglosigkeit resultierte. Aber weil er nicht vernünftig mit Geld umgehen wollte, hieß das weder, dass ich das genauso machen noch dass ich ebenfalls leiden musste.

Plötzlich sah ich unsere jahrelangen Auseinandersetzungen mit anderen Augen. Ich war immer stolz darauf gewesen, Geld zu verdienen. Dadurch hatte ich mich unabhängig gefühlt. Aber der Haken war: Ich hatte in bestimmten Bereichen keine eigenen Entscheidungen getroffen. Damit konnte ich jetzt erst beginnen. Diese Wirkung habe ich auch oft bei Teilnehmern in meinen Gruppen und Therapien erlebt. Die Einstellung ändert sich, und dann fängt man an, sein Verhalten zu ändern – nicht unbedingt radikal, manchmal ist sogar von außen wenig Spektakuläres zu sehen. Ich sorgte zum Beispiel dafür, dass mein Mann und ich getrennte Konten einrichteten. Ich nahm einen Kredit für das College meiner Tochter auf, den ich allein abbezahlte. Und ich organisierte nicht länger die teuren und komplizierten Abendeinladungen für Besucher, die ich nicht mochte, um die Karriere meines Mannes zu fördern. Ich stellte Forderungen oder sagte nein, wenn mir etwas nicht gefiel. Allmählich fing mein Mann an, sich zu beschweren wie früher meine Mutter: «Was ist denn mit dir los, so bist du doch sonst nicht.»

Maurice und ich haben in Philadelphia noch zwei Jahre in der gleichen Wohnung gelebt. Sie war relativ groß. Um mehr Arbeitsmöglichkeiten zu haben, richtete ich mir in unseren Privaträumen neben dem Büro meines Mannes wieder eine Praxis ein. Ich nannte sie das «Eastern Institute for TA and Gestalt». Mein Institut entwickelte sich bald sehr gut. Bereits nach einem Jahr fanden die ersten Gruppen statt, deren Leitung ich nach einem weiteren Jahr zum Teil meinen Trainees übergab.

Die Anfangszeit überbrückte ich mit einem Job, zu dem ich einmal im Monat für eine Woche nach Chicago fuhr – damit begann meine große Reisezeit. Für mich war das praktisch. Man bezahlte mir den Flug, und da unser Haus in Chicago noch nicht verkauft war, konnte ich dort übernachten und meine monatlichen Marathons machen – es stand leer bis auf die Küche und einige Möbel. Mein Arbeitgeber war die Sozialbehörde in Chicago. Eigentlich hatte man eine schwarze Seminarleiterin gesucht. Sie sollte einer Gruppe von freiwilligen Helfern, alles schwarze Frauen, die in den Vierteln der Schwarzen Sozialarbeit machten, ein paar hilfreiche Techniken vermitteln. Hier wurde ich zum ersten Mal im Leben wegen meiner Hautfarbe abgelehnt – die Frauen wollten keine weiße Ausbilderin, aber man hatte niemand Passendes gefunden. Ich habe ihnen dann angeboten, einen halben Tag probeweise mit ihnen zu arbeiten. Danach waren sie einverstanden, mit mir weiterzumachen. Am Ende der sechs Monate hatten wir eine ausgezeichnete Beziehung und ein großes Erfolgserlebnis. Ich glaube, die Tatsache, dass ich klar zwischen Eltern- und Kind-Ich unterscheiden konnte, hat mir viel geholfen. Im Eltern-Ich sind die Vorurteile angesiedelt. Man muss sie erkennen und vorsichtig damit umgehen, vor allem bei Menschen aus anderen Kulturen.

Fanita vor ihrem «Eastern Institute for TA and Gestalt» in Philadelphia

1972, ich war jetzt 56 Jahre alt, haben mein Mann und ich uns schließlich getrennt. Ohne Streit. Mein Ausdrucksstrieb hatte inzwischen bessere Wege gefunden. Auslöser war die Suche nach einer neuen Wohnung. In unserer derzeitigen Wohnung sollte das Institut bleiben, ich hatte ohnehin schon die meisten Räume mit Beschlag belegt. Der Schreibtisch für die Sekretärin stand mittlerweile im Esszimmer, und im Wohnzimmer warteten die Leute. Maurice musste durch die Küche gehen, um in sein Büro zu gelangen; das wollte er nicht mehr. Eines Morgens sahen wir beide die Zeitung nach Annoncen durch, bis sich herausstellte: Er hatte Angebote mit einem, ich mit zwei Schlafräumen ausgewählt. Er wollte ein gemeinsames Schlafzimmer, ich nicht. Als er schließlich – fast erstaunt – feststellte: «Wenn du auf zwei Schlafzimmern bestehst, dann müssen wir uns trennen», antwortete ich: «Okay, dann trennen wir uns.» Wir haben noch am gleichen Abend für ihn ein kleines Appartement gefunden. Er ist ein paar Tage später dort eingezogen, während ich verreist war.

Aber mein Mann hat sich doch noch gerächt. Ich hatte ihm angeboten, er könne mitnehmen, was er wolle, bis auf mein Büro und mein Bett, aber erst nach dem bevorstehenden Wochenende, da ich in der Wohnung noch einen Kurs halten wollte. Tatsächlich räumte die Umzugsfirma die Wohnung dann schon am Donnerstag leer. Maurice behauptete, er habe keine andere Wahl gehabt. Er ließ alle Möbel und sogar die Teppiche mitnehmen. Ich musste Zeitungen auf den Boden legen, weil überall die Nägel herausguckten. Das war seine Art, Ärger zu zeigen, als passive Aggression, wie in der ganzen Zeit während unserer Ehe. Er wurde nicht offen wütend, sondern sabotierte mich und entschuldigte sich dann: «Ach, dafür konnte ich nichts, das tut mir leid.»

Das Lächeln passte nicht

Nach dem Auszug meines Mannes war ich unendlich erleichtert. Ich stürzte mich noch mehr in meine Arbeit, aber genoss auch meine neue Freiheit. Mein Institut lief hervorragend. Ich war weiterhin viel unterwegs als TA und Gestalt Lehrende, vor allem in den großen Städten im Mittleren Westen mit Chicago im Zentrum: in Kansas, Michigan, Ohio und Indiana.

In diesen Jahren entstanden auch meine nächsten Theorien. Die ersten Themen waren die «Heiße Kartoffel» und das «Episkript» gewesen, die ich 1969 auf der TA-Konferenz vorgestellt und zu denen Berne schon in seinem Bulletin einen Beitrag veröffentlicht hatte.

Ich war etwa ein Jahr zuvor darauf gestoßen, durch einen jungen Psychologen, der mir an der Universität von Chicago assistierte. Er war ein typischer Wissenschaftler, sehr intellektuell. Er hatte seine Doktorarbeit fast fertig und wollte anschließend Therapeut werden. Hin und wieder erzählte er mir voller Stolz von der ersten Gruppe, die er leitete. Eigentlich interessierte es mich nicht besonders, aber eines Tages erwähnte er, dass eine seiner Klientinnen wahrscheinlich in der Klapsmühle landen würde. Er sagte es mit einem kleinen Lächeln. Dieses Lächeln fiel mir auf, und dass er diesen Kinderbegriff benutzte, er sagte «crazy house» statt «mental hospital»; das passte irgendwie nicht zu ihm. Kurze Zeit später erfuhr ich, dass diese Frau tatsächlich eingeliefert worden war. Außerdem stellte sich heraus, dass schon wieder jemand in seiner Gruppe in dieser Weise gefährdet schien. Ich war irritiert, denn er hatte nach meinem Eindruck nur neurotische Patienten, keine Psychotiker. Und wieder benutzte er den Begriff «Klapsmühle». Diesmal fragte ich sofort nach: «Woher kennen Sie dieses Wort?» «Ach ja», lachte er, «meine Mutter hat immer zu meinem Bruder und mir gesagt: ‹Ich werde nicht wieder in der Klapsmühle landen, sondern ihr.›» «Ist Ihre Mutter in der Psychiatrie gewesen?», fragte ich nach. «Vielleicht ein oder zwei Mal für einige Monate», er war sich nicht sicher.

Ich hatte diese Geschichte immer noch nicht verstanden, aber sie ging mir nicht aus dem Kopf, obwohl ich mich nicht damit beschäftigen wollte. Ich erinnerte mich an unsere Dienstmädchen in Istanbul, die mir blaue Steine gegen den bösen Blick geschenkt hatten. Solche Magie war mir vertraut, und plötzlich erkannte ich den Zusammenhang. Bei unserem nächsten Treffen fragte ich vorsichtig: «Kann es sein, dass Sie Ihren Patientinnen etwas weitergegeben haben?» – Er verstand sofort und wurde blass. Der junge Mann hatte den geheimen Auftrag seiner Mutter, verrückt zu werden, unbewusst übernommen und an die Frauen weitergereicht, um ihn nicht selbst erfüllen zu müssen.

Bis heute fehlt eine wissenschaftliche Erklärung dafür, wie so ein Transfer passiert. Er ist wie eine Art Ansteckung und hat vielleicht mit Magnetismus zu tun. Etwas Ähnliches geschieht in der Hypnose. Ein solches Weitergeben hatte ich selbst in milder Form mit Ionesco erlebt.

Ich habe diesem jungen Mann dann abgeraten, weiter als Therapeut zu arbeiten – er hat stattdessen eine wissenschaftliche Karriere eingeschlagen – und das Konzept 1969 auf dem TA-Kongress vorgestellt.

1970 erschienen meine ersten beiden Beiträge über Ersatzgefühle im ersten TA-Journal nach Bernes Tod. Es waren die Texte, die ich im Anschluss an die Konferenz mit Berne besprechen wollte. Ich hatte sie ihm schon in einem Brief angekündigt: «Wahrscheinlich habe ich etwas entdeckt, das helfen wird, besser mit Rackets zu arbeiten.» Aber es war zu spät gewesen.

Ich überließ die Sachen dann den beiden Herausgebern des Journals. Sie waren dankbar, weil sie Material für die nächste Ausgabe brauchten.

Auf das Thema «Ersatzgefühle» kam ich durch meine Kritik an Bernes Begriff des «*Racket*». Das Wort ist meiner Meinung nach viel zu abwertend, genau wie das deutsche Wort «Masche».

Der Begriff «Racket», den Berne wählte, bezeichnet ursprünglich eine indirekte Methode der Erpressung im Mafiamilieu. Einem Restaurantbesitzer wird beispielsweise der Abschluss einer – überhöhten – Brandversicherung nahe gelegt. Weigert er sich, folgt vielleicht ein erster kleiner Wohnungsbrand als Warnung, aber als Nächstes steht seine Existenz auf dem Spiel. Ersatzgefühle und Ersatzverhalten führen meist zu Ausbeutungstransaktionen. Diese sind ja insofern eine Art von Erpressung, als man als «Ausbeuter» seinen Partner unter Druck setzt, um Strokes zu bekommen.

Berne hat natürlich nach Ursachen für Rackets und psychologische Spiele gesucht. Er dachte, der Grund läge in dem Skript eines Menschen, wonach man unbewusst dafür sorgt, dass die eigene negative Geschichte in Erfüllung geht. Ich hatte daran Zweifel. Zwar stimmte Bernes Beschreibung: Manche Klienten verhielten sich immer und immer wieder gleich, sogar wenn sie ihr schädliches Muster erkannt hatten, es war wie eine Sucht. Berne selbst reagierte in solchen Fällen ärgerlich und ungeduldig, aber ich wunderte mich: Wieso machten sie das? Sie machten es wegen der Strokes. Aber warum auf diese Weise? Und warum brauchten manche Leute so viele Streicheleinheiten? Diese Strokes befriedigten offensichtlich nicht. Was die Leute taten und fühlten, schien irgendetwas zu ersetzen.

Schließlich erkannte ich bei einer Kollegin, was dahinter steckte. Stefanie war bereits weit über sechzig Jahre alt, als wir uns in meiner Gestalt-Ausbildungsgruppe in Chicago kennenlernten. Sie erzählte, schon ihr ganzes Leben lang depressiv gewesen zu sein. Stefanie arbeitete auch in unserer Gruppe immer wieder an ihrem Thema «Traurigkeit», sehr intensiv und mit viel Tränen, ohne dass sich etwas änderte. Eines Tages bat sie mich, das Tonband einer Therapie mit einer Klientin anzuhören. Ich war einverstanden mit einer Supervisionssitzung, nicht mit einer Therapiestunde. Aber als sie in mein Büro kam, hatte sie das Tonband vergessen und fing wieder wie gewohnt an zu jammern. Ich fühlte mich ausgenutzt, wurde ärgerlich und begann einfach, sie nachzumachen, ganz übertrieben. Ich wollte, dass sie ginge. Statt beleidigt zu sein, fing Stefanie plötzlich laut an zu lachen und hörte gar nicht wieder auf.

Daraufhin haben wir endlich den Grund für ihre Depressionen herausgefunden: Ihre Mutter war lange schwer krank gewesen. Ihr Vater, ein Arzt, kam immer wieder kurz aus seiner Praxis herauf in die Wohnung und nahm dann jedes Mal seine kleine Tochter in den Arm mit den Worten: «Du Arme, du musst so traurig sein wegen deiner Mama.» Was nicht stimmte. Stefanie hatte in solchen Momenten oft fröhlich gespielt. Aber ihr Vater hatte das nicht ertragen können. Erst da begann Stefanie, ihr ursprüngliches Gefühl zu ersetzen. Ich habe dann mit ihr auf TA-Basis weitergearbeitet, erstaunlich erfolgreich.

Wir haben uns dann viele Jahre später zufällig noch einmal wiedergesehen. Stefanie lebte mittlerweile mit ihrem Mann in einem Seniorenheim und organisierte mit Begeisterung Mal- und Tanzkurse und einen Chor.

Solche Ausbeutungstransaktionen, wie Stefanie sie in der Kommunikation ständig initiiert hatte, kann man oft beobachten, wenn sich zwei Leute unterhalten, nicht nur Paare. So entstand auch mein Konzept der beiden Typen, die übrigens nichts mit dem Geschlecht zu tun haben. Ich sah immer wieder ein bestimmtes Muster: Einer der Partner agiert aus einer eher unterlegenen Position – hilflos oder ungeschickt – der andere aus einer eher bestimmenden Haltung heraus. Oft sind das übrigens gute Paarbeziehungen, wenn der eine eher dominant und der andere eher angepasst ist und beide damit einverstanden sind. Problematisch wird es erst, wenn einer von beiden sich verändert und aussteigen will. Oder wenn die Ausprägung des jeweiligen Typs sehr stark ist, das heißt wenn der eine extrem hilflos oder der andere allzu dominant ist. Es ist wie bei Verbrennungen, man unterscheidet verschiedene Schweregrade. Genauso unterscheide ich in Typ ersten, zweiten und dritten Grades. Erst der letzte ist pathologisch.

Alle meine Theorien entstanden bei meiner Arbeit mit Menschen, in Seminaren oder in der Therapie. Auch meine anderen wichtigen Themen: das der «Überlebensschlussfolgerungen», meine neue Sichtweise vom Skript und mein Konzept der «unbewussten Motivatoren». Ich habe Ideen entworfen und wieder aufgegeben oder verändert, mir im Laufe der Jahre manchmal auch selbst widersprochen. Zum Beispiel habe ich zuerst mit Bernes damaliger Idee gearbeitet, nach der das Skript nur eine Geschichte und dazu eine negative sein sollte. Aber dann kamen Fragen von Teilnehmern oder von mir, ich begann nachzudenken und zu experimentieren und mein nächstes Skript-Seminar sah dann schon ganz anders aus. Im Laufe der Jahre entwickelte ich dann mein eigenes Modell, weil ich sah: Das Skript basiert nicht nur auf einer Geschichte, es sind verschiedene Geschichten zu verschiedenen Zeiten im Leben eines Menschen, die bedeutsam sind. Das Skript entsteht in Schichten und will in eine positive Richtung. Nur manchmal gibt es Blockaden – das können schädliche Überlebensschlussfolgerungen oder ein Episkript sein – die man therapeutisch lösen muss.

Warum krabbelt ein Kind?

Mit meiner Trieb- oder Motivationstheorie bin ich seit dreißig Jahren beschäftigt und immer noch nicht fertig. Sie ist meine Antwort auf die Frage: Was steht hinter unserem Verhalten? Was ist es, was Freud das Unbewusste nannte? Was motiviert uns und auf welche Weise? Die TA gibt darauf meiner Ansicht nach keine ausreichende Antwort. Ich glaube nicht, dass wir nur aufgrund unseres Skripts handeln oder weil wir Strokes brauchen. Menschen tun viele Dinge unabhängig von Strokes. Ein Kind klettert bis in die höchste Spitze eines Baumes. Jemand besteigt den Mount Everest. Die TA erklärt unsere Begeisterung für diese Mischung aus Gefahr und Spaß mit dem freien Kind-Ich. Ich denke aber, dass das Kind-Ich von Anfang an angepasst ist.

Berne selbst war in dem Punkt widersprüchlich. Einerseits forderte er radikal, dass man sich als Therapeut nicht um das Unbewusste kümmern solle. Aber natürlich wusste er, dass es existiert.

Sein Groll und auch meiner richtete sich gegen die Psychoanalytiker und ihre Methode, nicht gegen Freud. Berne lehnte auch nicht Freuds Konzept des Unbewussten ab, sondern nur seine Definition des «Es». Freud hatte es beschrieben als dunkel, gefährlich, voller verbotener Wünsche und Gefühle, die sich alle um Sexualität drehten. Berne sah mehr den anderen Teil: das fröhliche, liebenswerte Kind, mit dem er auch Kreativität erklären konnte. Aber die Ausgangssituation war auch für beide Männer ganz unterschiedlich. Freuds Hintergrund war das bürgerliche Wien Ende des 19. Jahrhunderts mit seiner rigiden Sexualmoral. Berne dagegen erlebte die Zeit der sexuellen Befreiung und hat sich in der Hinsicht ziemlich ausgetobt; das war nicht mehr sein Thema.

Berne hat dann sein «Strukturmodell» entwickelt, um das Phänomen der Persönlichkeit zu erklären. Ich finde dieses Modell zu kompliziert, er hat versucht zu viel hineinzupacken. Er unterteilte das Kind-Ich zum Beispiel in einen «Dämon/kleinen Faschisten», eine «Elektrode» und einen «kleinen Professor». Der «Dämon» sollte das Grausame und Zerstörerische im Menschen erklären, das entsprach Freuds «Es». Gleichzeitig spottete er immer: «Ich habe noch nie ein ‹Es› spazieren gehen sehen, aber schon oft ein echtes Kind.» Wenn ich dann antwortete: «Ich habe auch noch nie eine Elektrode spazieren gehen sehen», ist er nicht darauf eingegangen.

Meine Motivationstheorie ist von Freud beeinflusst. Auch er hatte kurze Zeit die Idee eines dreiteiligen Modells, konnte sich aber nicht vorstellen, wie das funktionieren sollte.

Freud ging zunächst von zwei Trieben aus – dem Sexual- und dem Lebenstrieb. 1921 in seinem Buch «Jenseits des Lustprinzips» beschrieb er einen zusätzlichen Todestrieb, um eine Erklärung für die Grausamkeit des Ersten Weltkrieges zu haben. Aber Freud stand in der Tradition Hegels mit der Vorstellung eines dualistischen Weltbildes. Er wollte zurück zu seinem Modell der zwei Triebe. Deshalb fasste er den Lebens- und Sexualtrieb zur Libido zusammen und stellt ihn dem Todestrieb entgegen. Damit hatte er wieder seine Polarität.

Für mich ist ein dreiteiliges Modell durchaus plausibel. Außerdem definiere ich in meiner Theorie die drei Triebe oder Motivatoren, wie ich sie heute nenne, völlig anders als Freud: Ich sehe sie als drei ganz unterschiedliche Antriebskräfte, die in unserem Unterbewusstsein wirken und

sich ständig neu ausbalancieren. Sie sind Ausdruck unserer Lebensenergie, die uns bis zum Tod drängt und treibt. Aber eigentlich ist das
auch keine klare Antwort, sondern nur eine Metapher. Vielleicht kann
man dieses Phänomen letztlich nicht erklären, ebenso wenig wie man
zwar beschreiben kann, wie ein Kind entsteht oder eine Pflanze wächst,
aber nicht warum.

Jeder Trieb oder Motivator hat unterschiedliche Attribute. Der Begriff
«Attribut» bedeutet in diesem Zusammenhang eine bestimmte Fähigkeit
zu denken, zu fühlen und sich zu verhalten. Zum Ausdruckstrieb gehören
Begriffe wie Risikofreude und Neugierde, zum Überlebenstrieb Hunger
oder das Bedürfnis nach Strokes, der Ruhetrieb kann zu Müdigkeit führen oder zu dem Erlebnis, sich mit der Natur eins zu fühlen.

Oft sind zwei Triebe miteinander kombiniert. Wichtig ist nur, dass der
dritte nicht insgesamt zu wenig Raum hat. Wenn die Motivatoren aus-
balanciert sind, fühlen wir uns wohl, und umgekehrt, wenn wir uns nicht
wohlfühlen, ist das meistens ein Hinweis darauf, dass ein oder zwei Triebe zu kurz kommen.

Wenn man jemanden fragt, warum er etwas tut, und er antwortet:
«Weil ich Lust dazu habe», dann kommt die Energie für sein Tun aus
dem Ausdruckstrieb. Der Ausdruckstrieb zeigt sich, wenn wir Dinge mit
Leidenschaft tun oder um der Herausforderung willen, nicht um dafür
gelobt zu werden. Als Sir Mallory zum Beispiel gefragt wurde, warum er
den Mount Everest besteigen wollte, antwortete er: «Weil er da ist.» Das
war in den 20er Jahren. Mallory ist bei diesem Versuch tödlich verunglückt. Vor und nach ihm haben viele andere Bergsteiger das gleiche versucht und tun es bis heute. Ich denke, dass dieser Teil von uns, der Ausdruckstrieb, letztlich für das Überleben der Menschheit sorgt, denn er
äußert sich nicht nur im Zeugen von Kindern, sondern auch im Eingehen
von Risiken, die zu Entdeckungen und Erfindungen führen.

Der Ausdruckstrieb ist die Quelle von Kreativität, bei Erwachsenen
und bei Kindern. So wie bei Chuck. Ich hatte ihn in Ridge Farm kennengelernt. Chuck war neun Jahre alt, blond, zierlich und sah aus wie ein
Engel. Aber er kam aus einem schwierigen Elternhaus und machte ziemliche Probleme. Für die anderen Kinder bezahlten jüdische oder evangeli-
sche Hilfsorganisationen den Aufenthalt in unserem Heim, das Geld für

Chuck kam von der katholischen Kirche. Eine Bedingung war daher, dass er sonntags regelmäßig den Gottesdienst besuchte. Auch ich sorgte dafür, dass er hinging, aber es hatte wenig Sinn. Er störte die ganze Zeit. Eines Tages erklärte ich ihm: «Chuck, du musst einen Weg finden, in der Kirche still zu sitzen, sonst können wir dich nicht mehr hier behalten.» Etwa eine Woche später fragten mich die Nonnen: «Was haben Sie mit diesem Kind gemacht? Es ist plötzlich fromm geworden und sitzt die ganze Zeit brav da und betet.» Ich wusste die Antwort auch nicht. Viel später erst hat Chuck mir schließlich sein Geheimnis verraten: Er hatte sich ein winziges Glas besorgt, mit Sand gefüllt und einige Ameisen und Käfer hineingesetzt. Das Glas passte gerade zwischen seine gefalteten Hände. Von da an saß Chuck gern in der Kirche, scheinbar in tiefstes Gebet versunken, schüttete ab und zu den Sand durcheinander und beobachtete, wie sich die Tierchen wieder freikämpften.

Chucks Geschichte zeigt, dass wir manchmal den Ausdruckstrieb aus Gründen benutzen, die mit dem Überlebenstrieb zu tun haben. Es ging in diesem Fall also um beide Motivatoren. Weil der Junge Angst hatte, wieder in seine Familie zurückkehren zu müssen – das war sein Überlebenstrieb –, fand er einen kreativen Ausweg mit Hilfe des Ausdruckstriebs.

Unter dem Einfluss des Ausdruckstriebs arbeitet man mit Vergnügen trotz aller Anstrengung. Vor vielen Jahren habe ich einen Film gesehen, der das gut zeigte: Er war von der Pharmaindustrie bezahlt und sollte demonstrieren, wie sorgfältig man die Verschlüsse von Medikamenten prüfte. Man hatte kleinen Kindern einfache Spielsachen, verschiedene Süßigkeiten und dazwischen kleine Flaschen und Dosen hingelegt, aus Glas oder durchsichtigem Plastik und gefüllt mit bunten Pillen. Die Kinder krabbelten und liefen herum, fassten die Spielsachen kurz an oder probierten ein Bonbon. Aber dann entdeckten sie die Medizinfläschchen. Es war unglaublich, wie sie arbeiteten und sich abmühten, um die Behälter zu öffnen. Nichts anderes interessierte sie mehr.

Wenn jemand seinem Ausdruckstrieb zu wenig Raum lässt, droht Gefahr. Es ist wie bei einem Fluss. Man kann ihn regulieren, umleiten und stauen, aber nicht komplett unterdrücken, weil er sich ein Ventil suchen wird. Ein solcher Mensch wird dann vielleicht aus heiterem Himmel etwas sehr Riskantes oder Verrücktes tun oder auf andere Art «explodieren». So hatte ich es mit meinen «berechtigten» Wutausbrüchen meinem Mann gegenüber getan, wenn er wieder zu viel getrunken oder Geld ausgegeben hatte. Ich bin dadurch nicht weitergekommen, weil ich nur Neid und Ärger ausgedrückt, nicht aber meinen Ausdruckstrieb zufriedenstellend gezeigt habe.

Es gibt Menschen, die unter dem Einfluss des Ausdruckstriebs sogar bewusst den Tod in Kauf nehmen, um ein Ziel zu erreichen. Madame Curie ist ein Beispiel dafür. Sie arbeitete viele Jahre lang als Forscherin, aber gleichzeitig kümmerte sie sich um ihre Kinder und führte eine ziemlich gute Ehe. Dann entdeckte sie das Radium. Ihr war klar, dass sie an Krebs erkranken und sterben würde, wenn sie weiter damit arbeitete. Aber ihr Interesse an der spannenden Aufgabe war einfach stärker.

Ganz anders der Überlebenstrieb. Er sorgt für das individuelle Überleben des Menschen und spielt beim Heranwachsen eine besonders wichtige Rolle. Aber in unserer modernen westlichen Welt haben die meisten Erwachsenen zu viel davon. Unser großes Konsumbedürfnis, die vielen Fun-Aktivitäten, der Kampf um Macht, Geld, Erfolg, entspringen nicht dem Ausdruckstrieb, wie man vermuten könnte, sondern dem Überlebenstrieb.

Ziel vieler Menschen heute ist es, «erfolgreich» zu sein im Sinne der Werbung; sie streben danach, viel Geld zu verdienen, um sich oberflächliche Vergnügungen leisten zu können. Dabei setzen sie aber das Überleben der Menschheit aufs Spiel. Die Reichen werden immer reicher, gleichzeitig nimmt der Hunger in der Welt zu, die Umwelt wird immer stärker belastet und die Ressourcen aufgebraucht. Aber die reichen Industrienationen tun so, als gehe sie das nichts an.

Auch der Ruhetrieb wird in unserer Gesellschaft und im Leben des Einzelnen eher vernachlässigt. Wir haben keine Zeit, keine Muße, keine Geduld. Wir müssen uns beeilen, hetzen uns ab. Schon Kinder haben einen Terminkalender. Aber dadurch riskieren wir, krank zu werden und Schlimmeres. Ein sehr erfolgreicher Architekt, mit dem ich befreundet war, arbeitete viel und war auch in seiner Freizeit jede Minute aktiv, mit Spaß und Begeisterung. Aber er schlief einfach zu wenig. Dann passierte es, dass er während einer längeren Autofahrt einige Male fast einnickte.

Glücklicherweise saß seine Frau neben ihm. Sie weckte ihn rechtzeitig, sodass das Schlimmste verhindert werden konnte.

Eine Kombination meiner wichtigsten Theorien kann auch dazu beitragen, die Entstehung und Entwicklung extremer Bewegungen zu erklären, zum Beispiel des Nationalsozialsmus oder des religiös begründeten Fundamentalismus, den wir zur Zeit erleben, sowie die Anziehungskraft von Sekten und sektenähnlichen Gruppierungen, die immer wieder für Schlagzeilen sorgen.

Eine erste Gemeinsamkeit solcher Bewegungen ist, dass sie auf einem Abhängigkeitsverhältnis basieren, bei dem der Führer Macht über seine Anhänger hat, zumindest psychologische Macht, und ein Episkript an sie weitergibt, nämlich mörderische Wut und vermutlich auch unbewusste Suizidwünsche. Hitler selbst hat nicht persönlich gemordet, seine Leute übernahmen seinen abgrundtiefen Hass auf die Juden und setzten ihn in eine beispiellose Vernichtungsaktion um. Bin Laden tauchte unter. Danach töteten junge Moslems in seinem und in Allahs Namen skrupellos unschuldige Menschen und sich selbst.

Hinzu kommt, dass ein solcher Führer in der Regel eine Typ-2-Persönlichkeit ist, das heißt jemand mit der Grundhaltung «Ich bin okay – du nicht». Sein Ziel ist es, die Welt – oder zumindest bestimmte Bedingungen für eine Gruppe von Menschen – zu verbessern. Auf Grund dieses Ziels, das innerhalb seines Denk- und Glaubenssystems zu verstehen ist, definiert er unveränderliche Werte und Moralvorstellungen, seine Version von Realität und Wahrheit, von Gut und Böse, mit dem Anspruch auf universelle Gültigkeit. Damit bietet er Gewissheit und Orientierung in einer scheinbar chaotischen Welt – genau das, was seine Anhänger, meistens Typ-1-Persönlichkeiten, suchen. Ein solcher Führer erfüllt ihre Hoffnung auf eine weise, allwissende Vaterfigur, die sie führt und beschützt, verbunden mit dem Bedürfnis nach einem Lebenssinn.

Dieses Bedürfnis nach Sinn, nach einem Thema oder einer Aufgabe, die uns vollständig erfüllt, kommt aus dem Ausdruckstrieb. Je mehr dieser Ausdruckstrieb verwirklicht ist, desto faszinierender kann ein solcher Mensch sein – im positiven wie im negativen Sinne. Bei den beschriebenen Anführern ist er in hohem Maße mit Energie besetzt, genau wie der Überlebenstrieb in Form von Machtstreben; was ihnen fehlt, ist der Ruhetrieb. Bei den Anhängern dagegen ist der Ausdruckstrieb meist in hohem Maße unterdrückt. Er findet ein Ventil in der Übernahme der Führer-Ideologie. Dazu kommt ein stark ausgeprägter Ruhetrieb: Man glaubt endlich gefunden zu haben, was man immer gesucht hat. Wenn es so weit kommt, dass der Überlebenstrieb komplett ausgeschaltet wird, sind diese Menschen bereit, für ihre Sache oder für ihren Führer zu sterben.

Fatalerweise ist der Anspruch dieser Führer, Gutes zu wollen, ein Racket, also ein Ersatzverhalten, verbunden mit einem pathologischen Macht- und Kontrollbedürfnis. Das unterscheidet sie von positiven Führungspersönlichkeiten wie Martin Luther King oder Gandhi. Strokes für Ersatzverhalten befriedigen nicht wirklich. Deswegen reicht die Anerkennung, die ein extremistischer Führer durch seine Gruppe erhält, nur eine bestimmte Zeit. Dazu kommt, dass diese Leute durch den Erfolg, den sie – zumindest eine Zeit lang – haben, ein Wahnbild von Omnipotenz entwickeln. Hitler zum Beispiel zog aus seinen ersten erfolgreichen «Blitzkriegen» den falschen Schluss, er habe grandiose Fähigkeiten als militärischer Führer.

Je weniger die Strokes ausreichen, desto häufiger kommt die Unzufriedenheit, die unter dem Racket liegenden Gefühle nicht ausgedrückt zu haben, an die Oberfläche. Es ist die Frustration darüber, dass sich das Bedürfnis nach echtem Ausdruck nicht entwickeln konnte. Dann steigt die Gefahr, dass diese wachsende Unzufriedenheit sich in mörderischer Wut äußert, die ihren Ursprung wahrscheinlich in frühester Kindheit hat. Ein solcher Führer wird zum Verfolger; das gesamte System wird zunehmend gewaltsam und unterdrückend und schottet sich ab, bis es zur Katastrophe kommt.

Jacqui Schiff und ihre Kinder

Ich denke, das Gleiche passierte auch mit Jacqui Schiff und ihrem Kathexis-Institut. Jacqui war Sozialarbeiterin und von Berne in TA ausgebildet. Sie hatte 1966 in Virginia zusammen mit ihrem Mann Moe angefangen, junge Patienten, die sie als schizophren bezeichnete, in ihrer Familie aufzunehmen. Sie entwickelte dann eine Methode, die sie «Neu-Beeltern» taufte und aus der die so genannte Kathexis-Schule entstand. Ziel war, dass die jungen Männer und Frauen ihre Kindheit ein zweites Mal erleben und ein positives Eltern-Ich und ein realistisches Erwachsenen-Ich aufbauen sollten. Dazu wurden sie zum Beispiel in der Anfangsphase wie Babys behandelt, mit der Flasche gefüttert, gewickelt und viel gestreichelt und getröstet, aber auch streng reglementiert und körperlich bestraft, mit Schlägen oder durch Anketten. Jacqui hatte zunächst gute Erfolge. Einige ihrer Adoptivsöhne wurden geheilt und arbeiteten eine Weile selbst therapeutisch. Ich bezweifle allerdings, dass Jacquis Diagnose «Schizophrenie» tatsächlich zutraf. Niemand hat sie überprüft. Wahrscheinlich waren ihre Schützlinge nur Neurotiker und Typ-1-Persönlichkeiten.

Jacquis Methode war auch innerhalb der TA von Anfang an umstritten, und es gab und gibt bis heute Kritiker und Bewunderer. Ich selbst habe sie etwa 1970 bei einem Besuch in ihrer Familie in Virginia kennengelernt. (Sie ist später mit ihren Kindern, aber ohne ihren Mann, nach Kalifornien umgesiedelt.) Für mich als Gast sah diese Familie aus wie eine gut funktionierende Gruppe, nur das System von strengen Regeln und Strafen schien mir unangemessen hart. Beispielsweise hatte eine der angenommenen Töchter zuerst von den Shrimps gegessen, die in einer Schüssel auf dem Tisch standen und dann von dem Obst. Jacqui bemerkte das. Sie sprach das Mädchen sofort darauf an: «Ich habe gesagt, zuerst isst man das Obst und dann die Shrimps. Verlass sofort den Tisch. Du wirst die nächsten vierundzwanzig Stunden nichts mehr zu essen bekommen.» Sie sagte es mit leiser, monotoner Stimme, völlig gefühllos, Ton und Inhalt passten überhaupt nicht zusammen. Ich habe mich ein oder zwei Mal bei solchen Szenen eingemischt, aber dann traute ich mich nicht mehr. Jacqui wies mich so unnachgiebig zurecht wie jeden in ihrer Familie. Ich bekam es fast mit der Angst. Es war unmöglich, das Thema mit ihr zu diskutieren.

Später in Kalifornien hat Jacqui ihr Institut immer mehr nach außen abgeschottet und die Bestrafungen wurden zunehmend extremer, bis etwa 1978 einer der Schützlinge bei einer Bestrafungsaktion tödliche Verbrennungen erlitt. Man hatte ihn auf Jacquis Befehl hin in eine Wanne mit heißem Wasser gezwungen und dort festgehalten. Es kam zum Prozess. Zu der Zeit gehörte ich zum Vorstand der internationalen TA-Organisation (ITAA) und konnte, wie auch einige Kolleginnen und Kollegen, Einsicht in die erschreckenden Gerichtsprotokolle nehmen. Kurz danach habe ich in San Diego auf der TA-Konferenz einen Vortrag über den Sektenführer Jim Jones gehalten, der gerade in Guayana für eine Tragödie mit fast tausend Toten gesorgt hatte. In Wirklichkeit sprach ich über Jacqui – ich musste es verschlüsselt tun, weil sie uns mit einem Prozess gedroht hatte. Aber man verstand mich trotzdem.

Nach den Ereignissen Ende der 70er Jahre hat man Jaqui aus der ITAA ausgeschlossen. Mit ihr ging ein großer Teil ihrer Anhängerschaft.

Die Gefahr, dass Therapeuten ihre Macht missbrauchen und vom Retter zum Verfolger werden, wird immer bestehen. Ich denke, man muss als Therapeut aufpassen, vor allem, wenn man ein Mensch vom Typ 2 ist und schon deshalb zur Dominanz neigt. Ebenso wichtig ist, dass Außenstehende eine solche Entwicklung mitbekommen und die Courage besitzen, notfalls einzugreifen. Wer in dem System verwickelt ist, hat dazu kaum die Möglichkeit.

Für den Klienten ist es schwierig, sich zu schützen. Schutz zu gewähren ist eine der zentralen Aufgaben eines Therapeuten. Der Grund ist: Der Klient kommt mit dem Kind-Ich in die Therapie, er sucht Hilfe beim Eltern-Ich des Therapeuten. Diese Eltern-Rolle muss ich – zumindest abschnittsweise – übernehmen. Ich brauche zum Beispiel psychologische Macht, um wirksame Erlaubnisse oder Verbote auszusprechen. Aber ich muss verantwortlich mit dieser Macht umgehen, zum Beispiel in der Wahl meiner Formulierungen. Ich würde nie zu einem Klienten Sätze sagen wie: «Du hast deine Töchter verspielt.» Oder: «Du bist nicht zu retten.» Genauso wichtig ist es, von Anfang an dafür zu sorgen, dass der Klient den Prozess versteht und zunehmend Verantwortung für sich übernimmt – mit seinem erwachsenen Anteil, mit dem er auch seine neuen Erkenntnisse und Erfahrungen integriert.

Wie ich arbeite

Für meine therapeutische Arbeit, aber auch für meine Arbeit als Seminarleiterin, ist das, was in der Transaktionsanalyse als Kontrakt bezeichnet wird, grundlegend wichtig. In diesem spezifischen Behandlungsvertrag wird definiert: Aus welchem Grund ist der Klient wirklich gekommen? Und wie kann man damit umgehen? Festgelegt wird auch: Was ist Aufgabe und Verantwortung des Therapeuten, was die des Klienten? Wann ist das Ziel erreicht? Was kostet eine Stunde? Wie oft treffen wir uns? Der Kontrakt wird mit dem Erwachsenen-Ich des Klienten abgeschlossen, sein Kind-Ich und sein Eltern-Ich müssen allerdings einverstanden sein. Manchmal vergehen mehrere Sitzungen, bis der Vertrag klar ist. Er kann und muss auch immer wieder neu ausgehandelt werden.

Die andere Grundlage ist meine persönliche Motivation: Ich bin an dem Klienten interessiert, ich will diesen Menschen verstehen, und ich will, dass unsere Beziehung offen und ehrlich ist. Manchmal benutze ich aus taktischen Gründen eher mein Kind-Ich. Das funktioniert fast immer besser, als wenn ich mein kritisches Eltern-Ich einsetzen würde.

Ich arbeite bewusst und intuitiv zugleich. Während der Therapie bin ich ganz im Prozess, im Kontakt mit dem Klienten und mit mir, gleichzeitig stehe ich neben mir, beobachte uns beide und reflektiere das Geschehen.

Ich benutze mein logisches Denken. Manchmal führen ja ganz banale Veränderungen im Leben eines Menschen zu Problemen: Der Partner hat ein neues Hobby, die Kinder werden selbstständig. Manchmal sind die Dinge komplizierter. Aber ich gehe nicht systematisch vor. Meistens ist es vielmehr mein Kind-Ich, das etwas Aufschlussreiches findet. Ich stutze bei einer Kleinigkeit, oder mir fällt irgendetwas scheinbar ganz Unpassendes ein, und manchmal bringt mich ein Fehler auf eine Spur.

Ich achte auf den Vordergrund und auf den Hintergrund, aber dahinter gibt es eine weitere Ebene. Wie bei dem Bild einer Blume. Man sieht zunächst die große Blüte. Als Hintergrund hat der Maler vielleicht grüne Blätter gemalt. Dieses Bild hängt an einer Wand. Das ist die dritte Ebene, die ich meine. Auf die Therapie bezogen heißt das: Zunächst ist das Symptom offensichtlich, dahinter steckt vielleicht eine Überlebensschlussfolgerung des Kind-Ichs, und dahinter wiederum sind die Motivatoren wirksam – sie sind für mich bei der Diagnose und Therapie am wichtigsten.

Eine Klientin kommt beispielsweise, weil sie sich ständig mit ihrem Mann und ihren Kindern streitet. Sie möchte damit aufhören, aber schafft es nicht. Außerdem erwähnt sie in einem Nebensatz, dass sie sich oft langweilt. Ich möchte wissen: «Was tust du den ganzen Tag?» An den Antworten sehe ich: Sie ist sehr tüchtig und pflichtbewusst und zuverlässig, aber hat wenig Spaß im Leben. Irgendwie kommt ihr Ausdruckstrieb zu kurz. Schließlich stellt sich heraus: Diese Klientin befolgt eine Botschaft ihrer Mutter: «Spaß haben ist gefährlich.» Das ist dann eine Überlebensschlussfolgerung aus der Zeit lange vor ihrer Ehe. Deswegen unterdrückt sie ihren Ausdruckstrieb und rächt sich – unbewusst – an ihrem Mann und den Kindern, die gar nicht persönlich gemeint sind. Gleichzeitig ist ihr Streiten die Form, in der doch ein wenig Ausdruckstrieb zum Vorschein kommt. Es macht Spaß, zumindest sorgt es für Aufregung. Dafür muss sie jetzt Alternativen entwickeln, die sie eher zufrieden stellen.

Ich stelle Fragen, kommentiere, manchmal provoziere ich. Ich beobachte, achte auf Zusammenhänge, entwickle Hypothesen und überprüfe sie, indem ich sie mitteile: «Ich stelle mir vor, dass deine Eltern sich gefreut haben, wenn du ein ruhiges Kind warst.» Oder: «Ist es möglich, dass deine Mutter sehr vorsichtig war? Wie hat sie reagiert, wenn du herumgetobt hast?» Vielleicht haben sich die Eltern dem Kind auch immer nur dann zugewandt, wenn es sich zurückgezogen hat. Oder sie haben fast nur auf Rebellion reagiert – in diesem Fall provoziert man vielleicht noch als Erwachsener Auseinandersetzungen, denn negative Strokes sind besser als keine, wie das auch bei Berne der Fall war.

Noch etwas ist typisch für meine Arbeit: Ich spreche alles an, was mir auffällt. Wenn mir etwas auf die Nerven geht, sage ich einfach: «Wie kommt es, dass ich mich jetzt langweile?» Oder: «Wie kommt es, dass ich mich ärgere?» Ich frage auch nach körperlichen Reaktionen: «Was bedeutet es, dass du jetzt deine Hand vor den Mund hältst?» Dann kann der andere antworten: «Mir reicht es jetzt» oder dergleichen, vielleicht auch etwas ganz anderes. Ich bin offen, was die Antworten des Klienten betrifft. Ich erwarte nichts Bestimmtes.

Oben: Fanita erklärt das Modell der Ich-Zustände mit den drei Kreisen;
unten: 1973 bei einem Seminar für die «Family Service Agency» in Philadelphia

Was ich als Therapeutin nicht darf, ist, den Klienten beschämen oder bedrängen. Ich darf auch nicht eigensinnig auf meiner Meinung beharren. Lieber sage ich, dass ich mich vielleicht getäuscht habe.

Wenn ich mit einem Klienten in der Einzeltherapie nicht weiterkäme, würde ich ihn vielleicht in eine Gruppe einladen. Überhaupt halte ich die Arbeit in Gruppen für am effektivsten. Im Kontakt mit anderen erkennt man schnell: Welche Muster hat jemand? Wann zieht er sich zurück? Wann wird er lebendig? Interessiert? Was ist er für ein Typ? Wie sorgt er für Strokes?

Manchmal benutze ich in der Therapie die Gestalttechnik des «Heißen Stuhls» – allerdings nicht um kurzfristig zu heilen, sondern nur, um mehr über die unbewussten Gefühle herauszufinden. Wenn die erwähnte Klientin zum Beispiel ihren Mann auf den «Heißen Stuhl» gesetzt hätte, wäre im Dialog erkennbar geworden: Wer sitzt da wirklich? Auf wen ist sie so wütend? Wahrscheinlich ist es jemand aus ihrer Kindheit, nicht ihr Partner. Mit dieser Information wäre ich zurückgegangen zur TA und hätte sie damit konfrontiert: «Das war ein Teil deiner Vergangenheit, und jetzt bist du erwachsen. Was willst du heute? Überlege es dir.»

Therapie hilft, sich und andere zu verstehen – eine Voraussetzung für positive Veränderungen. Im Grundsatz bleiben wir, glaube ich, wie wir geworden sind, aber in vielen Kleinigkeiten können wir uns verändern. Es ist wie Kaffeekochen. Das Wasser läuft langsam durch das Kaffeepulver, und am Schluss kommt guter Kaffee heraus.

Statt wie Woody Allen einen Neurotikerfilm nach dem anderen zu drehen – was man aber natürlich auch gut tun kann – schaut man sich an: Was stört mich im Hier und Jetzt? Was soll anders werden? Manchmal reicht es schon, wenn man sich eine klare Vorstellung macht von dem, was man wirklich will. Dann geht es oft ganz leicht, weil man dank des Ausdruckstriebs plötzlich den Mut hat, eine hemmende Überlebensschlussfolgerung zu überwinden.

Daher muss man in der Therapie auch nicht alles klären, der Klient kann ab einem gewissen Punkt gut allein weitermachen. Außerdem brauchen manche Veränderungen einfach Zeit. Ich habe es an mir selbst erlebt: Es hat zwanzig Jahre gedauert, bis ich im Umgang mit Männern sicherer wurde und mich nicht mehr bei jedem Gespräch wie eine pubertierende Fünfzehnjährige gefragt habe: «Wird er mich verachten, wenn er denkt, dass ich ihm nachlaufe? Soll ich ihn lieber in Ruhe lassen und ihm die Möglichkeit geben, sich zu entziehen?»

Auf der anderen Seite reicht aber Einsicht nicht immer, um problematisches Verhalten abzustellen, gerade bei Überlebensschlussfolgerungen. Da kann es geschehen, dass das Unbewusste uns sabotiert. Man kann das zum Beispiel bei starken Rauchern beobachten, die von den Zigaretten nicht loskommen. Sie rauchen, und indem sie die Bewegung des Rauches sehen oder ihn spüren, bestätigen sie sich, dass sie atmen, das heißt leben. Bob Goulding war so jemand, das wurde mir während eines Vortrags deutlich, in dem Bob seine so genannte Neuentscheidungstherapie vorstellte. Bob erzählte seine eigene Geschichte: Er habe die Bannbotschaft «Stirb!» gehabt und sich davon befreit. Aber er versprach sich und sagte: «Ich habe beschlossen, ich darf nicht leben.» Dann verbesserte er sich schnell: «Ich meine, ich darf doch leben.» Ich war sehr erschrocken, denn ich wusste, Bob war Kettenraucher. Aber Bob wollte nicht mit mir über seinen Versprecher reden. Und er hat noch auf dem Sterbebett weitergeraucht. Es ging ihm furchtbar schlecht. Er hatte ein Lungenemphysem und schwere Hustenanfälle; er hielt sich abwechselnd die Sauerstoffmaske vor den Mund und zog an seiner Zigarette.

In einem solchen Fall muss ich als Therapeutin einen Kontrakt mit dem Klienten haben, nur dann kann ich sein Unbewusstes ansprechen. Das kann zum Beispiel ein klarer Befehl im Ton des Eltern-Ichs sein: «Lass das Rauchen!» Oder eine Erlaubnis, vielleicht: «Du darfst am Leben bleiben.» Bei Bob hat es nicht gereicht, dass er sich das selbst sagte.

Eine andere Technik ist, ein Bild zu beschreiben oder eine Geschichte zu erzählen. Immer wenn ich eine Überlebensschlussfolgerung anspreche und auch wenn ich etwas anderes sehr Belastendes ausgesprochen habe, weiß ich, dass das Unbewusste äußerst heftig reagieren kann. Dann muss ich meinen Klienten warnen. Ich sage ihm: «Wenn Sie Angst bekommen, einen Albtraum haben oder sich nach dieser Sitzung schlecht fühlen, besprechen Sie das bitte in der nächsten Stunde mit mir.» Wenn nötig würde ich jederzeit einen Schritt zurückgehen und erklären: «Wir kommen später noch einmal auf das Thema.» So gebe ich zunächst die Erlaubnis zu vergessen.

Mit Überlebensschlussfolgerungen muss man grundsätzlich vorsichtig umgehen. Als Erstes nimmt man sie wahr und erkennt sie an. Danach sieht man vielleicht, dass sie nicht mehr lebenswichtig sind. Erst dann kann man sie abschwächen, ganz weich, mit viel Toleranz für sich selbst: «Na ja, es fällt mir schwer, aber vielleicht kann ich einmal ein kleines Risiko eingehen und etwas tun, was ich mir bisher nicht erlaubt habe.» Das kann ich auch einem Kind sagen. Ich kann es auffordern: «Schau dich um. Andere machen es anders. Überlege, ob du es auch ein wenig anders machen kannst.»

Wie gefährlich es werden kann, wenn man eine Überlebensschlussfolgerung radikal löscht, habe ich erlebt, als ich in Chicago eine TA-Ausbildungsgruppe leitete. Eine der teilnehmenden Therapeutinnen hatte mit einer Klientin gearbeitet, die unter Klaustrophobie litt. Sie konnte nicht Fahrstuhl fahren und nirgends allein hingehen. Die beiden hatten viel erreicht. An diesem Tag war die junge Frau zu uns in die Gruppe gekommen; sie erzählte, dass sie zum ersten Mal allein durch einen großen Park gelaufen sei, strahlte und freute sich. Irgendetwas veranlasste mich nachzufragen: «Durch welchen Park sind Sie gegangen?» Heraus kam: Es war ein großer Park im Süden Chicagos gewesen, und es war sogar tagsüber lebensgefährlich, ihn zu durchqueren! Diese Klientin musste ihren Ausdrucksstrieb bremsen und lernen, sich trotz der neu gewonnenen Freiheit zu schützen.

Das TA-Modell der Ich-Zustände hilft hervorragend, Verhalten zu verstehen, und man kann es auch gut gebrauchen, um Klienten oder Gruppenteilnehmern etwas aufzumalen und zu erklären. Als transaktionsanalytische Therapeutin ist es wichtig, blitzschnelle Reaktionen des Kind-Ichs eines Klienten sofort erkennen zu können, bevor wieder das Eltern-Ich oder das Erwachsenen-Ich auftaucht. Mir ist dabei meine langjährige Erfahrung in der Kindertherapie zugute gekommen. Deshalb habe ich meinen Trainees immer wieder empfohlen, Stunden auf dem Spielplatz zu verbringen. Sie sollten nur beobachten, was passierte: Ein Kind brüllt ein anderes an, das zweite Kind geht zur Mutter, die Mutter tröstet es oder schimpft es aus. Das gleiche Muster hat dieser Mensch später als Erwachsener: Er geht zu seinem inneren Eltern-Ich und sagt genau das, was damals die Mutter gesagt hat: «Du hast selber Schuld» oder «Der andere ist böse!»

Bei der Arbeit mit Paaren setze ich einen anderen Schwerpunkt als bei Einzelklienten. Wichtig ist, auf wessen Initiative die beiden kommen. Wer nur mitkommt, hat meist die größeren Probleme. Aber es ist wertvoll und anerkennenswert, dass er sich bereit erklärt, und es ist die Voraussetzung für bestimmte Klärungsprozesse. In diesem Fall ist der Kontrakt mit dem begleitenden Partner besonders wichtig, damit er nicht kommt, weil er sich gedrängt fühlt, sondern freiwillig. Mein Beitrag ist, dass ich den beiden helfe zu verstehen: Wer hat welche Rolle? Entspricht sie dem Betreffenden oder ist sie nur übernommen? Wie geht der innere Dialog? Wie verlaufen die Transaktionen? Wie vermeidet man *Kreuzungen*?

Unter Kreuzung (gekreuzter Transaktion) versteht man in der TA, dass jemand aus einem anderen Ich-Zustand als dem angesprochenen reagiert, zum Beispiel auf die sachliche Frage «Wie spät ist es?» (gerichtet an das Erwachsenen-Ich) mit der ärgerlichen Bemerkung «Besorg dir doch endlich selbst eine Uhr!» (aus dem Eltern-Ich), statt – ebenfalls sachlich – die Zeit zu nennen.

Ziel ist, die Dinge klar zu sehen und klare Entschlüsse zu fassen: Was werde ich weiter mit meinem Leben tun? Was brauche ich? Was nicht? Was habe ich? Was nicht? Wie sind meine Wahlmöglichkeiten? Was wähle ich? Wo mache ich Kompromisse, aber bewusste? Denn die gibt es in jeder Partnerschaft.

Manchmal trennen sich die beiden, bevor sie sich zu sehr verletzen oder Schaden zufügen. Dann kann man dem Einzelnen helfen, wenn er depressiv und verloren zurückbleibt. Manchmal sieht eine Beziehung auch nach vielen Beratungen von außen aus wie früher, aber sie ist innerlich verändert.

In meiner Ehe habe ich zu viel mit dem überlasteten Überlebenstrieb funktioniert und zu sehr meinen Ausdruckstrieb unterdrückt. Bei Maurice war die Verteilung umgekehrt. Dann ist durch TA mein eigener Ausdruckstrieb wieder aufgetaucht: Ich habe mein Leben interessant gemacht, und allmählich hat auch mein Mann mehr seinen Überlebenstrieb benutzt. Die Trennung brachte ihm anfangs eine Depression, von der er sich aber erholte. Danach handelte er viel selbstverantwortlicher als während der ganzen Zeit unserer Ehe. Die Trennung passierte außerdem zu einem Zeitpunkt, als sie für uns beide die bessere Alternative war, auch weil unsere Kinder schon groß waren. Dadurch konnten wir auch noch mehrere Jahre, bis zu Maurice' Tod, befreundet bleiben.

Mein Überlebens- und mein Ausdruckstrieb spielten eine ähnliche Rolle, was meine Arbeit als Psychoanalytikerin betraf. Mein Burnout, eigentlich eine Depression, hatte damit zu tun, dass ich meine Tätigkeit als «falsch» empfand – so wie ich selbst «falsch» war, weil ich meinen Ausdruckstrieb nicht zuließ. Seit ich meinen Ausdruckstrieb benutze, kann ich, obwohl es anstrengend ist, in meinem Alter noch Seminare abhalten. Meine Kraftquelle ist meine Neugierde. Mich interessiert immer wieder, wie sich Menschen verhalten, was unter der oberflächlichen Erscheinung steckt. Noch immer entdecke ich, wie unglaublich unterschiedlich Menschen sind, trotz aller Ähnlichkeiten. Es ist wie mit Fingerabdrücken – wir alle haben diese feinen Linien, aber sie sind bei jedem Individuum einzigartig. Dadurch gebe ich jedem Klienten oder Seminarteilnehmer das Gefühl, wichtig zu sein, nicht, weil ich besonders menschenfreundlich wäre. Im Alltag bin ich sogar eher zurückgezogen. Ich habe einfach nicht die Geduld für lange, oberflächliche Gespräche. Das ist in den Kursen oder in der Therapie ganz anders, man kommt schnell zum Wesentlichen. Deshalb bin ich auch den Teilnehmern und Klienten immer dankbar, dass sie mir die Ehre geben, sich zu öffnen und auch mir erlauben, mich offen zu äußern.

Eine große Liebe

Kurz nach Maurice' Auszug, im Herbst 1972, traf ich in Philadelphia meine große Liebe, Raman. Raman war Inder. Er arbeitete als Professor für Literatur an der Universität von Chicago. Außerdem hatte er zahlreiche Werke aus verschiedenen indischen Sprachen ins Amerikanische übersetzt, war selbst Dichter und Experte für alte indische Kulturen.

Eines Tages rief er bei mir an. Eigentlich, um Maurice zu sprechen. Die beiden kannten sich beruflich, Raman war schon einige Jahre zuvor einmal zusammen mit seiner Frau bei uns zu Gast gewesen. Ich sagte ihm, dass Maurice ausgezogen sei und erfuhr, dass Raman seit kurzem geschieden war. Dann fragte er, ob er mich besuchen dürfe. Wenig später klingelte es an der Tür. Ich öffnete, es war Raman. In dem Moment, als wir uns sahen, schien die Zeit stillzustehen. Es war, als ob wir uns in einem magnetischen Feld befänden, wie unter Strom, auf unerklärliche Weise miteinander verbunden. Wir standen lange einfach nur da, unbeweglich, blickten uns in die Augen, sprachlos. Und dann, wie in Trance, begannen wir uns zu berühren und zu umarmen und haben schließlich miteinander geschlafen. Es war das überwältigendste Erlebnis meines ganzen Lebens, jenseits meines Vorstellungsvermögens, es sprengte alle Grenzen und Erfahrungen, die ich je gemacht hatte.

Wir begriffen beide nicht, was mit uns geschah. Für mich war es, als ob wir uns schon aus einem anderen Leben kannten. Es fällt mir nicht leicht, das so zu sagen: Mein Erwachsenen-Ich glaubt nicht an diese Möglichkeit, mein Kind-Ich aber ist davon überzeugt. Vielleicht habe ich intuitiv, auf der Seelenebene, einen Teil des indischen Glaubens oder Mystizismus mit seinen Vorstellungen von Sterben und Wiedergeburt übernommen – den Teil, den Raman vom Intellekt her ebenso ablehnte wie ich.

Alles, was diesen Mann betrifft, fällt mir schwer, in Worte zu fassen. Raman war dunkelhäutig, mit einem typisch indischen Gesicht, etwas kleiner als ich und mit seinen vierundvierzig Jahren zwölf Jahre jünger. Aber der Altersunterschied spielte in diesem Fall keine Rolle für mich, genauso wenig wie für ihn. Man sah ihn auch nicht, Raman wirkte älter, und ich sah immer relativ jung aus.

Mein Alter war übrigens lange mein Geheimnis. Wenn mich wirklich einmal jemand direkt darauf ansprach, sagte ich nur: «Ich stamme vom Balkan, dort fragt man das eine Dame nicht.» Erst seit ich über 80 bin, macht es mir nichts mehr aus, offen zu antworten.

Ich fand Raman faszinierend: gebildet, leidenschaftlich, bescheiden, ungeheuer attraktiv. Wenn wir zusammen waren, mussten wir nicht viel reden; wenn wir getrennt waren, haben wir stundenlang telefoniert. Unsere Liebe war leidenschaftlich und ekstatisch, aber nicht nur sexuell. Sie war sehr körperlich, aber manchmal begegneten wir uns wie in einer anderen Sphäre. Jede Berührung elektrisierte uns, wir wollten uns keine

Minute trennen. Um möglichst viel Zeit miteinander verbringen zu können, haben wir angefangen zusammen zu arbeiten, zum Beispiel mit Skriptseminaren, die an Wochenenden in verschiedenen Städten im Mittleren Westen, also zum Beispiel in Michigan oder Ohio stattfanden, sodass Raman gut aus Chicago anreisen konnte. Raman war ein begnadeter Erzähler: Wenn jemand ein Problem beschrieb, fiel ihm sofort eine absolut passende Geschichte ein, sein Vorrat war unerschöpflich. Die Leute in unseren Kursen haben immer von ihm geschwärmt. Ich begann Pläne für unsere gemeinsame Zukunft zu schmieden, nicht nur berufliche Pläne, ich wollte auch mit Raman zusammenleben.

Leider dauerte unser Glück noch nicht einmal ein Jahr. Es war im Juni 1973, Raman sollte für zwei Monate nach Indien fahren. Seine geschiedene Frau lebte dort mit den beiden gemeinsamen Kindern. Das Schuljahr ging zu Ende, er wollte die Kinder und seine Eltern besuchen.

Bis zu diesem Zeitpunkt war Ramans Hintergrund – Indien und seine Kultur, die mir damals noch sehr fremd war – kein Problem für uns gewesen. Wir hatten uns nicht darum gekümmert. Wir verstanden uns beide als rationale, vernünftige, westlich orientierte Menschen. Diese Ignoranz rächte sich jetzt.

Raman war Brahmane, er stammte damit aus der ehemaligen Priesterkaste. Das bedeutete zum Beispiel, dass man als Ehemann und Vater für seine Frau und seine Kinder die totale Verantwortung hatte, man musste in der Familie bleiben, bis die Kinder erwachsen waren. In Amerika, wo die Familie jahrelang gelebt hatte und wo auch die Kinder geboren waren, hatte diese Tradition zunächst keine Rolle gespielt. Ramans ehemalige Frau war nach der Trennung in ihre Heimat zurückgekehrt. Sie war materiell gut versorgt. Da die Lebenshaltungskosten in Indien viel geringer sind als in Amerika, konnte Raman ihr dort mit seinem Professorengehalt ein vergleichsweise luxuriöses Leben ermöglichen – in den USA hätte es nicht für zwei getrennte Haushalte gereicht.

Aber bei diesem Indienaufenthalt erfuhr Raman, dass seine Frau mit den Kindern zurück nach Amerika wollte, um weiter zu studieren. Aber selbstverständlich würde sie dort nicht als alleinerziehende Mutter leben, das hätte er auch nie zugelassen. Seine Kinder fühlten sich in Indien fremd. Sie glaubten auch, er liebe sie nicht mehr und habe sie deswegen weggeschickt – das hatte seine Frau ihnen eingeredet. Und seine Eltern machten ihm schwere Vorwürfe wegen der Scheidung. Sie verlangten von ihm, er solle seinen Verpflichtungen nachkommen. Und Raman war im Begriff, sich diesen Forderungen zu beugen.

Als er aus Indien zurückkehrte, erkannte ich ihn kaum wieder, so depressiv, zurückgezogen und abweisend verhielt er sich. Unsere Beziehung sei beendet, erklärte er mir. Er wollte nicht mehr mit mir reden und mich nicht mehr anfassen. Ich begriff nichts, ich verstand nichts. Das Schlimmste für mich war, dass ich nicht den wirklichen Grund erfuhr. Ich fragte und bohrte vergeblich, er wiederholte immer nur: «Unsere Beziehung ist zu Ende, ich will nicht mehr.» Zuletzt tobte ich: Ob er in eine andere Frau verliebt sei? Darauf wollte er erst nicht antworten, aber schließlich entgegnete er: «Ich liebe dich, aber ich liebe auch einen anderen Menschen.» Mehr konnte ich nicht aus ihm herausbekommen, bevor er nach Chicago zurückkehrte.

Als Raman mich verlassen hatte, war ich untröstlich. Ich litt entsetzlich, nicht nur emotional, ich spürte auch physische Schmerzen im ganzen Körper. Viele Wochen später, im Herbst, nach einem schrecklichen Sommer, in dem ich ihm nach Kalifornien nachgereist war, wo er einen Kurs an der Universität in Berkeley abhielt, aber sich weigerte, mich wiederzusehen, schrieb er mir schließlich: Seine Familie lebe wieder mit ihm zusammen in der alten Wohnung in Chicago. Da endlich wurde ich wütend auf ihn, wütender als je zuvor im Leben. Das hat mir geholfen, über den ersten furchtbaren Trennungsschmerz hinwegzukommen. Die nächsten Jahre hörte ich kaum etwas von ihm. Hin und wieder erhielt ich eine freundliche Karte. Einmal war er in Philadelphia, und wir sind zusammen essen gegangen. Aber dieses Treffen war für mich eine Enttäuschung und sehr schmerzhaft. Raman verhielt sich höflich, aber distanziert. Wir haben uns nur ganz unpersönlich unterhalten. Ich schien keine besondere Bedeutung mehr für ihn zu haben. Aus verletztem Stolz wollte ich ihn danach nicht mehr sehen.

Aber auch diese Liebesgeschichte war damit noch nicht beendet. Zwanzig Jahre später, ich wohnte seit kurzem in Kalifornien, meldete Raman sich wieder, es war nach meiner Abschiedstour durch Europa. Er rief an, um mir zu sagen, dass er für einige Tage in San Francisco sei und sich mit mir treffen wolle. Widerstrebend sagte ich zu. Aber als er vor mir stand, nahm er mich in die Arme mit den Worten: «Du warst und bist die Liebe meines Lebens.» Ich war sofort wieder in seinem Bann. Wir verbrachten drei wunderbare Tage zusammen. Es war, als wären wir nie getrennt gewesen. Endlich erfuhr ich, was ihn damals zu seiner Entscheidung gebracht hatte. Er hatte gewusst, dass ich seine wirklichen Gründe nie akzeptiert hätte – was übrigens stimmte. Aber jetzt waren seine Kinder erwachsen, er hatte sich zum zweiten Mal von seiner Frau scheiden lassen und wollte in Zukunft mit mir zusammen sein. Im kommenden Jahr würde er in den Ruhestand gehen und könnte nach San Francisco ziehen.

Vorher musste er aber noch einmal nach Chicago, um eine kleine Operation am Fuß durchführen zu lassen, nichts Kompliziertes, und anschließend aus beruflichen Gründen nach Indien fliegen. Er wollte mich vor dem Abflug noch einmal anrufen. Von dem Tag an hörte ich nichts mehr von ihm – kein Telefonat, kein Schreiben, nichts. Dieses Mal beschloss ich, nicht mehr zu leiden. Ich fand mich mit seinem Verhalten ab und habe auch von mir aus nichts mehr unternommen. Meine Vermutung war, dass er vielleicht Angst bekommen habe, sich doch zu weit mit mir eingelassen zu haben und sich in Indien alles noch einmal überlegen wollte. Wieder einige Tage später rief mich schließlich eine Freundin aus New York an. Ihr war ein großer Artikel über Raman in der New York Times aufgefallen, zusammen mit seiner Todesanzeige. Er war während der Operation gestorben.

Diese Nachricht war wie ein Albtraum. Tagelang konnte ich nichts fühlen. Meine alte Überlebensschlussfolgerung kam wieder hoch: Man trauert nicht – es ist geschehen – fertig. Aber ich fühlte mich verrückt: Immer wieder war mir, als ob Raman doch in Indien sei und wie erwartet zwei Monate später zurückkommen würde. Manchmal glaubte ich, mir die drei gemeinsamen Tage in San Francisco nur eingebildet zu haben. Manchmal sagte ich mir: «Du hast dich doch mit der Trennung schon vor zwanzig Jahren abgefunden – es hat sich also gar nichts geändert.»

Glücklicherweise hatte ich mich schon vor der Begegnung mit Raman bereit erklärt, ehrenamtlich in einer Selbsthilfeorganisation von Obdachlosen und ehemaligen Drogenabhängigen zu arbeiten. Ich flüchtete mich wieder in Arbeit. Es war entsetzlich anstrengend, aber es half mir, irgendwie weiterzumachen.

Ich weiß, dass man sich als Frau oft in jemanden verliebt oder jemanden heiratet, der dem eigenen Vater ähnelt. (Heute denke ich, dass es auch wichtige Gemeinsamkeiten mit der Mutter gibt.) Allerdings habe ich lange gedacht, dass das bei mir nicht der Fall wäre. Aber das stimmte nicht. Die Parallelen zu meinem Vater, sowohl was Maurice als auch was Raman betrifft, sind offensichtlich. Mein Vater und Raman verzichteten aus Pflichtgefühl auf ihr persönliches Glück oder zumindest darauf, ihre eigenen Wünsche und Ziele zu verwirklichen. Beide waren eher passiv, ihr Schicksal akzeptierend, fast wie Zuschauer ihres eigenen Lebens.

Mein Vater und Maurice neigten zur Homosexualität und hielten mich auf Distanz, wenn auch auf ganz unterschiedliche Weise.

Alle drei Männer waren Typ-1-Persönlichkeiten. Alle drei rebellierten gegen die Kultur ihrer Familien und verkörperten sie gleichzeitig. Ich aber habe diese Parallelen ungeachtet meines psychologischen Wissens erst gesehen, als ich meine Lebensgeschichte las und darüber sprach.

Die Seele in Indien

1973, nach der ersten Trennung von Raman hatte ich das Gefühl, meine Seele verloren zu haben. Ich musste nach Indien fahren, um sie zurückzubringen. Zuerst zu Baghwan, der gerade von Bombay nach Poona umgesiedelt war. In seinem neuen Ashram, wo ich einige Wochen wohnte, habe ich gelernt zu meditieren. Seitdem ist Meditation ein fester Bestandteil meines Alltags und meiner Seminare. (Siehe Seite 192 ff.: «Ein Gespräch über Meditation») Sie hilft mir, mich zu erholen und wieder zu mir zu finden, Gefühle wie Ärger und Angst zu verarbeiten, Stress-Situationen zu bewältigen. Sich zu entspannen, ist überhaupt ein wertvoller Tipp für Typ-2-Menschen!

Von Poona aus bin ich noch eine Woche im Land herumgereist und unter anderem dem berühmten Heiler Sahib Baba begegnet. In Baghwan mit seiner Proklamation sexueller Promiskuität hatte ich einen Rebellen gegen die indische Kultur kennengelernt, Sahib Baba mit seinen märchenhaften Auftritten und geheimnisvollen Zaubertricks dagegen verkörperte sie.

Gegen Ende meines Aufenthalts in Indien kam ich nach Bombay. In dem prachtvollen Taj-Mahal-Hotel sollte die erste indische TA-Konferenz stattfinden, das erwartete ich jedenfalls. Nur war es dann doch keine Konferenz, sondern ein Seminar, zu dem außer mir eine Reihe von Kollegen – Steve Karpmann, Jack Dusay und einige andere – eingeladen waren, um die TA vorzustellen. Nach den Wochen im Ashram und der aufregenden Reise durch eine Welt voll Schmutz, Hitze und Armut konnte der Kontrast nicht größer sein. Geplant war, dass wir der Reihe nach Vorträge halten würden, vor einem Saal mit lauter männlichen Zuhörern.

Morgens, kurz bevor die Veranstaltung begann, ging ich zur Toilette. Aus dem Vorraum klang mir gedämpftes Stimmengewirr entgegen. Etwa dreißig Frauen, kostbar gekleidet und geschmückt, viele wunderschön, saßen da und unterhielten sich. Ich erfuhr: Es waren die Ehefrauen der Seminarteilnehmer im Saal. Sie würden hier bis zum Ende der Veranstaltung am Abend warten. «Sind Sie denn nicht an dem Thema interessiert?», wollte ich wissen. Das Gegenteil war der Fall. Die Frauen kannten TA und hatten viel dazu gelesen, aber sie waren darauf eingestellt, mit dem vorlieb zu nehmen, was ihnen ihre Männer von der Veranstaltung berichten würden. So ist mein Feminismus entstanden, ich dachte empört: «Wieso können sie nicht selbst lernen?» und bat: «Einen Moment bitte, ich komme gleich zurück.» Ich bin zum Podium gegangen und habe mich für den Tag verabschiedet.

Dann haben die Frauen und ich unser eigenes TA-Seminar veranstaltet. Es wurde in meiner ganzen Laufbahn der Workshop, auf den ich noch heute am stolzesten bin. Der wichtigste Punkt, um den es ging, hieß Skript. Die Teilnehmerinnen fühlten sich schuldig, weil sie glaubten, ihren Kindern schlechte Botschaften gegeben und ihnen damit für immer geschadet zu haben – alle Probleme, auch zukünftige, schienen darin begründet. Damals wurde mir klar, wie gefährlich das negative Skriptverständnis ist. Es hing wie ein Damoklesschwert über den Köpfen der Mütter. Ihnen fiel eine Last von den Schultern, als wir dieses fundamentale Missverständnis klären konnten und es sich zeigte, dass sie meistens sehr fürsorglich und unterstützend mit ihren Kindern umgingen.

Kultur – ein Teil von uns

In Indien habe ich auch angefangen zu verstehen, welch enorme Bedeutung die Kultur für jeden Menschen hat, der darin aufwächst. Sie enthält die Normen, Verbote und Vorschriften einer Gruppe, die den Einzelnen von frühester Kindheit an prägen.

In Deutschland hat zum Beispiel «Ordnung» eine große Bedeutung. Jedes Mal, wenn ich bei jemandem ins Auto steige, entschuldigt sich der Fahrer, weil es nicht aufgeräumt wäre. Das Gleiche passiert, wenn ich jemanden zu Hause besuche. In Amerika macht das niemand, es sieht eben aus, wie es aussieht. Man ist zwar in der Hinsicht in Deutschland schon lockerer geworden, aber ein richtig schmutziger Wagen würde etwas über den Besitzer aussagen, wahrscheinlich etwas in Richtung Rebellion; in den USA ist das nicht so. Auch Sauberkeit bedeutet in beiden Kulturen etwas völlig anderes. Amerikanische Waschmaschinen hätten auf dem deutschen Markt keine Chance, weil die Wäsche darin weder gekocht noch länger als fünfzehn Minuten herumgerührt wird. Beiden Kulturen dagegen ist gemeinsam, dass man sich regelmäßig die Zähne putzt. Es ist nicht nur der Zahnbelag, den wir damit vertreiben, sondern ein diffuses Gefühl von Unbehagen. Das hat nichts mit einer rationalen Entscheidung zu tun.

Unter Kultur verstehe ich, was die Neojungianer in San Francisco als «cultural complex» bezeichnen, in Verbindung mit Jungs Konzept des kollektiven Unbewussten. Der «cultural complex» beschreibt die Kultur, in der wir selbst und unsere Eltern und Großeltern aufgewachsen sind. Die Regeln, die er umfasst und die die Menschen einer Kultur verbinden, tragen zu unserem Eltern-Ich bei. Jungs kollektives Unbewusstes dagegen enthält das Archaische, was allen Menschen gemeinsam ist. Mir als Therapeutin hilft es zu unterscheiden, woher welche Botschaft kommt und zu wissen, dass gewisse unbewusste kulturelle Botschaften manchmal mächtiger sind als die individuellen Eltern-Botschaften.

Eine fremde Kultur unterscheidet sich in vielem von unserer eigenen. Man kann sein Leben lang darin baden, ohne sie wirklich zu verstehen. Man erfasst sie auch nicht mit dem Verstand, man entwickelt eher ein Gefühl – und zwar zunächst ein körperliches Empfinden – für das, was gemeint ist oder was man tun darf und was nicht. Das bestätigen auch die neuesten Gehirnforschungen.

Meine gefährlichste Lektion in Sachen Kultur erhielt ich in Colombo auf Sri Lanka, wohin ich im Anschluss an meinen Indienaufenthalt geflogen war. Ein Freund hatte mich eingeladen. Wir feierten die Neujahrsnacht mit einer ganzen Gruppe von Leuten in einer Bar direkt am Strand. Es war heiß. Ich tanzte mit jemandem und sagte, ohne mir etwas dabei zu denken: «Jetzt möchte ich gern Schwimmen gehen.» Er: «Gute Idee, ich komme mit.» Als die Musik aufhörte, wollte er sich etwas zu trinken holen. Ich bin schon hinausgegangen. Es war wirklich eine wunderbare Nacht, warm, der Vollmond stand am Himmel, und ich bin einfach in Unterwäsche ins Meer hinausgeschwommen und habe das Wasser genossen. Plötzlich tauchten ein paar Männer am Strand auf, schrien und schwenkten Taschenlampen: Ich sollte sofort aus dem Wasser kommen. Ich rief ärgerlich: «He, verschwinden Sie! Lassen Sie mich in Ruhe!» und weigerte mich zu gehorchen. Endlich holten sie meinen Freund, der mir entsetzt zurief: «Um Gottes Willen, komm sofort raus! Du kannst jetzt nicht schwimmen, es ist alles voller Haie!»

Mein Tanzpartner hatte meinen Vorschlag, nachts baden zu gehen, als Scherz aufgefasst. Etwas anderes konnte er sich überhaupt nicht vorstellen, und genauso war auch seine Antwort gemeint gewesen. Als dann die Männer mit ihren Lampen auftauchten, hatte ich irgendwie eine voyeuristische Geschichte befürchtet, mir wäre nie eingefallen, dass sie mein Leben retten wollten.

Diese starke innere Beziehung zu der Kultur unserer Ahnen gibt es immer, trotz aller Globalisierung und westlichen Rationalisierung. Sie steckt tief in unserer Seele oder in unserem Nervensystem. Bei Maurice war es die irische, bei Raman die indische Kultur, die ich unterschätzt hatte. Raman selbst übrigens auch, er hatte immer behauptet, das sei «alles Quatsch».

Was mich betrifft, so sehe ich mich als Chamäleon, das sich leicht in eine fremde Kultur hineindenkt und fühlt. Das hat Vor- und Nachteile. Dank meiner interkulturellen Erfahrungen kann ich problemlos mit Klienten in verschiedenen Ländern arbeiten, weil ich das Kind-Ich und das Eltern-Ich ziemlich schnell erfasse. Aber ich verliere mich auch leicht in einer fremden Kultur und identifiziere mich, nicht unbedingt nur mit den positiven Teilen.

Was meine jüdische Herkunft angeht, habe ich leider die Verachtung meiner Eltern übernommen. Meine Tochter ist diejenige, die verstärkt ihre Wurzeln im Judentum sucht. Aber was doch zu mir gehört, ist dieses Angezogensein von Mystik und Magie. So habe ich mich zum Beispiel lange Zeit intensiv mit der jüdischen Kabbala beschäftigt.

Brians Tod

1976 wollte ich von Philadelphia wegziehen, nach San Francisco zu meinem Sohn Brian. Es war sein Vorschlag. Brian arbeitete nach seinem Jurastudium erst ein Jahr als Anwalt und dann als Makler. Er hatte Erfolg und noch mehr Spaß dabei. Manchmal sind wir zusammen in seinem offenen Wagen durch die Gegend gefahren und haben uns Häuser angeschaut und seine oder meine neuen Projekte diskutiert. Aus dem problematischen Kind und Jugendlichen war ein idealer Sohn geworden: voller Lebensfreude, warmherzig, offen, hilfsbereit. Er unterstützte mich in geschäftlichen Dingen und kümmerte sich auch liebevoll um seinen Vater und seine Großmutter. Jetzt hatte er vor, seine Freundin, mit der er zusammenlebte, zu heiraten. Er wollte mindestens fünf Kinder, und ich sollte auf sie aufpassen.

Die Frage war, was mit dem Institut geschehen würde. Brian riet mir zum Verkauf; es fand sich aber kein geeigneter Interessent. Also begann ich jemanden für die Leitung zu suchen. Schließlich entschied ich mich für eine junge Frau, nennen wir sie Joan, eine der vier Therapeutinnen, die in dem Institut arbeiteten. Joan gehörte offensichtlich dem Typ 2 an; sie war sehr selbstständig, dominant, und sie wollte den Job unbedingt. Ich hatte meine Zweifel, bewunderte aber ihre Kompetenz und Intelligenz. Joan hatte schon in den vergangenen Jahren einen Teil der Leitungsaufgaben übernommen, wenn ich auf Reisen war. Sie überzeugte mich schließlich, sie proberweise einzustellen und übernahm einen Teil der Büroorganisation, aber noch nicht die finanziellen Abläufe.

Alle Abrechnungen für die Mitarbeiterinnen – also auch für mich – liefen über das Institut. Jede von uns erhielt sechzig Prozent ihres Verdienstes, die anderen vierzig Prozent gingen an das Institut, damit wurden zum Beispiel die Sekretärin, die Werbungskosten und ein Buchhalter bezahlt. Durch ihn hatte ich die Übersicht, da er mir jeden Monat die Bilanz vorlegte. Ansonsten ließ ich Joan völlig freie Hand und kontrollierte auch nichts. – Ich war in dieser Beziehung noch immer naiv.

Im Oktober 1977 geschah das Furchtbare. Brian starb, einen Monat vor seiner geplanten Heirat. Er ertrank während eines Badeurlaubs an der Küste vor Hawaii. Ich glaube, dass es ein Unfall war. Brian war zwar immer noch risikofreudig, aber gleichzeitig sehr vorsichtig, vernünftig und umsichtig. An dem Unglückstag wollte er mit einem Freund surfen. Die Strömung an diesem Teil des Strandes ist ungewöhnlich stark, normalerweise war der Abschnitt abgesperrt und wurde bewacht. Aber an diesem 26. Oktober war der Lifeguard nicht an seinem Platz und die Tür im Zaun offen. Außerdem hatte jemand in der Nacht zuvor das Warnschild verbrannt. Brian hatte einfach Pech, er machte einen Schritt ins Wasser und wurde sofort weggerissen. Sein Freund stand hilflos daneben.

Ich erhielt die Nachricht während eines Workshops in Kanada. Mir ging es gut zu der Zeit. Vieles in meinem Leben war geklärt, ich hatte Freunde und war beruflich so erfolgreich wie nie erwartet. Von Kanada aus wollte ich nach San Francisco zu Brians Hochzeitsfeier fliegen. Ich hatte schon ein passendes Kleid und das Geschenk in meinen Koffern.

Nachts um drei Uhr bekam ich einen Anruf von Linda, Brians Freundin. Sie sagte mir, dass Brian vermisst wurde. Ich habe die nächsten Stunden relativ ruhig gewartet, mein Hauptgedanke war: «Wieder eins von seinen Abenteuern – bestimmt sitzt er irgendwo am Ufer.» Um sechs Uhr dreißig öffnete die Cafeteria, und ich bin frühstücken gegangen. Um neun Uhr fing der Workshop an. Inzwischen hatte man begonnen, mit zwei Helikoptern nach Brian zu suchen. Was ich nicht wusste, war, dass zu diesem Zeitpunkt schon keine Hoffnung mehr bestand, ihn lebend zu finden. Mittags telefonierte ich ein weiteres Mal mit Linda. Sie weinte. Es gab schlechte Nachrichten: Noch immer hatte man kein Lebenszeichen von Brian, und die beiden Piloten würden um fünf Uhr die Suche aufgeben. Erst jetzt kam meine Angst. Wie in Trance bin ich nach der Mittagspause ins Seminar zurückgekehrt. Die Stunden vergingen, dann konnte ich plötzlich nicht mehr. Ich habe den Raum verlassen und draußen auf der Uhr gesehen, dass es genau fünf war – das bedeutete das Ende. Über Nacht musste ich noch in Kanada bleiben, erst am nächsten Tag konnte ich nach Philadelphia fliegen und von dort mit meinem Mann und meiner Tochter nach San Francisco. Brians Körper wurde nie gefunden, nach drei Tagen stellte man die Suche endgültig ein. Weitere zwei Tage später fand die offizielle Todesfeier statt, mit einer riesigen Trauergemeinde und einem unerträglichen Rabbi, an dessen rote Krawatte ich mich erinnere, als wäre es gestern gewesen.

Brians Tod zerriss mir das Herz. Aber ich habe weiter funktioniert, wegen meiner alten Überlebensschlussfolgerung. Ich blieb tapfer und stark und fand noch die Kraft, Maurice zu unterstützen, der nach Brians Tod wie gelähmt war und mich brauchte. Es war fast wie am Anfang unserer Ehe.

Für Januar 1978 hatte ich einen Workshop in Paris zugesagt. Es war der erste Termin nach Brians Tod, den ich wieder wahrnahm. Um mein Institut in Philadelphia wollte ich mich nicht mehr kümmern. Im Laufe des Jahres registrierte ich nur, dass von dort kein Geld mehr kam. Wenn ich Joan darauf ansprach, wich sie aus oder vertröstete mich.

Ende des Jahres stellte sich schließlich heraus: Das Institut war pleite. Joan war Spielerin, sie hatte im Laufe der Jahre das gesamte Kapital unterschlagen und alles im Kasino verloren. Was die ganze Sache noch schlimmer machte: Einen Tag nach Brians Tod, bei meinem Zwischenstopp in Philadelphia, hatte ich einen Vertrag mit ihr unterschrieben. Ich dachte, es wäre die von Brian ausgearbeitete Version. Aber Joan hatte Teile geändert. Mit diesem Vertrag erhielt sie sämtliche Vollmachten, auch über alle Gelder. Danach gehörte das Institut praktisch ihr. Ich durfte außerdem – zumindest in den USA – nur noch für das Institut arbeiten, nicht in meinem eigenen Namen.

Als ich das begriff, wollte ich nicht mehr leben. Nach außen merkte man mir nichts an. Im Januar 1979 fand in San Diego der TA-Kongress statt, auf dem ich den Eric-Berne-Preis für meine Theorie der Ersatzgefühle erhielt. Mein Plan war, danach nach San Francisco zu fahren und mich von einer Brücke zu stürzen. Brian war tot, ich hatte inzwischen Riesenprobleme mit meiner Tochter, und jetzt schien auch noch meine berufliche Karriere beendet. Ein Freund, der zu der Preisverleihung nach Kalifornien gekommen war, hat mich gerettet. Ich war nach meiner Dankesrede sofort in mein Zimmer gegangen, hatte aber auf dem Pult die Medaille vergessen. Dieser Freund sah sie zufällig und wusste, etwas für mich derart Bedeutsames ließ ich nicht versehentlich liegen. Er ist mir gefolgt und hat mich gezwungen, die Tür zu öffnen. Ich habe ihm nicht die Wahrheit gesagt, aber er sah auch so, was los war, und ist mir einige Tage lang nicht mehr von der Seite gewichen. Wir sind zusammen nach San Francisco zurückgefahren; er sorgte auch dafür, dass Deirdre und ich uns aussprachen und verließ mich erst, als ich den schlimmsten Teil der Krise überwunden hatte.

Ich weiß, ich habe einiges falsch gemacht mit meinen Kindern, das tut jede Mutter. Beispielsweise habe ich damals Deirdre vernachlässigt, als ich in Ridge Farm die Leitung übernahm. Ich dachte, die Haushälterin und mein Mann würden mich ersetzen. Deirdre war zu dieser Zeit schon fünf Jahre alt. Aber sie war gerade in den Kindergarten gekommen, also in einer sensiblen Phase. Ich glaube, ihr fehlte vor allem unser abendliches Ritual, bei dem sie mir von ihrem Tag berichtete und ich ihr eine Gute-Nacht-Geschichte erzählte. Wahrscheinlich wäre es schon viel besser gewesen, wenn ich ihr mein Wegbleiben erklärt hätte, statt einfach zu verschwinden. Das muss man in Krisenzeiten unbedingt, und vor allem muss man dem Kind versichern, dass man es liebt.

So wie Deirdre tragen manchmal Kinder die Folgen, wenn die Mutter berufstätig ist und es am Arbeitsplatz eine unerwartete Krise gibt. Aber natürlich tragen sie auch die Folgen, wenn eine Mutter den ganzen Tag zu Hause ist und schlechte Laune hat, weil sie sich langweilt. Und für viele Mütter stellt sich aus ökonomischen Gründen keine Alternative zur Berufstätigkeit.

Für dieses Dilemma sehe ich auch keine Lösung, schon gar keine individuelle. Es gibt kaum noch Großfamilien, in denen Kinder mehrere Bezugspersonen haben und nicht nur eine oder zwei, was eigentlich nicht reicht. «It takes a village to raise a child» heißt ein Buch von Hillary Clinton. Das sehe ich ähnlich. Ich glaube, die ganze Gesellschaft müsste mehr Verantwortung übernehmen, zum Beispiel indem sie für genügend gut ausgebildete Betreuer für die Kinder sorgt, und für regelmäßige Supervision für diese Betreuer. Kinder auf förderliche Weise großzuziehen, ist eine der anspruchsvollsten Tätigkeiten überhaupt.

Glücklicherweise hat mir Brian in dem Punkt nichts nachgetragen. Wir haben kurz vor seinem Tod während einer Autofahrt ein Gespräch über dieses Thema geführt. Es ist das schönste Geschenk, das mir von ihm geblieben ist. Am Tag zuvor hatte ich eine lautstarke Auseinandersetzung zwischen Brian und Linda mitbekommen, nicht zum ersten Mal. Deshalb sprach ich ihn vorsichtig darauf an: «Brian, ich habe euch schon ein paar Mal streiten gehört und mache mir Sorgen. Deshalb möchte ich dir gern etwas dazu sagen: Manchmal überträgt man Ärger von seiner Mutter auf seine Frau. Ich frage mich, ob du Ärger mit mir hast und wenn ja, sag es bitte.»

Er fuhr an die Seite, stoppte und fing an zu überlegen. Es dauerte einige Zeit, ich wurde allmählich nervös. Schließlich antwortete er: «Nein, unsere Streitereien haben nichts mit dir zu tun. Aber es gibt eine andere Sache, warum ich noch ärgerlich auf dich bin.» Ich wurde noch nervöser. Endlich fuhr er fort: «Früher hast du mich zwar immer zum Sport gefahren, dafür bin ich dir auch dankbar. Aber dann hast du die ganze Zeit nur dagesessen und gelesen, statt zuzuschauen.» Ich, ganz erleichtert: «Oh, ist das alles?» Er: «Wieso: ‹Ist das alles?› Das ist viel. Aber sonst warst du eine sehr gute Mutter.»

Was ich bedaure, wenn ich an die Kinderzeit von Brian und Deirdre zurückdenke, ist, dass wir so wenig Schönes gemeinsam unternommen haben: Ausflüge, Feste, irgendetwas Besonderes – ein bisschen habe ich mit meiner Tochter, übrigens eine kluge und begabte Journalistin, in den vergangenen Jahren nachgeholt. Wir waren zum Beispiel zusammen in der Türkei und in Griechenland. Damals, nach Brians Tod, brauchten wir einige Jahre, um uns wieder einander zu nähern, und eigentlich, um uns neu kennen zu lernen. Heute ist unser Verhältnis gut. Wir sind sehr unterschiedlich, aber wir lieben und respektieren uns und können miteinander reden, ohne dass wir alte Wunden aufreißen müssen.

Wieder in Europa

Wegen des verhängnisvollen Vertrags mit Joan hatte ich viel Geld verloren. Die wichtigere Folge aber war, dass ich meine gesamte Tätigkeit von den USA nach Europa verlagerte.

Mit dem zunehmenden Erfolg meines Institutes in Philadelphia waren die ersten Seminaranfragen aus Übersee gekommen. Ich konnte mir aussuchen, ob ich sie annehmen wollte oder nicht. Ich verdiente damals in den USA genug und sagte wirklich nur aus Interesse zu oder wenn man mich sehr gut bezahlte und auch meine anderen Bedingungen erfüllte. Seitdem gelte ich als ziemlich anspruchsvoll, aber eigentlich zeigt es, dass ich gut für mich sorgte: Zum einen wollte ich immer ein Hotel mit Schwimmbad, ich schwimme möglichst jeden Tag, einmal wegen meines Rückens und außerdem, weil es mir Spaß macht. Jemand musste mich mit dem Auto am Flughafen abholen und zwischen Hotel und Seminarort hin- und herfahren. Was ich außerdem bis heute nach einer Reise mache: Ich halte mir den nächsten Tag frei und verbringe ihn oft einfach im Bett. Ich glaube, deswegen habe ich das strapaziöse Leben so gut verkraftet.

Nach Deutschland kam ich zum ersten Mal 1972, aber nicht auf direktem Wege. Hilarion Petzold hatte mich zu einem Gestalt-Kibbuz in das damalige Jugoslawien eingeladen. Anschließend fanden zwei von Michael Paula organisierte Seminare in Hamburg und München statt. Der Workshop in Jugoslawien, an dem übrigens Birger Goos und Bert Hellinger teilnahmen, begann absolut chaotisch. Mein Deutsch war miserabel, sodass ich mir alles zwei- und drei Mal erklären lassen musste. Als ich ankam, war Petzold, der bereits eine Woche mit der Gruppe gearbeitet hatte, schon wieder abgereist. Wir konnten nichts absprechen. Die Teilnehmer wirkten erschrocken und verunsichert. Es dauerte eine Zeit, bis ich den Hintergrund verstand: Man berichtete mir, zwei Leute aus der Gruppe, ein Deutscher und eine Schweizerin, die mittlerweile nach Hause gefahren waren, hätten sich die ganze Zeit gestritten. Besonders die Frau wäre außergewöhnlich aggressiv gewesen. Beim Erzählen wirkte die Geschichte so dramatisch, dass ich dachte, die beiden wären mindestens mit Messern aufeinander losgegangen.

Dann begriff ich endlich: Diese Schweizerin hatte sich nur lautstark durchgesetzt, und die ganze Aufregung rührte daher, dass man damit nicht umgehen konnte. Das war aus meiner Sicht typisch für die Psychoszene in Deutschland Anfang der 70er Jahre: Jede Form von Aggression war verpönt und wurde sofort mit Faschismus in Verbindung gebracht. Aggression muss jedoch nicht unbedingt feindselig verstanden werden. Perls hat dazu viel Wichtiges gesagt. Er sah Aggression eher positiv, für ihn hieß es, zu jemandem hinzugehen und mit ihm zu sprechen oder etwas anderes zu tun, um mit ihm Kontakt herzustellen. Perls nannte es Kontakt, und in der TA sprechen wir von Strokes.

Trotzdem konnte ich die Irritation der Seminarteilnehmer gut nachvollziehen. Viele der Sozialarbeiter, Therapeuten und Psychologen, die zu dieser Zeit in meine Kurse kamen, hatten als Kinder die schrecklichen Folgen eines aggressiven Krieges erlebt: Hunger, Flucht, die Rache der sowjetischen Soldaten, zerbombte Städte, gefallene Väter. Jetzt erfuhr ich, wie sehr sie gelitten hatten. Diese Begegnungen machten es mir möglich, dass ich als Jüdin wieder in Deutschland arbeiten konnte. Bestimmt kamen auch meine guten Erfahrungen mit meiner früheren Lehrerin Frau Unghvari, die ja Deutsche war, hinzu. Ich wusste von den Gräueltaten der Nazis. Aber ich sah den Unterschied zwischen Tätern und Opfern auch unter den Deutschen.

Auf dem Workshop in Jugoslawien habe ich zunächst wie vereinbart Gestalttechniken gezeigt, aber dann, um sie zu erklären, am zweiten Tag mit TA-Konzepten begonnen: Dadurch fingen die Teilnehmer an, die Prozesse zu verstehen. Außerdem waren sie dankbar für jegliches therapeutische Handwerkszeug. In Deutschland hatte man gerade erst begonnen, sich mit den neuen Richtungen wie Gruppen- oder Gestalttherapie aus den USA bekannt zu machen.

Mit dem Thema Autorität gab es übrigens ähnliche Probleme wie mit Aggression. Auch Autorität wurde ausschließlich negativ bewertet und als repressiv und schädigend abgelehnt. Deshalb hatte meiner Meinung nach auch die antiautoritäre Bewegung in Deutschland viel mehr Gewicht als in anderen Ländern. Eltern und Lehrer verkündeten: «Wir wollen nicht, dass unsere Kinder genauso unterdrückt aufwachsen wie wir – sie sollen glücklich sein.» Aber sie schütteten das Kind mit dem Bade aus, denn Rebellion ist auch eine Form der Anpassung: Man sagt «Nein» statt «Ja» zu den Elternfiguren. Die Kinder durften sich unbeschränkt austoben, aber die Erwachsenen stellten fest, dass diese Kinder trotzdem Probleme hatten. Denn: Kinder brauchen Freiheit und gleichzeitig Struktur, sonst fühlen sie sich wie verloren. Sie müssen unterscheiden können, wenn ihnen jemand sagt: «Du darfst hier im Flur rennen, aber nicht im ganzen Gebäude.» «Liberty is not the licence to scream ‹fire› in a crowded movie-house» (Freiheit ist nicht die Erlaubnis, in einem überfüllten Kino «Feuer» zu schreien), wie es ein Richter am Supreme Court einmal ausdrückte. Dieser Unterschied ist auch in der Kindertherapie wichtig: Die Kinder lernen, dass sie ihre Wut spüren und benennen dürfen, dass sie die Puppe «töten» oder auf das Spielzeugauto treten dürfen, aber dass es nicht erlaubt ist, ein anderes Kind zu boxen.

Deshalb heißt für mich das Ziel nicht Freiheit, sondern Autonomie: Zu Autonomie gehören Selbstbestimmung, Selbstverantwortung und Rücksichtnahme, was die Fähigkeit zur Selbststeuerung voraussetzt. Wenn es gut geht, entwickeln Kinder diese Kompetenz im Laufe des Heranwachsens.

Mir warf man anfangs oft vor, als Seminarleiterin autoritär und hart zu sein. Ich musste viel Überzeugungsarbeit leisten, denn es hat keinen Sinn, wenn zum Beispiel jemand mit Ausbeutungstransaktionen anfängt, dem Betreffenden sanft und verständnisvoll zuzuhören. Man muss ihn damit konfrontieren und herausfinden, was dahinter steckt, sonst schadet man dem Klienten und sich selbst. Aber die Leute dachten jedes Mal mitleidig: «Der Arme.» Es war gut, dass ich Amerikanerin bin, als Deutsche hätte ich zu der Zeit nicht so arbeiten können.

Ich fand in diesem Punkt auch die Unterschiede zwischen einzelnen Ländern interessant. Die Franzosen zum Beispiel waren nicht besonders antiautoritär. Sie hatten auch keine Angst vor Autorität, die Deutschen hatten Angst davor und wollten nichts damit zu tun haben. In den USA war es wieder anders: Dort gab es überhaupt keine antiautoritäre Bewegung, sondern es gab einfach viel Freiheit. Am stärksten angepasst habe ich damals übrigens einen Österreicher erlebt. Ich weiß noch, in einem Kurs fragte er mich, ob er sein Jackett ausziehen dürfe. Aus Spaß erwiderte ich: «Nein, das dürfen Sie nicht.» Und er behielt seine Jacke tatsächlich den ganzen Tag an.

TA-Arbeit in Deutschland

Ab Anfang der 70er Jahre wurde die TA allmählich in Deutschland bekannt. Als ich das erste Mal dank Michael Paula in die Bundesrepublik kam, gab es nur Gisela Kottwitz in Berlin, die ausbildete. Heute existieren eine gut etablierte TA-Organisation und eine lange Liste von geprüften Transaktionsanalytikerinnen und -analytikern. Auch in den anderen westeuropäischen Ländern ist die TA anerkannt, und sie verbreitet sich weiter: in Osteuropa, in einigen asiatischen Ländern, in Südamerika, Australien und Neuseeland.

Anders in den USA. Dort hat sie nach Bernes Tod leider zunehmend an Bedeutung verloren, und inzwischen spielt sie nur noch an der Ostküste eine Rolle. Ich denke, die Hauptgründe für diese Entwicklung waren, dass die TA, wie Harris sie verstand, zu einfach war. Man verknüpfte es vielleicht auch zu sehr mit Kalifornien und der Hippiezeit. Außerdem gab es einfach zu wenige Therapeuten, die in Amerika TA praktizierten und weiterentwickelten.

Andere haben, wie auch ich, eher draußen, in der Welt verstreut, gearbeitet gemäß dem Auftrag von Berne. Er wollte die TA verbreitet sehen. Sein rebellischer Teil verbot gleichzeitig, sie zu institutionalisieren. Das hat der TA geschadet.

1981 schloss ich mein Institut in Philadelphia. Eigentlich durch ein Missverständnis. Ich hatte gegen Joan prozessiert und gewonnen. Das Institut gehörte wieder mir, und eigentlich hatte ich es mit einem großen Fest wiedereröffnen wollen. Ich ließ die Sekretärin eine Reihe von Einladungen verschicken, mit dem richtigen Datum, aber ohne den Anlass zu nennen. Das bemerkte ich allerdings erst Wochen später. Ich war ganz empört, aber es war nicht der Fehler der Sekretärin gewesen, sondern meiner. Ich selbst hatte den Einladungstext verfasst und diesen Punkt einfach vergessen. Unbewusst stand für mich schon fest: Ich wollte das Institut nicht mehr, und ich wollte auch nicht mehr in Amerika arbeiten.

So kam es, dass ich kurz entschlossen das große Fest zu einem Abschiedsfest erklärte. In den USA alles aufzugeben und nur noch in Europa zu arbeiten, war ein hohes Risiko, absolut verrückt und absoluter Ausdruckstrieb! Aber es ging gut.

Die nächsten zwölf Jahre lang, bis 1993, bin ich drei- oder viermal im Jahr jeweils für einige Monate in Westeuropa unterwegs gewesen, auch in der ehemaligen DDR, außerdem in Indien, Japan und Mexiko.

Die meisten Seminare habe ich in Deutschland gehalten. Hier erschien 1982 auch – nach meinem ersten Buch «Transaktionsanalyse» – mein zweites Buch: «Es ging doch gut – was ging denn schief». Ich habe es Brian gewidmet, denn es war seine Idee gewesen. Er hatte sich einmal einen Vortrag von mir über Ausbeutungstransaktionen angehört und über-

Mit Lektor Ulrich Kabitz vom Christian-Kaiser-Verlag, wo das Buch
«Es ging doch gut, was ging denn schief» 1982 erschien.

raschend nützlich gefunden. Brian drängte mich, über das Thema zu schreiben. Er wollte, dass viele Leute das Konzept kennenlernten und hatte sogar einen Verlag für mich gefunden. Ein großer Teil des Manuskripts war im Sommer vor seinem Tod fertig geworden. Als Brian starb, habe ich dann alles weggeworfen und meinen Vertrag mit dem amerikanischen Herausgeber gekündigt. Dass das Buch trotzdem erschien, ist einem guten Freund zu verdanken, Martin Koschorke, leitender Mitarbeiter des Evangelischen Familienberatungsinstituts in Berlin, für das ich jahrzehntelang gearbeitet habe. Martin brachte mich dazu, den Text noch einmal zu schreiben, zur Erinnerung an Brian, diesmal für einen deutschen Verlag. Der Titel entstand übrigens in letzter Minute, kurz bevor der Text in Druck gehen sollte. Uns war monatelang nichts Passendes eingefallen, ich telefonierte zum wiederholten Mal mit dem Lektor, ohne das wir uns einigen konnten, und klagte zuletzt verzweifelt: «Ich verstehe das nicht, bisher ging doch alles gut, und jetzt das! – Wieso geht es jetzt bloß schief?» Und da rief er aus: «Das ist der Titel!»

1992 wurde dann «Wenn Verzweiflung zu Gewalt wird» veröffentlicht, in dem ich mit Hilfe meiner Motivationstheorie und meines Konzepts der beiden Typen zeige, wie es zu Gewalttaten kommt und wie man die Warnsignale erkennt. 1996 folgte schließlich «Ich – Beruf, Leben, Beziehungen», das ich zusammen mit Gerd Pischetsrieder geschrieben habe.

Anfang der 80er Jahre entstand auch eine neues Aufgabenfeld für mich. In den USA hatte ich nie als Beraterin oder Trainerin für eine Firma gearbeitet. Das begann in Deutschland und wurde – neben meinen Kursen im therapeutischen Bereich – mein zweiter Schwerpunkt.

Zu meinem ersten Auftrag kam ich durch eine Ehetherapie. Der Mann war Unternehmer. Er bat mich anschließend, ihm bei einem Problem in seiner Firma zu helfen. Es ging um einen Konflikt zwischen seiner Marketing- und seiner Verkaufsabteilung. Ich zögerte, aber er versprach, mich zu unterstützen.

Die Ursache für diesen Konflikt lag in seinem Führungsstil. Er war viel zu autoritär; der gesamte Betrieb war nach einem streng hierarchischen System von Befehl und Gehorsam organisiert, sonst gab es keinen Austausch. Die Mitarbeiter fühlten sich unterdrückt. Dadurch stritten sich die Abteilungen wie Kinder in einer Familie, wenn der Vater zu dominant ist.

Mein Auftraggeber hatte bereits mehrere Berater ausprobiert, aber sich selbst immer herausgehalten, deshalb waren meine Vorgänger gescheitert. Dieses Mal verlief die Geschichte gut, weil er von Anfang an bei allen Gesprächen dabei war. So konnten ihn seine Mitarbeiter endlich direkt ansprechen und Lösungen entwickeln. Das Klima in dem Betrieb veränderte sich wirklich zum Guten, und dadurch wurde ich auch weiterempfohlen.

Später entstanden viele Kontakte durch das Odenwald-Institut. Mary Anne Kübel hatte es 1978 gegründet. Ich mag sie inzwischen sehr und freue mich, dass ich sie beim Start ihres großartigen Projekts unterstützen konnte. Meine ersten Kurse für das Institut fanden noch im ersten Stock einer ausgebauten Scheune statt; unten hörte man die Hühner gackern. Im Odenwald-Institut habe ich neben verschiedenen themenbezogenen Seminaren auch erstmals offene Trainingsgruppen angeboten. Die Teilnehmer kamen überwiegend aus therapeutischen Berufen, aber zunehmend meldeten sich auch Trainer aus der Industrie an, die mich dann in ihre Betriebe holten – unter anderem ein Flugzeugkonzern, ein Reifenhersteller und eine Kosmetikfirma.

Fanita mit Karl und Mary Anne Kübel

Anfangs hatte ich keine Ahnung von firmeninternen Abläufen. Aber ich wusste, was ich konnte – und ich lernte im Laufe der Jahre vieles von den Teilnehmern dazu. Für meine Industrieseminare war zum Beispiel mein so genannter Dreieckskontrakt Arbeitsgrundlage für mich und ein wichtiges inhaltliches Thema: Man braucht ihn immer, wenn man im Auftrag einer Organisation arbeitet – ob als Seminarleiter, Lehrer, Berater oder als verantwortlicher Mitarbeiter in einem Unternehmen. Man muss dann schauen: Wer ist – außer mir und den Teilnehmern – noch in dem System beteiligt, weil er zum Beispiel mein Honorar finanziert, das aber gleichzeitig mit entsprechenden Erwartungen, Forderungen oder Versprechungen an die Teilnehmer verknüpft. Ein Lehrer beispielsweise kann nicht allein mit den Schülern Unterrichtsthemen absprechen. Er ist seiner Behörde gegenüber vertraglich verpflichtet und in gewisser Weise auch den Eltern der Kinder. Ein Berater in einer Firma muss berücksichtigen: Was hat sein Auftraggeber mit den Kursteilnehmern oder Coaching-Kandidaten abgesprochen? Dreieckskontrakte spielen eigentlich in fast allen Arbeitssituationen eine Rolle. Auch für einen Abteilungsleiter in einem Produktionsbetrieb ist es wichtig zu klären, inwieweit er für Arbeitsbedingungen seiner Mitarbeiter zuständig ist und wo der Vorstand oder der Inhaber.

Die Idee für den «Dreieckskontrakt» war 1975 während eines Seminars für das Fritz-Perls-Institut entstanden. Was mich betraf, hatte man alle Bedingungen eingehalten: Ich wohnte in einem Hotel mit Schwimmbad, wurde abgeholt und zum Seminarort, einem Kloster, gefahren. Aber dort stellte sich heraus: Die Teilnehmer waren schon am Abend zuvor angereist und absolut sauer. Es war kalt, sie hatten die ganze Nacht gefroren, weil nicht richtig geheizt wurde, und sie hatten kein richtiges Frühstück bekommen. Im Institut meldete sich niemand am Telefon, und auch in dem Kloster gab es keinen Verantwortlichen, nur eine kleine Nonne, die das Essen brachte, aber sonst nicht Bescheid wusste und sich außerdem wunderte: «Ich verstehe das nicht – die Leute haben sich doch früher nicht beklagt.» Aber wer waren diese Leute, die hier sonst übernachteten? Pfadfinder, die sich über die billige Unterkunft freuten und natürlich keine Ansprüche stellten. Ich habe dann die Seminarteilnehmer zum Essen eingeladen. Man konnte auch die Heizung höher stellen. Aber wir alle haben etwas Wichtiges gelernt: Es genügt nicht, als Leiterin mit dem Veranstalter und den Teilnehmern einen klaren Kontrakt zu haben. Man muss auch wissen: Was ist zwischen dem Veranstalter und den Teilnehmern abgesprochen? In diesem Fall hatten sie einen Pauschalpreis für Therapie, Unterkunft und Verpflegung bezahlt, ich war also für Essen und Wohnen mitverantwortlich. Wir haben auf Grund dieser Geschichte zusammen das neue Kontraktkonzept entwickelt. Nach dem Seminar habe ich es ausformuliert, im TA-Journal veröffentlicht und erstaunt festgestellt, wie oft sich auch große Firmen deswegen mit mir in Verbindung setzten.

Wenn ich ein Seminar beginne, egal für welche Zielgruppe, lese ich zunächst die Ausschreibung vor – nachdem es mir einmal bei einem Kurs passiert ist, dass ich ein Therapie- mit einem Fortbildungsseminar verwechselt habe. Dann höre ich sehr genau zu, wenn die Teilnehmer ihre Erwartungen formulieren und schließe die Einzelverträge. Erst danach plane ich Coaching- und Theorieabschnitte. Wenn nötig, werfe ich mein gesamtes Programm um und mache etwas ganz anderes. Nach der Wende sollte ich zum Beispiel eine Gruppe von Versicherungsagenten schulen, alles ehemalige DDR-Lehrer. Statt über Kommunikation haben wir fast die ganze Zeit damit verbracht, über die Marktgesetze im Kapitalismus zu reden, denn sie waren der Meinung: «Wir wollen untereinander keine Konkurrenz, und wir wollen den Leuten nichts verkaufen, was sie nicht brauchen.» Damit hatten sie teilweise Recht, würden aber schnell ihre Jobs wieder verlieren.

Ein anderes wichtiges Thema in meinen Industrie-Seminaren war der Zusammenhang von Typ und beruflicher Rolle. Damit lässt sich eine Reihe typischer Konflikte erklären und lösen. Ein Typ-1-Chef (untersicher) hat Führungsprobleme, wenn er nur seinen bevorzugten Stil benutzt, nämlich Entscheidungen anderen zu überlassen und sich hinter seinem Schreibtisch zu verstecken. Wenn von einem Typ-2-Mitarbeiter (übersicher) erwartet wird, ausschließlich weisungsabhängig zu arbeiten, rebelliert er wahrscheinlich, ohne zu wissen wieso. Ein Typ 2 als Chef dagegen ist leicht versucht, zu dirigistisch zu sein.

Meine Kurse in der Industrie oder anderen Organisationen verlaufen jedes Mal unterschiedlich, je nach Vertrag und Interessen der Teilnehmer. Aber die Grundbausteine sind doch gleich. Ich erkläre die Theorie, diskutiere mit den Leuten, oft schlage ich Übungen oder Rollenspiele vor, damit die Teilnehmer etwas ausprobieren können. In meinen offenen

Trainingsgruppen habe ich häufig die Technik des «Fish-bowl» benutzt: Eine kleine Gruppe sitzt mit einem Berater in der Mitte und arbeitet, zum Beispiel diskutiert sie ein Problem. Anschließend werden der Prozess und das Verhalten des Beraters besprochen. Dadurch lernen alle und auch ich habe immer viel erfahren, zum Beispiel über typische Fehler am Arbeitsplatz.

Geschichten können helfen

Meiner Meinung nach profitiert man in jeder Gruppe. Das kann durch eine Erfahrung geschehen, auch eine unangenehme, durch einen wichtigen Satz, durch ein sinnvolles Modell. Oder ganz unerwartet durch eine Geschichte, wie zum Beispiel die folgende, die ich auf einem firmeninternen Seminar erzählte. Sie war während einer Reise mit einer Freundin passiert: Wir standen beide schwer bepackt an einer Treppe im Bahnhof. Meine Freundin ist wesentlich jünger und kräftiger als ich, aber ein Typ 1. Sie blieb stehen, stellte ihre Taschen ab und klagte: «Wie soll ich hier nur das ganze Gepäck hoch bekommen?» Sofort kamen Leute, die ihr halfen. Ich als Typ 2 habe natürlich meine Koffer immer selbst geschleppt – jedenfalls bis dahin; danach habe ich sofort ihre Methode übernommen. Die Geschichte sollte zeigen, dass man gut von seinem Gegen-Typ etwas lernen kann, was ich übrigens auch Paaren empfehle.

An besagtem Seminar hatte ein Abteilungsleiter teilgenommen, ein ziemlich kontrollierender Typ 2, der nie etwas delegierte. Alle seine Mitarbeiter beklagten sich deswegen über ihn. Er bewegte sich auch während des Kurses keinen Millimeter.

Etwa sechs Monate später trafen wir uns wieder. Ich kam erneut in die Firma wegen einer Reihe von Coaching-Terminen. Auf der Kandidatenliste las ich den Namen des erwähnten Abteilungsleiters. Er hatte es geschafft, auf der Liste zu stehen, obwohl es fünfzehn Anmeldungen, aber nur sechs Plätze gab. Ich war erfreut, dass er sich angemeldet hatte, aber auch überrascht. Als wir uns gegenübersaßen, begann ich mit meiner üblichen Frage: «Womit wollen wir arbeiten?» «Mit nichts Besonderem», erwiderte er. Ich, ziemlich verblüfft: «Also, wenn Sie kein Thema mitgebracht haben – gab es etwas in dem Seminar, das Sie interessiert hat und das wir besprechen könnten?» Er: «Eigentlich erinnere ich mich an nichts.» Nach dieser Antwort erkannte ich die Spieleinladung: Ich sollte meinen Misserfolg noch einmal und in aller Deutlichkeit vor Augen geführt bekommen. Ich schwieg. Eine Pause entstand. Dann ergriff er wieder das Wort, diesmal mit einem Lächeln: «Ach ja, an etwas erinnere ich mich doch – Ihre Geschichte vom Koffertragen. Das mache ich inzwischen auch so.» «Klappt es denn?», wunderte ich mich, denn er war groß und kräftig. «Ja, jedes Mal», amüsierte er sich. «Ich habe kleine Kinder, Zwillinge. Und immer, wenn ich mit den beiden am Bahnsteig stand, wusste ich nicht, wie ich die Kinder und das Gepäck rauftragen sollte. Aber wenn ich Ihren Trick benutze, kommen sofort ein paar Frauen und helfen mir.»

Als er geendet hatte, saßen wir eine Weile schweigend da; auch mir fiel nichts mehr ein. Aber plötzlich begann er laut zu überlegen: «Jetzt fällt mir ein: Wenn ich an diese fremden Frauen meine Kinder delegiere» – er benutzte tatsächlich das Wort «delegieren» – «müsste ich doch auch so viel Vertrauen haben, an meine Mitarbeiter etwas zu delegieren. Eigentlich könnte ich tatsächlich mehr delegieren.» Mit diesem Satz hatten wir endlich eine Arbeitsgrundlage und konnten das «Was» und «Wie» besprechen.

Aus meiner Beratertätigkeit bekam ich wichtige Impulse für meine Motivationstheorie. In einem der ersten betrieblichen Seminare ging es um das Thema: Wie motiviere ich jemanden? Einer der anwesenden Manager berichtete von einem Mitarbeiter, der sehr gut und sehr kreativ arbeitete, aber kam und ging, wann er wollte. Weder mit Kritik noch mit Anerkennung konnte dieser Chef das Verhalten des Angestellten beeinflussen. Damals fing ich an, in eine andere Richtung zu denken – das Stroke-Konzept der TA reichte einfach nicht. Es war für mich wie mit der Geschichte von dem Mann, der seinen Schlüssel verloren hatte. Er suchte und suchte im Schein einer Straßenlaterne. Aber dort konnte er seinen Schlüssel nicht finden, weil der einige Meter entfernt im Dunkeln lag...

1993 hatte ich mich zunächst einmal in Europa verabschiedet. Ich war jetzt 77 Jahre alt und wollte mich eigentlich aus dem Berufsleben zurückziehen. Einige Wochen lang habe ich die sehr schönen Abschiedsfeiern genossen, mit vielen Blumen und viel Trauern und festlichen Ansprachen, und bin – wie ich dachte endgültig – nach Amerika zurückgekehrt. Ich sehnte mich nach Ruhe, nach meiner Tochter, nach einem Leben ohne Geschäftsreisen und Termindruck.

Meine letzte Skriptgeschichte sollte ein französischer Film sein, den ich sehr liebe, und der den Titel trägt «Die verrückte alte Dame». Ich glaube, er wurde nach einem Stück von Bertold Brecht gedreht: Die Heldin hatte nach dem Tod ihres Mannes begonnen, sämtliche Konventionen ihres engen dörflichen Daseins über Bord zu werfen und ihr Leben zu genießen. Sie bricht mit ihren kritischen Kindern und findet eine Freundin, eine junge Frau, die von den Dorfbewohnern verstoßen wurde und mit der sie sich gut versteht. Eine Szene ist besonders rührend: Die junge Frau bringt ihr Blumen mit und frisiert ihr die Haare. Mir kommen jetzt noch die Tränen, wenn ich daran denke. Die beiden verreisen und haben viel Spaß miteinander. Am Ende stirbt die alte Dame – aber sie ist die letzten Jahres ihres Lebens endlich glücklich gewesen. Und ihrer Freundin bleibt ein Fotoalbum mit Bildern einer wunderbaren Reise. Das sehe ich auch als Teil meines Skripts: Man kann seinen Ausdruckstrieb ausleben, egal wie alt man ist. Und wenn man dann stirbt, lässt man etwas zurück, an das sich die Menschen gern erinnern oder das ihnen etwas nützt. Das ist etwas, was ich mir wünsche. Der Tod gehört dazu, man nimmt ihn an, aber er bedeutet kein endgültiges Ende; etwas Gutes bleibt.

Aber meine Zeit zu sterben war noch nicht gekommen. Im Oktober 1999 überlebte ich einen schweren Unfall in meiner eigenen Küche. Ein Ärmel meines Kimonos fing an der offenen Gasflamme Feuer, als ich mir in aller Eile einen Tee kochen wollte, fast vierzig Prozent meines Körpers waren mit Brandwunden bedeckt. Mehrere Umstände haben dazu beigetragen, dass ich am Leben blieb und wieder gesund wurde: Die exzellente Arbeit auf der Station für Brandverletzungen des Saint Francis Hospitals in San Francisco, die auch noch mit Fröhlichkeit und Humor getan wurde. Meine Fähigkeit, zu essen und zu schlafen, wenn mein Körper das braucht. Und manchmal das Gefühl, die guten Wünsche von Menschen aus aller Welt zu spüren, wie eine heilende Welle. Ich weiß, es klingt ein bisschen mystisch, aber so war es. Und dann gab es Dr. Ikeda, einen fachlich und menschlich hervorragenden Arzt, der mich betreute: Ich hatte mir während der zwei Monate im Krankenhaus das Recht erkämpft, die Menge der Schmerzmittel und des Morphiums selbst zu dosieren; es war mehr, als er mir geben wollte. Als ich entlassen wurde, litt ich noch immer starke Schmerzen und außerdem unter den Nebenwirkungen der Medikamente: Mein Körper zitterte, mein Kopf fühlte sich an wie mit Stroh gefüllt. Statt mir, wie ich es ich verlangte, noch mehr und stärkere Tabletten zu verschreiben, empfahl mir Dr. Ikeda, täglich meine Wohnung zu saugen. Staubsaugen ist nicht gerade meine Sache, aber immerhin verstand ich seine Botschaft und gehorchte, indem ich die Rehabilitationsmaßnahmen befolgte. Im März des folgenden Jahres entschloss ich mich zu einer Radikalkur.

Der Grund war ein Anruf aus Deutschland: Manfred Gührs vom Osterberg-Institut erinnerte mich an einen geplanten Workshop-Termin im Juni. Ich nahm zu der Zeit immer noch Unmengen an Tabletten, aber diesen Vertrag wollte ich unbedingt einhalten. Anfang April setzte ich sämtliche Medikamente ab. Die nächsten vier Wochen waren die Hölle. Im Mai zog ich aus meiner alten Wohnung aus und in eine Seniorenwohnanlage, und im Juni flog ich nach Hamburg und hielt das Seminar im Osterberg-Institut. Seitdem weiß ich ein wenig darüber, was es heißt, süchtig zu sein und einen «kalten Entzug» durchzustehen. Man braucht einen wirklich starken Impuls, der den Ausdruckstrieb stärkt oder wieder aktiviert, wie bei mir die Aussicht auf die Reise. Ich glaube, man muss in einer solchen Situation eher ein Risiko eingehen als den Ruhetrieb zu unterstützen.

Nach meinen Abschied von Europa und dem Tod von Raman habe ich in Amerika dann doch sofort wieder angefangen zu arbeiten: Zuerst nur in San Francisco für die schon erwähnte Selbsthilfeorganisation. Es war eine ähnliche Arbeit wie ich sie dreißig Jahre zuvor im Elgin State Hospital gemacht hatte. Leider wurde das Projekt inzwischen aus Geldmangel eingestellt. Seitdem engagiere ich mich in der amerikanischen TA-Organisation, reise zu Meetings oder Kongressen, schreibe noch an verschiedenen Buchprojekten und brüte weiter über meiner Motivationstheorie. Seit kurzem leite ich auch wieder eine kleine Selbsterfahrungsgruppe. Manchmal bin ich auch noch für einige Workshops in Deutschland – aber nur noch selten, und mir ist bewusst, dass jedes Mal das letzte Mal sein könnte.

Seit meinem Unfall ist nicht mehr die «Verrückte alte Dame» meine vierte und letzte Skriptgeschichte, sondern eine kleine Erzählung von Raman. Sie spielt in Indien und geht so: Ein Mann lebt einige Zeit bei einem großen Guru. Nach vielen Sitzungen ist alles klar für ihn, er verlässt den Meister, überglücklich, dass er jetzt erleuchtet ist. Endlich hat er begriffen: Alles ist eins, Gott und die Welt und die Sonne und er selbst. Er tanzt die Straße entlang, lacht und singt, als ihm von weitem ein Elefant entgegenkommt. Oben auf dem Rücken des Tieres sitzt ein Reiter, der ihn laut schreiend und mit den Armen winkend warnt: «Mach Platz!» Der Mann, in seinen ozeanischen Gefühlen schwelgend, setzt voller Zuversicht seinen Weg fort – bis ihn der Elefant erreicht, ihn mit seinem Rüssel packt, hoch in die Luft wirft und fallen lässt. Der Mann, schmutzig und voller blauer Flecken, kehrt tief enttäuscht zu seinem Guru zurück: «Schau, was mir passiert ist. Wie konnte das geschehen? Du hast mich doch gelehrt: Alles ist eins. Ich bin die Welt und die Sonne und der Elefant und Gott.»

»Ja», antwortet der große Guru. «Aber der Elefantenführer ist auch Gott – warum hast du nicht auf ihn geachtet?»

Nachwort

Nun sind wir am Ende dieses Buches. Ich schreibe diesen Text am ersten Tag des Jahres 2004, das an die drei Jahre anschließt, in denen Sigrid und ich mit meinem Leben beschäftigt waren. Dieses Nachwort kommt verspätet. Ich sollte es vor Weihnachten schicken, aber der Verlag hat mir etwas mehr Zeit gegeben... Das entspricht in gewisser Weise auch meinem Leben: Immer wieder habe ich das Glück gehabt, mehr Lebenszeit zu bekommen, als zu erwarten war. Nicht nur dass ich, mit Mutter und Stiefvater, noch im November 1941 mit dem letzten Schiff nach Amerika gelangen konnte, anstatt, wie es ausländischen Juden in Frankreich bald danach, ab 1942, geschah, nach Auschwitz geschickt zu werden. Sondern auch, dass ich z.b. im Oktober 1999 knapp dem Tod durch eine Brandverletzung entkam. Als ein Wunder empfinde ich auch die Tatsache, dass ich noch Gelegenheit habe, das Ende von Sigrids langer Arbeit an meiner Biographie zu erleben, um dieses Nachwort zu schreiben.

Ich war es, die darauf bestand, noch ein Nachwort zu diesem Buch zu schreiben. Doch jetzt scheint mir der Hauptgrund nicht mehr so wesentlich: Ich hatte noch einmal unterstreichen wollen, (was Sigrid schon selbst im Vorwort schreibt), dass dieser Text trotz meiner Einwände in der Ich-Form geschrieben wurde und dass es darin vieles gibt, was ich ganz anders dargestellt hätte. (Allerdings wäre es mir überhaupt nicht eingefallen, meine Biographie zu schreiben!) Obgleich in diesem Buch alles sachlich richtig ist, hätte ich vieles ausgelassen, was Sigrid von mir herausbekommen hat. (Sie ist ja eine sehr begabte Journalistin!). Und vor allem hätte ich einiges ganz anders dargestellt. Ich hätte sicherlich mehr über meine Gefühle geschrieben – die von früher und die von jetzt – und über meine Erinnerungen. Und dann gab es auch oft den Wunsch, dieses oder jenes zu zensieren aus Scham – oder zumindest aus Verlegenheit. Doch Sigrid setzte sich gegen die Zensur durch, sodass ich schließlich meine eigene Anti-Scham-Theorie anwenden musste: Die beste Art, Scham-Hemmungen abzulegen, besteht darin, dass man offen sagt, weswegen man sich schämt, und danach feststellt, dass man noch immer am Leben ist. Ja, ich bin noch immer da, auch wenn einiges veröffentlicht wird, was ich lieber verstecken würde.

Ich muss aber doch zugeben, dass ich viele Dinge, die ich spontan erzählte, sodass sie jetzt in diesem Buch stehen, gern mehr aus meiner jetzigen Perspektive hätte erklären wollen – vielleicht zu meiner Entschuldigung. Tatsache ist, dass ich beim Erzählen immer wieder verblüfft darüber war, wie blind ich in so vielen Situationen gewesen bin – hauptsächlich, was mein Verhalten in Beziehungen angeht.

Nun gut, es soll nun alles so stehen bleiben, wie Sigrid es, trotz meiner Einwände, in der Ich-Form für mich dargestellt hat. Manchmal erkenne ich mich darin allerdings kaum wieder, und manches verstehe ich noch heute nicht. Mir wird bewusst, wie vieles an meinem Leben mir noch immer nicht klar ist.

Doch dank Sigrids gewissenhafter Arbeit an diesem Buch habe ich sehr viele neue Einsichten über mich bekommen, besonders wie sehr mich bis heute Ersatzgefühle bestimmen: Noch immer erlaube ich mir gewisse Gefühle, wie z.B. Trauer, nicht, auch wenn sie angemessen wären. Glücklicherweise hat mir das nicht allzu sehr geschadet, und zu Kriegszeiten hat es mir sogar geholfen. Doch mit dem Schmerz über den Tod meines Sohnes Brian gehe ich noch heute schlecht um.

Gewissermaßen waren die Interviews mit Sigrid wie eine fantastische «Psychoanalyse» im Gegensatz zu meiner früheren, achtjährigen Psychoanalyse in den fünziger Jahren, die mir geschadet hatte. Leider kommen – angesichts meines Alters – die neuen Einsichten, die ich dank der Arbeit mit Sigrid bekommen habe, etwas verspätet. Sie werden mir beruflich nur noch kurze Zeit dienen.

Die Leser dieses Buches mögen sich fragen: Wie kann es sein, dass diese Frau als Therapeutin oder Trainerin gearbeitet hat, wenn sie mit einem solchem Mangel an Selbsterkenntnis ein ganzes Leben lang funktionieren konnte? Noch nicht einmal über die eigenen Ersatzgefühle war sie sich klar, obgleich sie selbst die Theorie darüber entwickelt hat?! Mehr noch: Wie konnte es geschehen, dass sie überhaupt Anerkennung fand?

Diese Fragen stelle auch ich mir manchmal. Zu Neujahr erhielt ich darauf eine unerwartete Antwort in einer E-Mail von einer Frau, die nur einmal im Jahre 1972 an einem meiner Trainingsseminare teilnahm und mit der ich seitdem keinen Kontakt hatte. Sie schreibt, sie wolle mir jetzt endlich sagen, dass sie dank meiner Person Zutrauen zu sich selbst entwickeln konnte und seitdem sehr erfolgreich ist. Damals, 1972, war sie unerfahren und sehr schüchtern aufgetreten in einem Seminar mit geschulteren Teilnehmern; dennoch hatte sie es gewagt, einiges von sich zur Sprache zu bringen. Ich hätte ihr, schreibt sie, daraufhin etwa Folgendes gesagt: «Das hast du sehr gut ausgedrückt, auch wenn deine Stimme allzu leise war.» – Vielleicht liegt da das Geheimnis: Es geht nicht um mein Wissen, sondern um etwas Wohlwollen. Diese Haltung bewirkt, dass Klienten wie diese Frau sich selbst die Erlaubnis und Bestätigung holen, die sie brauchen, vorausgesetzt, sie gehen das Risiko ein, etwas von sich preiszugeben.

Nun, nahe dem Ende meines Lebens, freue ich mich, dass es aufgrund meines Wohlwollens manchen Menschen möglich war, etwas Gutes für sich zu schaffen und damit weiterzugehen. Solches Wohlwollen habe ich ursprünglich von meinem Großvater und meiner Lehrerin Frau Unghvari erlebt, dann von David Kupfer – und jetzt von Sigrid. Die ersten drei sind gestorben, bevor ich dazu kam, ihnen zu danken. Ich freue ich mich, dass ich noch die Gelegenheit habe, Sigrid hiermit von Herzen zu danken, nicht nur für ihr Wohlwollen, sondern auch für ihr konzentriertes Interesse, ihre Kunst und die Sympathie und Energie, die sie mir und diesem Buch geschenkt hat.

Fanita English
1, Baldwin Avenue
California, Ca. 94401, USA
1. Januar 2004

190

Anhang

Fanita English spricht nicht nur in fast jedem ihrer TA-Workshops von ihrer eigenen Meditationspraxis, sie verwendet sie auch regelmäßig, um ihren TeilnehmerInnen erholsame Pausen zu schenken und ihnen gleichzeitig diese Technik zu vermitteln. Der folgende Text zeigt, wie spielend leicht es sein kann, auch bei einem vollen Tagesprogramm Pausen einzulegen, die entspannen und neue Kraft geben – vielleicht eines der Geheimnisse von Fanitas erstaunlicher Energie und Kreativität.

Ein Gespräch über Meditation

A (zu B): Was ist los mit dir? Du siehst aus, als wolltest du gleich aus der Haut fahren! Was soll der Stress! Du schadest dir doch nur damit!

B: Ja, ja, glaubst du, das weiß ich nicht? Und es hilft mir wenig, wenn du mir predigst, ich solle mich entspannen. Das macht die Sache nur schlimmer. Ich weiß selber, dass ein paar gezielte Entspannungsübungen helfen würden, aber ich habe so wenig Zeit und so viel um die Ohren. Da kann ich keine Zeit damit vergeuden, mich aufs Sofa zu setzen und in mich hineinzuhören. Was getan werden muss, erledigt sich nicht von allein. Der Berg wird nur größer.

Na ja, das Meditationswochenende, das ich mal eingelegt habe, hat mir gut getan, und ich konnte Spannungen abbauen. Aber dann war schnell wieder alles beim Alten. Jetzt beherrsche ich zwar ein paar Entspannungsübungen und gelegentlich mache ich sie auch – wenn ich Zeit dazu finde. Aber meistens bin ich viel zu müde und schlafe dabei ein. Ich bin eben ein hoffnungsloser Fall!

A: Nein, das bist du gewiss nicht. Ich gehe jede Wette ein, dass ich viel Zeit für Entspannungsübungen in deinem langen Arbeitstag finden könnte. Überlege nur mal, in wie vielen Situationen du ungeduldig oder hektisch wirst, wo du meinst, dass dir andere die Zeit stehlen und du nichts tun kannst, als mit zusammengebissenen Zähnen alles hinzunehmen…

B: Ja klar, beim Zahnarzt zum Beispiel. Ich verstehe nicht, weshalb er nie die vereinbarten Termine einhalten kann. Da darf ich denn in seinem Wartezimmer herumsitzen, in blöden Zeitschriften blättern und bei jedem Blick auf die Uhr nervöser und gereizter werden. Oder im Restaurant, wenn ich ganz allein dort sitze – und erst recht in langweiliger Gesellschaft, wenn der Ober eine Ewigkeit braucht, um die Bestellung aufzunehmen und dann auch noch herumtrödelt, ehe er das Essen bringt. Und im Supermarkt in der Warteschlange an der Kasse... Wenn man es recht bedenkt, gibt es doch viele Situationen, wo man warten muss. Dagegen ist eben nichts zu machen. Sogar zu Hause wirst du davon verfolgt, denk nur ans Telefon: «Bitte warten...», und dann folgt ein nervtötendes Gedudel und die stereotype Freundlichkeit der Ansagestimme vom Band.

A: Oh ja, ich kenne das. Ich weiß noch, wie ungeduldig und gereizt ich bei solchen Anlässen reagierte. Selbst im Theater konnte ich kaum erwarten, dass der Vorhang sich hob, oder im Kino, dass die dummen Werbespots endlich aufhörten. Heute ist das anders. Ich nutze all diese unvermeidlichen Situationen, um zu meditieren oder mich zumindest etwas zu entspannen.

Ganz abgesehen von der positiven Wirkung habe ich außerdem die Genugtuung, meine Zeit für mich genutzt zu haben, anstatt sie mir von anderen Leuten stehlen zu lassen. Herrin meiner Zeit bin ICH. Das allein reicht bei mir schon, um Stress abzubauen.

Du musst dich nur einmal umgewöhnen und dann diese Haltung richtig einüben. Dazu musst du nur ein paar Mal jeweils fünf bis zehn Minuten aufwenden. Wenn du die Methode einmal beherrschst, lässt sie sich einsetzen, wann und wo immer du es willst.

Fangen wir doch gleich mal damit an. So gewöhnst du dich am besten daran, ganz «privat» zu meditieren, solange du willst. Man braucht dazu nichts weiter als ein Signal, um die «Meditation» zu beenden. Anfangs wirkt ein hörbares Zeichen am besten. Deshalb stelle ich für unsere erste Übung einen Wecker auf zehn Minuten ein. Und hier nun meine Anleitungen: Ich gebe sie in der Ich-Form, als wolle ich sie selber befolgen.

Zunächst stelle ich fest, wo ich mich befinde. Dazu sehe ich mich um und benenne ein, zwei Gegenstände aus meiner Umgebung: Tisch, Vorhänge, Sessel. Dann nehme ich mir vor, aus meiner Meditation aufzutauchen, wenn der Wecker klingelt.

Ich sitze in meinem Arbeitszimmer. Zuerst mache ich mir bewusst, was meinen Körper trägt: der Fußboden, der Stuhl, auf dem ich sitze usw.

Ich spüre die Schwerkraft, die mich hält und stützt und mich nicht einfach ziellos herumtaumeln lässt. Ich spüre, wie ich vom Stuhl, vom Boden, vom Haus gehalten und gestützt werde und spüre durch all diese Lagen die Verbundenheit mit der Erde, die uns trägt. Ich gestatte mir ganz bewusst das Gefühl der Schwere und der Gebundenheit durch die Schwerkraft.

Wann immer ich diese Übung ganz allein und ungestört an einem ruhigen Ort praktizieren kann, gibt es noch eine weitere Option: Ich spüre einer gedachten Verbindung nach, die direkt von der Mitte meines Kopfes zur immanenten Kraft des Universums geht. Das tut man am besten in aufrechter Sitzposition mit geradem Rücken – und ausreichend Zeit.

Ich kann beim Meditieren die Augen offen halten, aber wenn ich mich dabei wohler fühle, kann ich sie auch schließen. Dann mache ich mir noch einmal bewusst, dass ich NICHTS tun, denken oder empfinden muss, bis ich den Wecker höre. Ich muss meine Gedanken oder Gefühle nicht bewusst ausschalten. Sie mögen kommen und gehen, aber in der kurzen Zeit bis zum Endsignal brauche ich mich nicht darum zu kümmern oder versuchen, sie in Erinnerung zu behalten.

Geht es um Wichtiges, wird es mir ganz gewiss später wieder einfallen. Aber jetzt, in diesem Augenblick, gibt es NICHTS zu bedenken. Ich kann es mir gestatten, meine Gedanken und Gefühle schweifen zu lassen wie friedlich am Himmel dahinsegelnde Wolken. Die Geräusche um mich herum mag ich wohl wahrnehmen, aber sie werden mich nicht stören. Das einzige Geräusch von Belang ist jetzt der Signalton, der meine Meditation beendet. Ich werde mich auch nicht vom Ticken der Uhr stören lassen. Falls ich zufällig die Augen aufschlage, sehe ich, was um mich herum geschieht. Während dieser kurzen Zeit geht es mich aber nichts an, denn für eine kurze Zeitspanne muss ich nichts tun, NICHTS, GAR NICHTS.

Da ich aber NICHTS tun muss, kann mir mein Atmen bewusst werden, denn das bewirkt meine innere Ruhe. (Wir atmen ständig, im Wachen und im Schlaf, manchmal schneller – wenn wir laufen z. B. – manchmal langsamer, wenn wir schlafen.)

In eben diesem Augenblick, nachdem ich einige Minuten lang entspannt habe, erreicht meine Atmung wahrscheinlich den «normalen»

Rhythmus, den Rhythmus, der meinem Wohlbefinden am ehesten entspricht, das heißt, wenn ich nicht zu aktiv bin oder schlafe.

Wenn ich es möchte, kann ich meiner Atmung bewusst folgen. Am leichtesten ist das beim Ein- und Ausatmen durch die Nase. Dabei spüre ich, dass sich die Luft beim Einatmen in der Nase kühler anfühlt als beim Ausatmen. Mein Körper hat meinen Atem angewärmt.

Beim Ein- und Ausatmen wirken wir auf die Luft um uns ein, auch wenn wir NICHTS tun. Und wir wiederum werden von der Luft um uns herum beeinflusst. Auf diese Weise sind wir durch die Luft mit jedem lebenden Wesen auf der Erde verbunden. Die Buddhisten meinen, dass wir mit dem ersten Atemzug eine Verbindung zu allen anderen aufnehmen, die erst mit unserem letzten Atemzug endet. Beim Ein- und Ausatmen wiederholen wir wieder und wieder die dramatische Folge vom Eintritt ins Leben über den ersten bis zum letzten Atemzug, dem Tod. So erleben wir den Zyklus von der Geburt bis zum Lebensende ständig aufs Neue.

Nun definiere ich für mich die Empfindung in meiner Nase und drücke in Worten aus, was ich fühle. Den beobachteten Veränderungen entsprechend sage ich mir vor: «Kühl herein, warm heraus.» Und wieder: «Kühl herein, warm heraus.» Dabei konzentriere ich mich auf die bewusste Wahrnehmung dieser Empfindungen: KÜHL HEREIN – WARM HERAUS, KÜHL HEREIN – WARM HERAUS.

Nun folgen diese Aussagen meinem Atemrhythmus. Zunächst mag es dabei noch zu kleinen Unregelmäßigkeiten kommen. Aber schließlich stimmen Wortlaut und Atemrhythmus überein. Aus der Beobachtung ist eine Melodie, ein Mantra entstanden, wie die sehr persönliche Wendung, die manche Hindus bei Meditationen nutzen. «Kühl herein, warm heraus.»

Ich stelle mich innerlich auf diese Melodie mit eben diesen Worten ein. Dabei muss ich mich nicht zur ständigen Wiederholung zwingen. Ich kann sie vergessen und wieder aufnehmen, denn ich habe NICHTS zu tun, bis das Signal ertönt, aber ich genieße die Konzentration auf meinen Atem, die in mir das Gefühl weckt, Sorgen und Probleme hinter mir lassen zu können.

Wenn ich Lust dazu habe, kann ich experimentieren, indem ich ein

Nasenloch zuhalte und nur durch das eine ein- und ausatme, oder ich kann abwechselnd mit dem einen Nasenloch ein- und mit dem anderen ausatmen. Ein leichter Fingerdruck genügt. Manchmal ist das auch ganz nützlich bei verstopfter Nase. Immer aber wiederhole ich dabei mein Mantra: KÜHL HEREIN – WARM HERAUS, denn nur so kann ich verhindern, dass Gedanken von außen auf mich einstürmen.

Ich weiß, dass ich beim Signalton hellwach, entspannt und bereit sein werde, alles, was zu erledigen ist, auch zu tun. Aber zuvor gibt es für mich nur: KÜHL HEREIN – WARM HERAUS.

A hat nach kurzer Zeit die Formel nicht mehr laut wiederholt, denn sie möchte, dass B und andere eher dem eigenen Atemrhythmus folgen als sich ihrem anzupassen.

Nach dem Endsignal nimmt A die Erklärung wieder auf: Ich stehe langsam auf (bitte nicht hastig aufspringen!) und bewahre das Empfinden, wie sicher ich auf dem Boden stehe. Dann mache ich mindestens drei Schritte durch das Zimmer oder trete auf der Stelle, wenn zu wenig Platz ist. Ich erinnere mich daran, dass ich nun wieder aufrecht stehe und Augenkontakt auf gleicher Höhe aufnehmen kann. (Im Gegensatz zu einem kleinen Kind.) Nun kann ich mich den Anforderungen des Alltags stellen.

A: Hallo, wie geht es dir nun? Das Ganze hat kaum zehn Minuten gedauert, aber ich bin überzeugt, du fühlst dich, als hättest du dich viel länger ausgeruht.

Jetzt wäre es ganz gut, die «Übung» allein oder mit guten Freunden ein paar Mal zu wiederholen, wobei der Signalton immer das Ende anzeigt. (Es muss nicht immer ein Wecker sein, eine Küchenuhr tut es auch. Das Ticken stört nicht, es hat eher eine beruhigende Wirkung, denn es erinnert dich daran, dass dich der Signalton unvermeidlich aus der Versenkung reißen wird.)

Wenn du das lange genug praktiziert hast, um dich an den Rhythmus des «Kühl herein – warm heraus» so zu gewöhnen, dass du diese Formel jederzeit abrufen kannst, wirst du erstaunt feststellen, wie leicht du selbst in Stress-Situationen entspannen kannst, indem du einfach dein «Mantra» zitierst und deinen Atem entsprechend regulierst, denn das stellt dich automatisch auf deinen optimalen Atemrhythmus ein. Du kannst es überall tun – beim Zahnarzt, im Restaurant, in der Warteschlange an der Supermarktkasse usw.

Bis du vollends daran gewöhnt bist, brauchst du vielleicht eine gewisse Sicherheit, dass dich ein Signal wieder «zurückbringt», und hörbare Signale eignen sich dazu am besten. Dieses Signal muss nicht von einem Wecker ausgehen. Es kann auch so etwas sein wie die Stimme des anderen am Telefon, wenn der Kellner fragt: «Haben Sie gewählt?» oder wenn der Aufruf zum Boarding des Flugzeugs ertönt usw.

Nach einer gewissen Zeit wirst du auch auf visuelle Signale reagieren können, z.B. wenn du mit halbgeöffneten Augen wahrnimmst, dass der Kellner kommt, um die Bestellung aufzunehmen. Mit zunehmender Gewöhnung wirst du es bald auf Abruf in allen möglichen Situationen anwenden können (ich z.B. nutze oft die Zeit im Fahrstuhl) oder wenn du dich ärgerst, in Verlegenheit bist, nicht so recht weiter weißt.

Ich erinnere mich an eine Situation, wo ich einen Vortrag vor zweihundert Zuhörern halten musste, plötzlich den Faden verlor und feststellte, dass meine Notizen durcheinander geraten waren. Ich tat so, als wollte ich einen Schluck Wasser trinken, sagte mir ein paar Mal «kühl herein – warm heraus» vor, und im Nu hatte ich den kritischen Moment überstanden und setzte meinen Vortrag fort. Keiner hat etwas bemerkt, das versicherten mir Freunde auf Befragen hinterher.

Die Atemübung hilft auch bei Schlaflosigkeit. Ich rate jedoch, auf jeden Fall den Wecker für den nächsten Morgen zu stellen oder jemand zu bitten, dich zu einer bestimmten Zeit zu wecken, selbst wenn du zu den Menschen gehörst, die «ganz automatisch von selber» aufwachen. Die Erklärung ist einfach: Die Gewissheit eines zuvor arrangierten Weckrufs fördert die Entspannung; du musst dich nicht mehr um die «Zukunft» kümmern oder über Vergangenes nachgrübeln, sodass du wirklich empfindest, dass du schlafen kannst und NICHTS tun musst, bis der Weckruf kommt.

Und nun – freue dich über die gewonnene Zeit, die sonst durch fruchtlose Angst und Sorgen verloren gehen würde.

Fanita English

Michael Paula: Reflexionen zu einer 30-jährigen Wegbegleitung

Meinen ersten persönlichen Kontakt mit Fanita English hatte ich am 17. September 1973 am Telefon. Fanita war nach dem Gestalt-Kibbuz in Dubrovnik nach München geflogen, um dort für das von mir geleitete Trainingsinstitut ein zweitägiges Seminar zum Thema «Transaktions- und Skriptanalyse» durchzuführen. – Während dieses Telefonats kam es zu einem für mich erschreckenden Streit über die fehlende Begrüßung für Fanita am Flughafen, über das kalte Hotel und die schlechte Organisation. Fanita drohte, aus dem Seminarvertrag auszusteigen, auch das anschließende Training in der Nähe von Hamburg nicht durchzuführen und sofort nach Philadelphia zurückzufliegen.

Ich war schockiert, in Sorge um die beiden ausgebuchten Seminare und um die Reaktionen der zum Teil bereits angereisten Teilnehmer. Auch Wut kam auf. – Und ich war in der Klemme: Mein Aufsichtsrat hatte mir untersagt, die beiden Seminare zu den damals weitgehend unbekannten Themen wie «Transaktionsanalyse, Skriptanalyse und Gestalttherapie» durchzuführen. Ich hatte deshalb das ganze Seminarprojekt auf meine eigene Kappe genommen.

Es gelang uns beiden am Telefon, die entstandenen Konflikte, Spannungen, Fehler, Versäumnisse und Ursachen aufzuarbeiten. Wir fanden eine Basis für die Zusammenarbeit, die für alle Seiten okay war. Beide Seminare wurden wie geplant durchgeführt. Alle Teilnehmer waren zufrieden.

Für Fanita war es der Beginn einer inzwischen 30-jährigen Trainings- und Coachingarbeit in Deutschland; darüber hinaus arbeitet sie auch im übrigen Europa und sogar in Japan und in anderen Teilen der Welt. – A truelly wonderful international and cross-cultural person and teacher!

Das Jahr 1973 war auch der Anfang unserer Seminarkooperation. Wir führten viele offene Workshops gemeinsam durch. In dieser Zusammenarbeit wurden die von Fanita in diesem Buch beschriebenen Persönlichkeits-Typen 1 und 2 für mich und für uns oft schnell und deutlich erkennbar und spürbar.

Trotz der gemeinsamen ebenbürtigen Leitungsabsprachen passierte es zwischen uns immer wieder, dass ich als «untersicherer» Typ 1 Fanita als «übersicheren» Typ 2 die methodische Führungsrolle überließ. Das Wunder war, dass wir darüber nie in einen Streit gerieten. Ich akzeptierte ihre Leitungsrolle und fachliche Kompetenz, und sie respektierte meine Organisatorenfunktion und meine Rolle als Co-Trainer für bestimmte abgesprochene Themen und Übungsfelder.

Nur einmal kam es zu einem von mir vorgeschlagenen Wechsel in dieser Rollenabsprache – beim ersten Seminar (Februar 1978) nach dem schrecklichen Tod von Fanitas Sohn Brian (Oktober 1977). Doch auch in dieser für sie sehr belastenden Seminarsituation übernahm sie nach einiger Zeit wieder ihre ursprüngliche, vertraglich festgelegte Führungsrolle – voll wacher Aufmerksamkeit, professionellem Können und tiefem herzlichen Einfühlungsvermögen. –

Liebe Fanita, an dieser Stelle möchte ich innehalten, um dir endlich zu sagen, wie sehr ich dich schätze, wie nah ich mich dir fühle und wie dankbar ich dir bin für deine menschliche und berufliche Wegbegleitung – auch für deine mutigen und mich herausfordernden Konfrontationen. Dein Lebensweg und dein beruflicher Wiederanfang ermutigen deine vielen Kursteilnehmer und Freunde. Auch mir bist du schon seit 30 Jahren Vorbild.

Eine unglaublich plötzliche und dichte Begegnung geschah uns 1995 in Mexiko. Ich leitete dort einen transkulturellen Workshop für Beiersdorf-Führungskräfte aus Mexiko, USA und Deutschland auf einer wunderschönen historischen Hazienda. Vor dem Abendessen wollten die Gruppenmitglieder von mir wissen, welchem meiner Lehrer und Kollegen ich besonders viel für meine Entwicklung zum internationalen Coach und Trainer verdanke. In diesem Zusammenhang erzählte ich ausführlich von Fanita English – auch noch auf dem Weg zum Abendessen. Im Speiseraum angekommen, um die Ecke herum, sah ich Dich plötzlich vor mir. Du warst es wirklich, Fanita! Du hattest gerade aufgehört, deinen Reisegefährten aus Kalifornien von deiner Seminararbeit in Deutschland zu erzählen, und davon, dass du von einem Michael Paula immer wieder dorthin eingeladen worden warst, u. a. auch zur NIVEA Company. Übrigens, einer deiner früheren Kursteilnehmer, der damalige Präsident der

Beiersdorf-Tochterfirma in Mexiko, war bei diesem unglaublichen Treffen auch mit dabei.

Und ich erinnere mich gern an jenen Haziendaabend mit mexikanischer Musik, rotem Wein und würzigen Speisen – und dem Austausch vieler Erinnerungen an gemeinsame Zeiten.

Die Welt ist auch deine Heimat. Aber immer wieder kehrtest du nach Old Europe zurück. In deinen wirtschaftlich schwierigen Zeiten sicherlich auch wegen der finanziellen Möglichkeiten. Und du hast deine Seminarverträge bezüglich der Honorargebühren und der Kostenübernahmen immer mit großer Klarheit und Bestimmtheit ausgehandelt. Auch hier habe ich gelernt von dir. Und durch diese Offenheit wurden auch die freundschaftlichen und geschäftlichen Beziehungen geschützt.

Du hast der Entwicklung der Humanistischen Psychologie in Deutschland und in der weiteren Welt viel gegeben. Ich denke auch an deine beraterische Zusammenarbeit mit Karl und Mary Anne Kübel und deine Förderung der Stiftung für Kind und Familie, des Odenwald-Instituts und des Osterberg-Instituts. Die Freundschaften halten bereits über ein Vierteljahrhundert. Für die ITAA (International Transactional Analysis Association) und ihre Tochterorganisationen bist du nach wie vor unterstützend weltweit tätig.

Nach der Überwindung deiner Schreibhemmung hast du zahlreiche wissenschaftliche Artikel und auch Bücher geschrieben. Deutsch wurde deine «Buchsprache». Hilarion Petzold und ich veröffentlichten 1976 deine Aufsätze und Vorträge in einer Studienausgabe unter dem Titel «Transaktionale Analyse und Skriptanalyse» (im Wissenschaftlichen Verlag Altmann).

An dieser Stelle möchte ich Birger Gooss danken, der einen Großteil der Übersetzungsarbeit geleistet hat. – Dieses Buch erschien in einer überarbeiteten Fassung 1981 bei iskopress: Fanita English «Transaktionsanalyse – Gefühle und Ersatzgefühle in Beziehungen».

Liebe Fanita, ich hoffe, dass du weiter schreibst und auch deine Video-Talente nutzt, um uns deine Fähigkeiten weiterzureichen: einfühlsam, im Kontakt, intellektuell, nachdenklich, blitzschnell.

Beim Lesen deiner Biografie fällt mir auf, wie relativ wenig du mir aus deinem «frühen» Leben erzählt hattest – bevor du nach Amerika gingst. Ich bin dankbar für das Auffüllen dieser Lücke und für dein Verknüpfen mit deinen theoretischen Konzepten. Ich kann dich und deine Arbeit noch besser verstehen. – An dieser Stelle möchte ich auch Sigrid Röhl danken für ihr analytisches Gespür und die Fähigkeit, aufmerksam zuzuhören und die Verbindungslinien zwischen deinen familiären Erfahrungen, Deinen Überlebensschlussfolgerungen und deinen Handlungen als Therapeutin oder Trainerin. Ich denke auch an deine Unterscheidung zwischen echten Gefühlen und Ersatzgefühlen.

Und mich beschäftigt noch die Frage: Was zieht dich immer wieder aus dem sonnigen Kalifornien in das ferne Deutschland? Du bist in deinem beruflichen Schwerpunkt und in deinem Lebensverlauf eine Spezialistin für Überleben und Wachstum, sowie für geistige. seelische, körperliche und zwischenmenschliche Gesundheit – was ist deine Antwort?

Dein Freund und Schüler Michael Paula

Hamburg, im November 2003

(Michael Paula war seit 1978 lange Jahre als Ausbildungstrainer, Unternehmensberater, Berater in Partnerschafts- und Beziehungsfragen und Managementtrainer tätig. Im Rahmen seiner transkulturellen Tätigkeit brachte er bereits in den 60er Jahren namhafte Therapeuten u.a. aus den USA nach Deutschland.)

Stichwortregister

Publikationen von Fanita English

Bücher

English, Fanita: Transaktionsanalyse. Gefühle und Ersatzgefühle in Beziehungen, hrsg. von Michael Paula. iskopress, Salzhausen, 8. Aufl. 2008. (Titel des amerik. Originals: Selected Articles. Eastern Institute for TA and Gestalt, Philadelphia, 1976.)

- & Karnath, Joachim: Lebenscoaching. Zum Umgang mit Menschen, die sich ungeliebt, abgelehnt und ohnmächtig fühlen, iskopress, Salzhausen, 2009.
- Was werde ich morgen tun? Kottwitz, Berlin, 1980.
- Es ging doch gut – was ging denn schief? Beziehungen in Partnerschaft, Familie und Beruf. Bertelsmann, Gütersloh, 2000.
- & Pischetsrieder, Gerd: Ich. Beruf, Leben, Beziehungen. Pischetsrieder Consulting GmbH, Hamburg, 1996.
- & Wonneberger, Klaus-Dieter. Wenn Verzweiflung zu Gewalt wird… Gewalttaten und ihre verborgenen Ursachen. Junfermann, Paderborn, 1992.

Buchbeiträge

Barnes, Graham: Transactional Analysis After Eric Berne. Basic Books, New York, 1977. Darin: Fanita English: What shall I Do Tomorrow?, S. 287–352 (deutsch: Was werde ich morgen tun? s. o.).

Becker, Vera: Primadonnen der Psychotherapie. Junfermann, Paderborn, 1989. Darin: Interview mit Fanita English.

Brothers, Barbara Jo (ed.): Power and Partnering. Darin: Fanita English: A Pair As Archetype for the Self – Address to Ulysses and Penelope. Haworth Press, New York, 1995.

Lumma, Klaus: Die Teamfibel. Windmühle, Hamburg, 2000. Darin ein Beitrag von Fanita English

Schmid, Bernd: Systemische Professionalität und Transaktionsanalyse. Mit einem Gespräch mit Fanita English. EHP, Bergisch Gladbach, 2003.

Sills, Charlotte/Hargaden, Helena (eds.): Ego States – Key Concepts in Transactional Analysis. Worth Publishing, London, 2003. Darin: Fanita English: How Are You and How Am I? S. 55–72.

Sulz, Serge K. D. (Hrsg.): Verständnis und Therapie der Depression. Ernst Reinhardt, München, 1985. Darin ein Kapitel von Fanita English.

Artikel in Zeitschriften

English, Fanita: «Merkmale des guten Therapeuten», in: Zeitschrift für Transaktionsanalyse in Theorie und Praxis. Jahrgang 2, Heft 2, Oktober 1985, S. 88–92.

– «Der Dreiecksvertrag». Ebenda, S. 106–108.

– «Amerikanischen Skriptmustern auf der Spur», in: Zeitschrift für Transaktionsanalyse in Theorie und Praxis. Jahrgang 4, Heft 2, Oktober 1987, S. 99–111.

– «Depression als ausbeuterisches Ersatzgefühl und Quintessenz unangemessener frühkindlicher Überlebensschlussfolgerungen», in: Zeitschrift für Transaktionsanalyse in Theorie und Praxis. Jahrgang 5, Heft 1, Februar 1988, S. 7–34.

– «Meine Zeit ist wertvoller als deine Streicheleinheiten», in: Zeitschrift für Transaktionsanalyse in Theorie und Praxis. Jahrgang 9, Heft 4, 1992, S. 155–172.

– «Supervision und Verantwortung», in: Wege zum Menschen, Nr. 46/1994, Heft 8, S. 456–469.

– «Episcript and the ‹Hot Potato Game›», in: Transactional Analysis Bulletin 8 (32), 1969, S. 77–82.

– «The Substitution Factor», in: Transactional Analysis Journal (TAJ) 1 (1), 1971, S. 225–230.

– «Rackets and Real Feelings», Part II, in: TAJ 2 (1), 1972, S. 23–25.

– «Sleepy, Spunky and Spooky», in: TAJ 2, 1972, S. 64–67.

– «Transactional Analysis and Script Analysis Today», in: Psychology Today, April 1973, S. 10 ff.

– «Shame and Social Control», in: TAJ 5 (1), 1975.

– «Racketeering», in: TAJ 6 (1), 1976, S. 78–81.

– «Let's Not Claim It Script When It Ain't», in: TAJ 7, 1977, S. 130–138.

– «Love As a Racket – Talk on Receiving the Berne Award», TAJ 9, 1979, S. 90–97.

– «TAJ and Eric Berne» (Letter to John McNeel, editor), in: TAJ 11, 1981, S. 46–49.

– «Beyond Script Analysis», in: EATA Newsletter, Nr. 18, Okt. 1983.

– «Power. Mental Energy, and Inertia», in: TAJ 17 (3), 1987, S. 91–98.

– «Whither Scripts?» in: TAJ 18 (4), 1988, S. 294–303.

– «My Time Is More Precious Than Your Strokes: New Perspectives on Time Structure», in: TAJ 22 (1), 1992, S. 32–42.

– «Shame and Social Control Revisited», in: TAJ 24, 1994, S. 109–120.

- «To Be a Therapist?» in: TAJ 25 (1), 1995.
- «Commentary (on Life Positions)», in: TAJ 25 (3), 1995, S. 239.
- «Berne, Phobia, Episcripts, and Racketeering», in: TAJ 26, 1996, S. 122–134.
- «The Lure of Fundamentalism», in: TAJ 26 (1), 1996.
- «On Receiving the 1997 Eric Berne Award for Hot Potato Transmissions and Episcripts», in: TAJ 28 (1), 1998, S. 10.
- «Family Influences and Unconscious Drives: Motivators for Career Choices», in: Career Planning and Adult Development Journal, Vol. 1, No. 2, 2001.
- «Two Racketeering Patterns: I Love You, So Gimme – and Darling, You Owe Me!» TAJ, 2002.

Röhl, Sigrid: Interview mit Fanita English: «In der Kommunikation behutsam sein», in: Osterberg-Newsletter 3/2001, Osterberg-Institut, Niederkleveez.

Videofilme

English, Fanita: Tauschhandel der Gefühle. Transaktionsanalyse mit Fanita English, Universität Erlangen.
- The Forces Within Us – Acknowledging the Impact of Unconscious Drives in Practicing Transactional Analysis, San Francisco, 1998.
- Permissions (Die beiden letztgenannten Videos sind zu beziehen bei der ITAA im PAL-Format, www.itaa-net.org.)
- Survival Conclusions
- Video of Presentation at Center for Psychological Studies – Group Therapy Grand Rounds – Herbst 1993.

Weitere Informationen sowie eine Reihe von Artikeln zum Herunterladen finden Sie im Internet unter http://www.fanita-english.com.

Adressen DGTA / ITAA

Deutsche Gesellschaft für Transaktionsanalyse (DGTA): Silvanerweg 8, D-78464 Konstanz, Tel.: +49 (0) 7531 95270, Fax: +49 (0) 7531 271, E-Mail: gs@dgta.de, Internet: http://www.dgta.de.

International Transactional Analysis Association (ITAA): 436 14th Street, Suite 1301, Oakland, CA 94612-2710, USA, Phone: +1 510 625 7720, Fax: +1 510 625 7725, Internet: http://www.itaa-net.org.

Mehr von Fanita English

iskopress

Fanita English
Transaktionsanalyse
**Gefühle und Ersatzgefühle
in Beziehungen**
252 Seiten, Paperback
ISBN 978-3-89403-423-8

Fanita English und Joachim Karnath
Lebenscoaching
**zum Umgang mit Menschen,
die sich ungeliebt, abgelehnt
und ohnmächtig fühlen**
220 Seiten, Paperback
ISBN 978-3-89403-357-6

Martin Koschorke und Fanita English
Intensiv leben
Was uns im Innersten bewegt
128 Seiten, Paperback
ISBN 978-3-89403-443-6

Fanita English
Fanita English live (CD)
**von Freud zu Berne, zentrale Konzepte
der TA, Ersatzgefühle, drei Triebe etc.**
Spielzeit ca. 80 Minuten
ISBN 978-3-89403-017-9

Beziehungen verstehen lernen

iskopress

Eva Leveton
Mut zum Psychodrama
Ein praktischer Leitfaden
238 Seiten, Paperback
ISBN 978-3-89403-426-9

Evelina Braun und Klaus W. Vopel
Du und Ich
Ein Übungsbuch für Paare
176 Seiten, Paperback
ISBN 978-3-89403-127-5

Howard M. Halpern
Liebe und Abhängigkeit (CD)
Wie wir übergroße Abhängigkeit in einer Beziehung beenden können
Spielzeit 70 Minuten mit Booklet
ISBN 978-3-89403-016-2

Für nähere Informationen fordern Sie bitte unser Gesamtverzeichnis an:

iskopress
Postfach 1263, 21373 Salzhausen
Telefon 04172 / 7653
iskopress@iskopress.de
www.iskopress.de